解開束縛 找回幸福

苦命社畜、戀愛苦手、備胎工具，看穿人際小動作，打造理想新生活

目錄

CONTENTS

CONTENTS

前言

　　人生最怕的是「想玩而又不敢玩」。

　　玩轉人生，不是遊戲人生；玩轉人生玩的是心態，轉的是頭腦。玩轉人生提倡用最小的代價，輕鬆換取人生最大的回報。玩轉人生的最高境界是什麼呢？其實是一個每個人經過努力都能達到的目標，也就是「會求知、會共處、會處事、會做人」。

　　人們都在追求快樂，身上卻常常背負著各種枷鎖。名利之鞭的抽打，你爭我奪的拚鬥，心事重重的陰霾……總是使我們離快樂越來越遠。其實，快樂很簡單。她是一種頓悟之後的豁然，一種重負之後的輕鬆，一種霧散之後的陽光燦爛，更是一種人生的哲理與智慧。只有讓心靈自由放飛，我們才能夠擁有玩轉人生的可能。

　　要想玩轉人生，幽默風趣的談吐也很重要。幽默風趣是一種人生智慧，體現著一個人積極樂觀的處事方式和豁達的人生態度。幽默風趣的談吐具有惠己悅人的神奇功效，在任何場合，幽默風趣的人總會贏得他人的好感，獲得眾多的支持和理解。

　　職場是許多人獲得成就感的地方，但同時也使許多人受到挫折感。很多時候，我們心情的好壞，都是源於職場。怎樣處理好職場複雜而又微妙的關係？——這是每一個上班族急切想知道答案的問題，同時也是本書將要談及的話題。

問世間情為何物，直叫人們生死相許？得不到或失去了愛情，是製造情場悲劇的兩個直接原因。得到愛情並天長地久地享受愛情，是我們每一個人的美好願望。為了這個美好願望的達成，我們有必要學習「情場心想事成」的祕訣。

　　千里難尋的是朋友，朋友多了路好走。將朋友的「朋」字拆開，是兩個「月」字；朋友之間，你做我的月亮，我做你的月亮，互相吸引，互相照應，互相幫助。「友情遍地開花」將告訴你如何與朋友互為對方的「月亮」，讓你的朋友不再是「千里難尋」。

　　門難進，臉難看，事難辦。怎樣進門？怎樣看臉？怎樣處理事情？是值得一個人一輩子思考與學習的人生必修「功課」。從定義而論，這個世界的一切「好東西」，如財富、地位、榮譽等與「幸福」有關的東西，似乎都是給懂得處理事情的人預備的。「處理事情手到擒來」將告訴你如何成為一個高手。

　　學習、理解與運用以上六個方面的各種技巧，你將會發現：玩轉人生，其實並不難。當然，在最初的學習階段，你可能不是那麼游刃有餘；但只要你堅持下去，逐漸把這些規則當成了一種習慣，能夠自然而然地體現在待人處事上，這時你就具備了玩轉人生的本領。

　　玩轉人生是一種雙贏人生，使你領略人生大手筆的奧妙。玩轉人生是一種歷練人生，令你活出生命的豐贍。

編者

心靈自由放飛

　　人們都在追求快樂，身上卻常常背負著各種枷鎖。總是名韁利繩纏身，快樂何在？整天你爭我奪，快樂何在？一天到晚心事重重，陰霾不開，快樂何在？總是雞腸小肚，目光如豆，快樂何在？

　　其實，快樂很簡單。她是一種頓悟之後的豁然，一種重負之後的輕鬆，一種霧散之後的陽光燦爛，更是一種人生的哲理與智慧。

按照自己的方式過快樂的日子

有一天，一個朋友慌慌張張地跑來對美國作家愛默生說：「預言家說，今晚，世界末日就要到了！」

愛默生望著他，平靜地回答：「不管世界變成如何，我依舊照自己的方式過日子。」

愛默生的回答十分耐人尋味，是面對動盪不羈的人生最聰明的一種辦法，如果大家都抱著這樣的生活哲學過日子，便能得到真正的快樂。

愛默生的生活態度，說明在世上想要享受真正的生活，一定不要存得失之心，否則我們會被患得患失的焦慮所籠罩，感到人生淨是狂風暴雨而無風和日麗的美好時光。

假使我們一旦覺得青春消逝，生活就了無生趣，那麼，很可能在不有享受到好日子以前，心靈便衰老了。

假使我們認為沒有健康的身體便不能悠然過活，那麼小小的痛苦便會讓自己整天惶惶惑惑，不知所措。

所以，縱使得不到掌聲，我們仍要快活過日子，體會到生命中無所不在的快樂；即使下一刻就要與自己心愛的人生離死別，也能以平常心看待。

換心情就像換眼鏡

也許你想說，我也知道人生「要樂觀積極一點」，這話說來容易，可

是對於我這樣天生悲觀的人，而且這輩子一路走來，都始終如一的悲觀慣了，一下子要來個大改變，豈不是個「不可能的任務」嗎？

悲觀的人認為，好的改變都不容易發生，事情總是會每況愈下，努力又有何用呢？

而樂觀的人卻認為，只要願意，事情就會有轉機，未來是充滿希望的。

其實，我們的生活態度就如同一副副眼鏡，戴著悲觀眼鏡看世界久了，乍換上新的樂觀眼鏡，難免會有些不習慣。

然而不習慣，並不代表就不能習慣，不是嗎？

心靈學派的學者們就主張，一旦你對自己承諾要快樂起來，你就能揚棄過往的愁苦，展現快樂的動力。

所以只要你下定決心，開始動起來，換心情就如同換眼鏡那般容易，包你一下子就可以換上新的眼鏡，並且開始樂觀地看世界。

真的，就這麼簡單，想像自己已摘下舊的悲觀眼鏡，接著開心地換上新的樂觀眼鏡。

現在再度向前看去，你會發現前面充滿無限的可能性而擁有無窮的活力！

先找優點，再看缺陷

戴上樂觀的眼鏡來看世界，說難也不難，到底祕訣在哪裡？

八個字：「先找優點，再看缺陷」。

怎麼做呢？

不知道你有沒有觀察過，自己對每一種人、事、物的評語，通常第一

個想法是什麼樣的？

如果認識了一個新朋友，腦中最先浮現的念頭是：「這個人鼻子怎麼那麼大？真是醜得難看！」過一下子後，才注意到：「噢，不過他笑起來真甜，讓人看了很舒服。」

要是你總是習慣這樣對別人先挑缺點，再看到優點的話，那麼就該檢查一下，是否又不小心地戴上了習慣負面思考的悲觀眼鏡？

戴上樂觀眼鏡的人，則永遠是先找優點，再看缺陷。

所以面對同樣的對象，樂觀的人總是會先問自己：「他有什麼是讓我喜歡的？」

於是乎第一個想法就出現了：「哇！他笑容可掬，甜甜的真舒服。」而也許過了一陣子之後，才會發現：「只可惜鼻子稍大了些。」

感覺到其中的差別了嗎？

樂觀者並不是無知的盲目，他們仍然能對事情有清晰的觀察，只不過他們習慣先看事情的優點，而且樂意把注意力集中在這些令人興奮的特點上。

矯正頭腦之前先矯正身體

美國有兩位專門研究「樂觀」的心理學家麥瑟和楚安尼，曾整理出了幾個樂觀的入門技巧，方法不僅簡單而且效果神速，保準讓人立刻就變得樂觀起來。

快速樂觀方法之一是：抬頭挺胸。

楚安尼說，要矯正頭腦之前，請先矯正身體。

為什麼呢？

其實人的生理及心理是息息相關的。相信你也該有過這樣的經驗，當心情低落的時候，我們往往也是無精打采、垂頭喪氣；而心情高昂時，當然是抬頭挺胸、昂首闊步了。所以，身體的姿勢的確會與心理的狀態密不可分。

從另一角度來看，當一個人抬頭挺胸的時候，呼吸會比較順暢，而深呼吸則是壓力管理的妙方。所以當抬頭挺胸時，我們會覺得比較能夠應付壓力，當然也就容易產生「這沒什麼大不了」的樂觀態度。

另外，與肌肉狀態有關的訊息，也會透過神經系統傳回大腦去。當我們抬頭挺胸的時候，大腦會收到這樣的訊息：四肢自在，呼吸順暢，看來是處於很輕鬆的狀態，心情應該是不錯的。

在大腦做出心情愉悅的判決後，自己的心情於是乎就更輕鬆了。

因此，身體的姿勢的確會影響心情的狀態。要是垂頭，就容易感到喪氣；而如果挺胸，則容易覺得有生氣。

請千萬別小看這個簡單得令人不可置信的方法，下次頭腦中悲觀的念頭又再冒出時，趕快調整一下姿勢，讓抬頭挺胸帶出自己的樂觀心境吧！

使用愉快的聲調說話

快速樂觀方法之二：使用愉快的聲調說話。

談到人際溝通，有個道理極為重要：重點不在於我們說了什麼，而是在於我們怎麼說它。「怎麼說」的部分，包括了語調、臉部表情、肢體動作等等。而常被人忽視的是，我們的聲音其實是有表情的。同樣的一句話，用不同的語調來說，傳達出來的意思則可能完全不同。

不信的話，請你來試試下面的練習。

Ａ很生氣地說：「你真討人厭！」（用你最窮凶殘極的表情及聲調吼出來！）

Ｂ很撒嬌地說：「你真討人厭！」（請使用你最惹人憐愛的語調，拉著尾音嗲出。）

如何？感覺完全不同吧？！

然而，許多人卻往往不知自己說話的語氣，很容易會不經意地洩露出心情。

例如有人總是在接電話時，習慣性地大吼一聲：「誰啊？！」就這麼地發揮了「二字神功」，讓電話另一端的人還沒開口，就已感覺到對方的火氣。

而更離譜的是，如果一聽是上司打來的，馬上語調一軟，開始鞠躬哈腰起來：「唉呀！老闆，有什麼吩咐嗎？」心情也隨之轉變了。

知道了語調的神奇之後，接著想提醒你，如果想變得快樂開心一點，請先假裝你就是個開心的人，用很愉快的聲音開始說話。

先假裝，假裝久了就有可能變成真的了。一點也沒錯，試試看吧！

使用正面積極的字眼

快速樂觀方法的第三招，是要使用正面積極的字眼，取代消極負面的說法。

我們所說的話，其實對自己的態度及情緒影響也很大，不知道你是否曾注意過？

一般而言，在日常生活中所使用的字眼可以分成三類：正面的、負面的以及中性的字眼。

先來聊聊負面的字眼，例如：「問題」、「失敗」、「困難」、「麻煩」、「緊張」等等。

如果你常使用這些負面字眼，恐慌及無助的感覺就隨之而起來（既然有「麻煩」了，那除了自嘆倒楣，還能怎麼辦呢）。

我們發現，樂觀的人很少會用這些負面的字眼，他們會用正面的字眼來代替。

例如，他們不說「有困難」，而說「有挑戰」；不說「我擔心」，而說「我在乎」；不說「有問題」，而說「有機會」。

感覺是否完全不同了呢？

一旦開始使用正面的字眼，心中的感覺就積極起來了，就會更有動力去面對生活，不是嗎？

除此之外，樂觀的人也會把一些中性的字眼，變得更正面些。

例如「改變」就是個中性字眼，因為改變有可能是好的，但也有可能越變越糟。

試試看，如果把「我需要改變」，換成「我需要進步」，這就暗示了自己是會越變越好的，自然就樂觀了起來。

所以說話其實需要字字思索，只要改變你的負面口頭禪，換成正面積極的字眼，你就會立刻感到積極樂觀起來。

不抱怨，只解決問題

快速樂觀方法之四：不抱怨，只解決問題。

你信不信，樂觀的人所列出的煩惱事項遠低於一般人，而他們花在抱怨的時間上也遠遠少於一般人。

這給了我們什麼樣的啟示呢？

樂觀的人在面對挫折的時候，才不會花時間去怪東怪西：「都是他搞的鬼……」要不就是：「為什麼我老是這麼倒楣？」

他們共同的態度是「沒時間怨天尤人，因為正忙著解決問題呢。」

而當我們少一分時間抱怨，就多一分時間進步。

這也正說明了為何樂觀的人比較容易成功，因為他們的時間及精力永遠用來改善現況。

所以，要培養樂觀一點也不難，就從現在開始，把注意力的焦點從「往後看怨天尤人」，改為「向前望解決問題」就行了。

實際的做法，則是閉口不提「為什麼總是我……」，而用另一句話「現在該怎麼辦會更好」來代替。

在面對不如意時，只要改成這種重要的思考模式，你會發覺自己的挫折忍受力將大為增強，而更容易從逆境中走出來。

最近比較煩 —— 情緒在煮開水

前兩天跟一個朋友吃飯，他一開口，最近的心事就宣洩而出。

他說：「我近來非常煩惱。那天一早開車出門，眼看著別人都是綠燈，就只有我是一路長紅，走到哪裡紅燈就跟到哪裡，真是夠倒楣的！」

他繼續說。

「中午出去買自助餐，結果大排長龍，好不容易快輪到我了，這時居然有個人冒出來插隊，公理何在？於是我站出來，好好教訓了他一頓。」

他還沒說完。

「晚上跟朋友吃飯，吃完後要拿停車券去蓋免費章，結果服務生說我

們消費少了四十元，因此不能蓋章，氣得我當場敲桌子大罵。」

他說了半天還沒說完。

「晚上回到家，一進門太太就嘮叨，小孩又哭又叫，連在家也不得安寧。好不容易忍到睡覺時間，終於可以結束這令人難耐的一天，沒想到一上床，床頭的燈居然關不起來，我真是受夠了，把拖鞋抓起，往燈泡重重砸去，才結束了抓狂的一天。」

聽起來的確夠慘！

不知道你是不是也覺得，最近比較煩、比較煩、比較煩呢，就像周華健那首歌的心情一般。而且只要一早開始不太順心的話，往往接下來一天就毀了。

為什麼會如此呢？

這是因為，負面情緒是有累加效果的。

也就是說，每多一個小挫折，就會讓我們的抗壓力多打一個折扣。因為當我們遭遇不順心，而心情跟著煩躁起來時，身體內與壓力相關的激素也會隨之異常分泌，因此會影響到接下來的挫折容忍度，就好像溫度直線上升的熱水，越燒越接近沸點。

這也就說明了為何一大早出了些狀況後，原本可能要到「煩人指數」十分的事才會惹毛我們，但只要再出現個「煩人指數」三分的狀況，我們就會轟然一聲，開始發瘋，而無辜的旁人就倒楣啦！

正因情緒有如煮開水的累加效果，所以在生活中我們必須審慎處理每一個壓力，以免「小不忍，則亂大謀」。

而改變這種狀況的有效做法，則是在負面心情一開始加熱時，就能主動地意識到「有狀況了」，然後告訴自己，得快快關火，以免越燒越旺，一發不可收拾。

事實上，當你能夠察覺到出現這種狀況時，就已經關掉一半的火力了，接下來心情當然不易失控。

心情最重要，別的死不了

為了避免讓煩躁的情緒像煮開水那樣越煮越熱，防患未來的工作就顯得特別重要。

不妨準備一些調整心情的口頭禪，在自己情緒快要沸騰時，趕快把這些自制的心情口訣拿出來複誦，以提醒自己：生活中還有其他更重要的事情，千萬別一時給氣昏了頭，做出喪心病狂的傻事。

跟你分享我自己的心情口訣：「心情最重要，別的死不了。」

「心情最重要，別的死不了。」如果今天碰到了有些怪怪的人，或發生了令人不耐煩的事，就趕緊在心裡暗念這句口訣，重複幾次之後，煩躁不安的情緒就能得到緩解了。

口訣真的這麼好用嗎？

沒錯，念口訣一方面可以讓自己分心，不再鑽牛角尖；一方面也能提醒自己，要趕快從這些情緒中走出來。

此外，研究也發現，重複想著同一念頭，會讓意念集中，而減少焦慮不安。

三八快樂處方

要做好心情環保，還有一招絕活：使用三八快樂處方。

也就是說，每天都得三八快樂一下。

怎麼著手呢？

三乘八，一天三次，一次八分鐘，請你停下忙碌的腳步，為自己準備一小段專屬的快樂時光。

至於要做些什麼事，由你自己說了算，任何讓你高興開心的事情都行。

喜歡音樂的你，當然就可以隨時準備好酷愛的 CD，讓音樂來改善快要消化不良的心情。

要不，一直埋首工作的你休息一下，上網看看親朋好友寄來的笑話，或者，乾脆自己主動發一封趣味十足的電子郵件給別人。

這八分鐘也可以用來改造工作環境，在辦公室門口貼上好玩的句子，跟同事們一起分享，或者找幅令人笑破肚皮的漫畫，掛在洗手間裡造福大眾。

冥想打坐也是個好點子，閉上眼睛深呼吸，讓身心都放鬆，感受到另一種快樂。

另外，腦筋快打結時，坐著苦想不是辦法，起來「動腦散步」吧！走一走，伸展筋骨，不但身體動了起來，心思也會活動起來，左右腦更活躍，許多問題往往走著走著，就走出解答的方法了。

相信你一定還有更好的快樂處方：唱首歌、翻照片、寫情書、吃零食……都很精彩，重點是，只要會使你高興就成了。

日子要過，心情更要活。

別虧待自己，日子越緊湊，就越要服用三八快樂處方，如此就再也不會為了生活，而賠上心情。

天堂與地獄的區別

　　每天都想想，怎樣才能使別人快樂？這樣你就會逢凶化吉，因禍得福，快樂就會飛到你的身邊，使你遠離痛苦與煩惱。

　　有一天，上帝對教士說：「來，我帶你去看看地獄。」他們進入了一個房間，許多人正在圍著一支煮食的大鍋坐著，他們兩眼發直地望著大鍋，又餓又失望。每個人手裡都有一隻湯匙，因為湯匙的柄太長，所以食物沒法送到自己的嘴裡。

　　「來，現在我帶你去看看天堂。」上帝又帶教士進入另一個房間。這個房間跟上個房間的情景一模一樣，也有一大群人圍著一個正在煮食的大鍋坐著，他們的湯匙柄跟剛才的那群人的一樣長。不同的是，這裡的人又吃又喝，有說有笑。

　　教士看完這個房間，奇怪地問上帝：「為什麼同樣的情景，這個房間的人快樂，而那個房間的人卻愁眉不展呢？」上帝微笑著說：「難道你沒有看到，這個房間的人都學會了餵對方嗎？」

　　這個故事生動地告訴世人，人活在世上要學會分享和給予，養成互愛互助的行為。他們在地獄裡看到的那群自私鬼，寧願自己餓死，也不願去餵對方，正像英國著名詩人羅勃特·白朗寧（Robert Browning）所說：「把愛拿走，地球就變成一座墳墓了。」而在天堂裡，看到的是「施恩與人共分享，獻花手中留餘香」。正像俄國偉大的作家列夫·托爾斯泰所說：「神奇的愛，使數學法則失去平衡，兩個人分擔一個痛苦，就只有一個痛苦；而兩個人共享一個幸福，卻有兩個幸福。」

　　世界著名的精神醫學家阿爾弗雷德·阿德勒（Alfred Adler）曾經發表過一篇令人驚奇的研究報告。他常對那些憂鬱症患者說：「只要你按照我這個處方去做，14 天內你的憂鬱症一定可以痊癒。這個處方是 —— 每

天都想一想，怎樣才能使別人快樂？」

天使也愛莫能助

一個人鬱鬱寡歡，骨瘦如柴，似乎一陣風就可以把他吹到天上去。

天使問他：「你為什麼老是不快活？有什麼不順心的事嗎？」

這人說：「人們都說太陽寶石、月亮寶石是無價之寶，我什麼時候能得到它們呢？」

天使非常同情他，便滿足了他的要求。

過了一段時間，天使見這個人仍然愁眉不展，比過去更瘦了，又問：「你又有什麼不高興的事嗎？怎麼還是這樣滿面愁容？」

這人雙眉緊鎖，長吁短嘆：「唉，我日日夜夜都在擔心失去這些寶貝啊！」

天使攤開雙手，搖搖頭說：「想得到的時候，害怕得不到；已經得到了，又害怕失掉它。這樣的人，怎麼才能夠享受快樂呢？」

金聖歎的「快哉」

享受生命中的快樂和幸福，實在是沒有一個固定的模式，到底是怎樣生活才算快樂？挨餓受凍的人，一頓粗茶淡飯就是美味佳餚了，而養尊處優的人反而食慾不振。在驕陽下耕作的農民，到田頭樹蔭下喝杯茶吸口菸，就是莫大的享受。整天坐在書齋中苦讀的疲倦書生是想依靠在床邊打個瞌睡，而病臥床榻的人則希求能到花園裡散步或能在運動場跑。

明朝大文學批評家金聖歎在《西廂記》的批語中，曾寫下他覺得最快

樂的時刻,這是他和他的朋友於十日的陰雨連綿中,住在一所廟宇裡計算出來的,一共有三十三則,每則的結尾都有「不亦快哉」的感嘆。在這些快樂時刻中,可以說是精神和感官緊密連繫在一起的。下面選錄幾則:

其一:夏七月,赤日經天,既無風,亦無雲;前庭赫然如烘爐,無一鳥敢來飛。汗出遍身,縱橫成渠。置飯於前,不可得吃。呼簟欲臥地上,則地溼如膏,蒼蠅又來緣頸附鼻,驅之不去。正莫可如何,忽然天黑如車軸,澎湃之聲,如數百萬金鼓,檐溜浩於瀑布。身汗頓收,地燥如掃,蒼蠅盡去,飯便得吃。不亦快哉!

其一:空齋獨坐,正思夜來床頭鼠耗可惱,不知其戛戛者是損我何器,嗤嗤者是裂我何書。心中回惑,其理莫措,忽見一俊貓,注目搖尾,似有所睹,斂聲屏息,少復得之。則疾起如風,栖然一聲,而此物竟去矣。不亦快哉!

其一:街行見兩漢執爭一理,皆目裂頸赤,如不共戴天,而又高拱手,低曲腰,滿口仍用「者也之乎」等字。其語刺刺,勢將連年不休。忽有壯夫掉臂行來,振威從中一喝而解,不亦快哉!

其一:子弟背書爛熟,如瓶中瀉水,不亦快哉!

其一:飯後無事,人市閒行,見有小物,戲復買之,買亦成矣,所差者甚少,而市兒苦爭,必不相饒。便掏袖中一件,其輕重與前直相上下者,擲而與之。市兒忽改容,拱手連稱不敢。不亦快哉!

其一:朝眼初覺,似聞家人嘆息之聲,言某人夜來已死,急呼而訊之,正是一城中第一絕有心計人。不亦快哉!

其一:重陰匝月,如醉如病,朝眼不起。忽聞眾鳥盡作弄晴之聲,急引手籌帷,推窗視之,日光晶瑩,林木如洗。不亦快哉!

其一:久欲為比丘,苦不得公然吃肉。若許為比丘,又得公然吃肉,

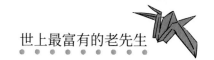

則夏月以熱湯快刀，淨割頭髮。不亦快哉！

其一：存得三四癲瘡於私處，時呼熱湯關門澡之。不亦快哉！

其一：坐小船，遇利風，苦不得張帆，一快其心。忽逢疾行如風。試伸挽鉤，聊復挽之，不意挽之便著，因取纜纜其尾，口中高吟老杜「青惜峰巒，共知橘抽」之句，極大笑樂。不亦快哉！

其一：冬夜飲酒，轉復寒甚，推窗試看，雪大如手，已積三四寸矣。不亦快哉！

其一：久客得歸，望見郭門，兩岸童婦，揮臂作故鄉之聲。不亦快哉！

其一：推紙窗放蜂出去，不亦快哉！

其一：作縣官，每日打鼓退堂時，不亦快哉！

其一：看人風箏斷，不亦快哉！

其一：看野燒，不亦快哉！

其一：還債畢，不亦快哉！

看完金聖嘆的「不亦快哉」，我們會發現：欲得「快哉」，原來不難。

世上最富有的老先生

有一位老先生經常對人說他是世上最富有的人。這話傳到了稅務單位那裡，引起了稅務人員的注意，就派了一個人去調查他。稅務員問道：「請問你都有什麼財產？估價多少？」

老人說：「我有健康的身體，它使我不需要依賴別人照看自己，使我有心情欣賞飯菜的美味、花草的清香。」

稅務員問：「除了健康之外，你還有什麼財產？」

老人回答道：「我還有一個賢惠的妻子，每天把家布置得十分溫馨，有煩惱時總能得到她的安慰和幫助。」

稅務員疑惑地說：「還有別的什麼嗎？」

老人興奮地說：「我還有幾個孩子，都十分孝順、聰明而且健康。」

稅務員不滿地說：「你說你是最富有的人，那你難道沒有什麼房地產？銀行裡有多少存款？」

老人看了看她，微笑著說：「我擁有這些，難道算不上世上最富有的人嗎？」

從這個故事裡，我們看到了隨遇而安、知足常樂的可貴。人類的很多困惑都是來自心理上的不平衡、不滿足，你一旦發現了一個比你的處境還悲慘、精神上比你還快樂的人，你會發現你的那一點困惑真的是很微不足道。在這種情況下，你會感到快樂，但是，你在更多的時候可能並沒有意識到：知足常樂其實就是一種幸福。

「五隨」人生

三伏天，禪院的草地枯黃了一大片。「快撒點草種子吧！好難看哪！」小和尚說。「等天涼了就不會發芽了。」

師父揮揮手：「隨時！」

中秋，師父買了一包草籽，叫小和尚去播種。

秋風起，草籽邊撒、邊飄。「不好了！好多種子都被吹飛了。」小和尚喊。

「沒關係，吹走的多半是空的，撒下去也發不了芽。」師父說：「隨性！」

撒完種子，飛來幾隻小鳥啄食。「完蛋了！種子都被鳥吃了！」小和尚急得跳腳。

「沒關係！種子多，吃不完！」師父說：「隨遇！」

半夜一陣驟雨，小和尚早晨衝進禪房：「師父！這下真完了！好多草籽被雨沖走了！」

「沖到哪裡，就在哪裡發芽！」師父說：「隨緣！」

一個星期過去了。原本光禿的地面，居然長出許多青翠的草苗。一些原來沒播種的角落，也泛出了綠意。

小和尚高興得直拍手。

師父點頭：「隨喜！」

隨不是跟隨，是順其自然，不怨怒、不躁進、不過度、不強求。

隨不是隨便，是掌握機緣，不悲觀、不刻板、不慌亂、不忘形。

不要幻想生活總是那麼圓圓滿滿，也不要幻想在生活的四季中總能享受所有的春天，每個人的一生都注定要跋涉溝溝坎坎，品嚐苦澀與無奈，經歷挫折與失意。

在漫漫的人生旅途中，失意並不可怕，受挫也無須憂傷。只要心中的信念沒有萎縮，只要自己的季節沒有嚴冬，哪怕它風淒夜冷，哪怕它大雪紛飛。艱難險阻是人生對你的另一種饋贈形式，坑坑窪窪更是對你意志的磨礪和考驗。落英在晚春凋零，來年又燦爛一片；黃葉在秋風中飄落，春天又生機盎然。這何嘗不是一種達觀，一種灑脫，一份人生的成熟，一份人情的練達。

從無聊中解脫

　　一位十五六歲的少年住在一幢九層大樓的頂層，因為沒有電梯，他每天都爬樓梯回家。每上一層樓梯，他都改用不同的步法，或是三步併作兩步向上跑，或是悠悠地像影片的慢鏡頭，或是側著身體只用一隻腿，一級一級往上跳，或者乾脆背轉身體向後探步……他硬是把單調的生活變得這般多彩起來。

　　他是一個很會生活的人，很會善待自己的人。他從無聊中獲得了解脫，他生活得很美麗。

　　確實，平凡人的生活不僅單調，而且常常會很不盡如人意，還會有很多很多的煩惱。

　　比如工作不如意，朋友關係沒有處理好等等，都會有很多很多的煩惱。但不要大聲傾訴你的苦痛，宣洩你的不平，找一個安靜的地方，默默地和大自然一起去閱讀人生，你就會得到詮釋，你就會釋然。

常做「心靈大掃除」

　　家鄉有年前大掃除的風俗，在將平時的物品逐一清理時，我們常常驚訝自己在過去短短幾年內，竟然積累了那麼多的東西？

　　人生又何嘗不是如此！在人生路上，每個人不都是在不斷地累積東西？這些東西包括你的名譽、地位、財富、親情、人際、健康、知識等等。另外，當然也包括了煩惱、鬱悶、挫折、沮喪、壓力等等。這些東西，有的早該丟棄而未丟棄，有的則是早該儲存而未儲存。

　　不妨問自己一個問題：我是不是每天忙忙碌碌，把自己弄得疲憊不堪，以至於總是沒能好好靜下來，替自己的心靈做清掃？

對那些會拖累自己的東西，必須立刻放棄 —— 這是心靈掃除的意義，就好像是生意人的「盤點庫存」。你總要了解倉庫裡還有什麼，某些貨物如果不能限期銷售出去，最後很可能會因積壓過多拖垮你的生意。

很多人都喜歡房子清掃過後煥然一新的感覺。你在擦拭掉門窗上的塵埃與地面上的汙垢，讓一切整理就緒之後，整個人就好像突然得到一種釋放。這是一種「成就感」，雖然它很小，但他能給人帶來愉悅。

在人生諸多關口上，人們幾乎隨時隨地都得做「清掃」。唸書、出國、就業、結婚、離婚、生子、換工作、退休……每一次的轉折，都迫使我們不得不「丟掉舊的你，接納新的你」，把自己重新「掃一遍」。

不過，有時候某些因素也會阻礙人們放手進行掃除。譬如，太忙、太累；或者擔心掃完之後，必須面對一個未知的開始，而你又不能確定哪些是你想要的。萬一現在丟掉的，將來需要時撿不回又該怎麼辦？

的確，心靈清掃原本就是一種掙扎與奮鬥的過程。不過，你可以告訴自己：每一次的清掃，並不表示這就是最後一次。而且，沒有人規定你必須一次全部掃乾淨。你可以每次掃一點，但你至少必須立刻丟棄那些會拖累你的東西。

我們畢竟無法做到「菩提本無樹，明鏡亦無臺」的佛家最高境界，但我們可以做到「時時常擦拭，不使染塵埃」！

守住生活的陽光

一個人要想活出自己的風采，就要守住自己心中那片燦爛的陽光。這裡所說的陽光就是指自己的自尊、尊嚴。曾經聽過這樣一句話：喜歡自己，就要學會善待自己、欣賞自己，使自己像陽光那樣熱情奔放，不可或缺，讓自己的尊嚴高高飛揚，活出真自我。

如果你不明白，你可以讀一讀安迪的故事。

縱使在美女如雲的城市，安迪也算得上一個天生麗質、秀外慧中的女孩。所以，她輕而易舉地找到了一份好工作 —— 在一家公司擔任總經理祕書。

而現在，安迪卻辭職到一家酒吧餐飲部去工作，當了普通的服務生。這種落差讓人詫異。「你應該知道的，我的上司是一個衣冠楚楚的人，但遺憾的是他也就只是衣冠楚楚罷了。」安迪淡淡一笑，「所以我離職的時候什麼都沒帶走，我只要回了我自己。」

其實，安迪應該說，她只是捍衛了她做人的尊嚴，或者她守護了她理想中那片璨然的陽光。

安迪說她永遠忘不了這個小故事：從前一個國王看見一個躺在馬路上的乞丐。這個國王一時惻隱心起，問那乞丐：「你需要得到我的幫助嗎？」那衣衫襤褸、蓬頭垢面的乞丐看了看國王，說：「需要，請站到一邊去，別擋住我的陽光。」

「所以，」安迪說，「一個自尊心強的人總會活出自己的風采。因為縱使身處逆境時他還有資格對別人說：別擋住我的陽光！」

只要精神之樹不倒，每個人都可以是笑傲命運的富翁；只要自己心中有一方晴空，那麼燦爛的陽光就會照耀大地。

只要你覺得好就行

有天下午，珍妮正在彈鋼琴時，7歲的兒子走了進來。他聽了一會說：「媽，你彈技巧不怎麼厲害吧？」

不錯，是不怎麼厲害。任何認真學琴的人聽到她的演奏都會退避三

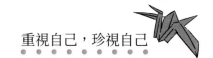

舍，不過珍妮並不在乎。多年來珍妮一直就這樣隨興彈著，彈得很高興。

珍妮也曾熱衷於不擅長的歌唱和的繪畫，從前還自得其樂於縫紉，後來做久了終於做得不錯。珍妮在這些方面的能力不強，但她不以為恥，因為她不是為他人而活，她認為自己有一兩樣東西做得不錯，其實，任何人能夠有一兩樣做得不錯就應該夠了。

生活中的我們常常很在意自己在別人的眼裡究竟是一個什麼樣的形象，因此，為了給他人留下一個比較好的印象，我們總是事事都要爭取做得最好，時時都要顯得比別人高明。在這種心理的驅使下，人們往往把自己推上一個永不停歇的痛苦循環。

事實上，人生活在這個世界上，並不是一定要擊倒他人，也不是為了他人而活。人活在世界上，所追求的應該是自我價值的實現以及對自我的珍惜。不過值得注意的是，一個人是否能實現自我並不在於他比他人優秀多少，而在於他在精神上能否得到幸福的滿足。只要你能夠得到他人所沒有的幸福，那麼即使表現得不高明也沒有什麼。在這方面，珍妮就做得非常好。

重視自己，珍視自己

有一天，一個愛丁堡的新牧師開始探訪會友，他來到一個補鞋匠的店鋪。

牧師高談闊論，補鞋匠對牧師的言語頗不以為然，不時插話。

牧師感到有點惱怒，諷刺地說：「你實在不應該修鞋了，憑你思想的層次、反應的敏銳，不應該從事這種低俗的工作。」

補鞋匠說：「先生，請收回你的話。」

「為什麼？」

「我絕不是從事低俗的工作，你看見櫃上那雙鞋子了嗎？」

「我看到了。」

「那是寡婦史密斯的兒子的鞋子。她丈夫在夏天去世，她也幾乎隨他死去，但她為這個兒子而活。她的兒子找到送報的工作，勉強維持家計。」

「然而壞天氣不久就要來臨，上帝問我說：『你願意為寡婦史密斯的兒子修補鞋子嗎，免得他在嚴冬中感冒？』我回答：『我願意。』」

「牧師先生，你在上帝的指引下傳道，而我卻在上帝的指引下為人補鞋。當我們都到了天堂時，我相信你和我都會得到相同的嘉許：『你這又忠心又善良的僕人……』」

相信人們依然會記得夏綠蒂‧勃朗特（Charlotte Brontë）的長篇小說中那個平凡的女教師簡‧愛，一如平凡的我們。她所追求的人與人之間的平等，實際上是希望從事各種產業的人都要有一種自我感，如果對自我都不珍視，那我們還會珍視什麼？又能珍視什麼？

人人都是平等的，也都是特別的、與眾不同的。如果一個人對自己都視若敝屣，別人怎能重視你？只有自己重視自己，珍視自己，別人才會看重你，所以，善待自己就要珍視自己。

最好的東西就在你家裡

美國《幸福》雜誌曾在徵答欄中刊登過這麼一個題目：假如讓你重新選擇職業，你想要做什麼？一位軍官回答，去鄉下開一間雜貨店；一位女部長的回答，到哥斯大黎加的海灘經營一家小旅館；一位市長的願望是改

行當記者；一位經濟部長是想做一家飲料公司的經理。兩位商人的回答最離奇，一位想變成女人，一位想成為一條狗。更有甚者，想退出人的世界，化成植物。其間也有一般百姓的回答，想做總統的，想做外交官的，想做麵包師的，應有盡有。但是，很少有人想做現在的自己。

人有時非常矛盾，本來活得好好的，各方面的環境都不錯，然而當事者卻常常心存厭倦。對人類這種因生命的平淡和缺少熱情而苦惱的心態，有時是不能用不知足來解釋的。

有人曾對住在森林公園裡的一對夫妻羨慕不已，因為公園裡有清新的空氣，有大片的杉樹、竹林，有幽靜的林間小道，有鳥語和花香。然而，當這對夫婦知道有人羨慕他們的住所時，卻深感詫異，他們認為這裡沒有多少值得觀光和留戀的景緻，遠不如城市豐富有趣。

這說明了一個道理：熟悉的地方沒有風景。這對夫婦對這裡太熟悉了，花草樹木，清風明月，在他們漫長的日子裡，已經不再有風景的含義，而是成為習以為常的東西。《幸福》雜誌上的那些部長、商人以及平民百姓，之所以不願做現在的自己，與住在森林公園裡的那對夫婦一樣，是對長期擁有的那片風景已經習以為常，風景已不再成為風景了。

在人生的旅途中，最糟糕的境遇往往不是貧窮，不是厄運，而是精神和心境處在一種無知無覺的疲倦狀態。感動過你的一切不能再感動你，吸引過你的一切不能再吸引你，甚至激怒過你的一切也不能再激怒你。這時，人就需要找尋另一片風景。

工作和生活中，我們追求知識，掙脫舊我，純潔精神，淨化靈魂，昇華自己。其實，深究其根源，也是因為熟悉的地方已沒有風景了。

有一位青年得了一種怪病：整天悶悶不樂。一天，他去拜見一位智者以討求良方。智者說，只有世界上你認為最好的東西才能使你快樂。這個人看了看身邊，他沒有發現自己認為世界上最好的東西，於是他決定去尋

找世界上最好的東西。

他收拾行裝辭別妻兒老小，踏上漫漫旅途。

一天，他遇見了一位政客，他問：「先生，您知道世界上最好的東西是什麼嗎？」政客官腔十足地說：「世界上最好的東西嗎，是至高無上的權力。」他想了想，覺得權力對自己並沒有多大的誘惑，於是他又去尋找。

第二天，他遇到了一個乞丐，他問：「你知道世界上最好的東西是什麼嗎？」乞丐瞇著眼睛懶洋洋地說：「最好的東西？就是色香味俱全的美味佳餚呀！」他想了想，自己對食物並沒有太多的渴望，所以也不認為那是世界上最好的東西。

第三天，他遇見了一位女人，他問：「你知道世界上最好的東西是什麼嗎？」女人興高采烈地脫口而出：「當然是高檔而漂亮的時裝了！」他覺得自己對時裝也不感興趣。

第四天，他遇見了一位重病的人，他問：「你知道世界上最好的東西是什麼嗎？」病人懨懨地說：「那還用問嗎？是健康的身體。」這個人想，健康怎麼會是最好的東西呢？我每天都擁有，但是我不認為它就是世界上最好的東西。

第五天，他遇見了一個在陽光下玩耍的兒童，他問：「你知道世界上最美好的東西是什麼嗎？」兒童天真地回答說：「是好多好多的玩具啊！」這個人搖了搖頭，繼續去尋找世界上最好的東西。

接著，他又先後遇到了一個老婦人、一個商人、一個囚犯、一個母親和一個年輕人。

老婦人說：「年輕是世界上最好的東西。」

商人說：「利潤是世界上最好的東西。」

囚犯說：「自由自在是世界上最好的東西。」

母親說：「我的寶貝孩子是世界上最好的東西。」

年輕人說：「我愛過一個女孩，她臉上燦爛的笑容是世界上最好的東西。」

沒有一個回答令他滿意。

他繼續走，穿過川流不息、熙熙攘攘的人群，帶著五花八門的答案又回到了智者那裡。

智者見他回來了，似乎知道了他的遭遇和失望。於是捋著花白的鬍子說：「先不要去追究你的問題，因為永遠不會有一個確切的而且唯一的答案。把你現在最喜歡的東西和情景找出來，告訴我。」

這個人經過長途跋涉，已是饑寒交迫、蓬頭垢面。他想了一下子，對智者說：「我出門很多天了，我想念我親愛的妻子和可愛的孩子，想念一家人冬夜裡圍著火爐談笑聊天的情景……」說到這裡，他不由得感嘆，「那就是我現在最喜歡的啊！」

智者拍了拍他的肩膀，說：「回去吧！你最好的東西就在你的家裡，他們可以使你快樂起來。」

這個人不甘心，疑惑地問：「可我就是從那裡走出來的啊！」

智者笑了，說：「你出來之前，不知道自己喜歡什麼東西；你出來之後有了比較，已經知道了自己喜歡什麼樣的東西了。」

是啊！在這個世界上，最好的東西就是我們最喜歡的東西。不管是你擁有的，還是未曾擁有的，不管它是繁雜的，還是簡單的，也不管它多麼便宜、多麼金貴、多麼實在、多麼虛無。只要是你最喜歡的，那就是世界上最好的。

你可以拒絕付出

在一片美麗的海岸邊，有一個商人坐在一個小漁村的碼頭上，看著一個漁夫划著一艘小船靠岸，小船上有好幾尾大黃鰭鮪魚。這個商人對漁夫捕了這麼多魚恭維了一番，並問他要多少時間才能捕這麼多？

漁夫說，一下子就捕到了。商人再問，你為什麼不待久一點，好多捕一些魚？漁夫回答：這些魚已經足夠我一家人生活所需啦！商人又問：那麼你一天剩下那麼多時間都在做什麼？

漁夫說：我呀？我每天睡到自然醒，出海捕幾條魚，回來後跟孩子們玩一玩，睡個午覺，黃昏時，晃到村子裡喝點小酒，跟好朋友聊聊天，我的日子過得充實又忙碌呢！

商人不以為然，他說：我是一個成功的商人，我建議每天多花一些時間去捕魚，到時候你有錢去買艘大一點的船，就可以捕更多魚，再買更多的漁船，然後你就可以擁有一個漁船隊。到時候你就不必把魚賣給魚販，而是直接賣給加工廠，或者你可以自己開一家罐頭工廠。如此你就可以控制整個生產、加工處理和行銷。然後你可以離開這個小漁村，搬到大城市，在那裡經營你不斷擴充的企業。

漁夫問：這要花多少時間呢？

商人回答：十五到二十年。

漁夫問：然後呢？

商人大笑著說：然後你就可以在家坐享清福啦！

漁夫追問：然後呢？

商人說：到那個時候你就可以退休了！你可以搬到海邊的小漁村去住。每天悠閒地睡到自然醒，出海隨便捕幾條魚，跟孩子們玩一玩，再睡個午覺，黃昏時，晃到村子裡喝點小酒，跟朋友聊聊天。

商人的話一說完，連自己也尷尬了。他紅著臉，在漁夫意味深長的注視下赧然而退。

聰明商人的所謂建議，只不過是要漁夫花幾十年的時間，去換取一份悠閒的生活罷了 —— 而這份生活，漁夫本來就擁有！

靜下心來想一想，我們忙忙碌碌，到底追求的是什麼呢？如果你追求的是一份波瀾壯闊的生活，你完全可以按照商人的建議去做；但如果你追求的是一份明淨淡泊的生活，為什麼要付出那麼多？

西方版的「塞翁失馬」

西方有一位國王，在他眾多大臣之間，有位大臣特別有智慧，而這位大臣也因他的智慧，特別受到國王的寵愛與信任。

智慧大臣擁有一項與眾不同的特長，他保持絕對正向的想法，不論遇上什麼事，他總是願意去看事物好的那一面，而拒絕負面觀點。

也由於智慧大臣這種凡事積極看待的態度，的確為國王妥善地處理了許多繁雜大事，因而備受國王的敬重，凡事皆要諮詢他的意見。

國王熱愛打獵，有次在追捕獵物的意外中，受傷弄斷了一節食指。國王劇痛之餘，立即招來智慧大臣，徵詢他對這件斷指意外的看法。

智慧大臣仍本著他的作風，輕鬆自在地告訴國王，這應是一件好事，並勸國王正面思考。

國王聞言大怒，以為智慧大臣在嘲諷自己，立時命左右將他拿下，關到監獄裡。

待斷指傷口痊癒之後，國王也忘了此事，又興沖沖地忙著四處打獵。卻不料禍不單行，竟帶隊誤闖鄰國國境，被叢林中埋伏的一群野人活捉。

依照野人的慣例，必須將活捉的這隊人馬的首領獻祭給他們的神，於是便抓了國王放到祭壇上。正當祭奠儀式開始，主持的巫師突然驚呼起來。

原來巫師發現了國王斷了一截的食指，而按他們部族的律例，獻祭不完整的祭品給天神，是會受天譴的。野人連忙將國王帶離祭壇，驅逐他離開，另外抓了一位同行的大臣獻祭。

國王狼狽地回到朝中，慶幸大難不死，忽然想到智慧大臣所說，斷指確是一件好事，便立刻將大臣由牢中放出，並當面向他道歉。

智慧大臣還是保持他的正向態度，笑著原諒國王，並說這一切都是好事。

國王不服氣地問：「說我斷指是好事，如今我倒也能接受。但若說因我誤會你，而將你下在牢裡受苦，難道這也是好事？」

智慧大臣笑著回答：「臣在牢中，當然是好事。陛下不妨想想，今天我若不是在牢中，陪陛下出獵的大臣會是誰呢？」

每件事情必然有兩面，這位深具智慧的大臣選擇了好的那一面。

讓罵我的人罵他自己

一個出家人在旅途中，碰到一個不喜歡他的人。連續好幾天，好長的一段路，那人都用盡各種方法羞辱他。

最後，出家人轉身問那人：「若有人送你一份禮物，但你拒絕接受，那麼這份禮物屬於誰的？」

那人答：「屬於原本送禮的那個人。」

出家人笑著說：「沒錯。若我不接受你的謾罵，那你就是在罵自己。」

那人自討沒趣走了。

1930～1940 年代，敏於行、訥於言的巴金先生，也曾受無聊小報、社會小人的謠言攻擊。巴金先生有一句斬釘截鐵的話：「我唯一的態度，就是不理！」因為你若起而反擊，「小人」反而得逞了，以為他們編造的謠言產生了作用。

胡適先生在《胡適來往書信選》致楊杏佛的信中寫道：「我受了十餘年的罵，從來不怨恨罵我的人。有時他們罵的不中肯，我反替他們著急；有時他們罵的太過火，反損罵者自己的人格，我更替他們不安。如果罵我而使罵者有益，便是我間接於他有恩了，我當然很甘願挨罵。」

面對他人的辱罵所表現出的平靜、幽默、寬容，不失為排除心理困擾的妙藥良方。

起碼我能……

林肯曾說過一個非常動人的故事。有個鐵匠把一根長長的鐵條插進炭火中燒得通紅，然後放在鐵砧上敲打，希望把它打成一把鋒利的劍。但打成之後，他覺得很不滿意，又把劍送進炭火中燒得透紅，取出後再打扁一點，希望它能作種花的工具，但結果亦不如意。就這樣，他反覆把鐵條打造各種工具，卻全都失敗。最後，他從炭火中拿出火紅的鐵條，茫茫然不知如何處理。在無計可施的情形下，他把鐵條插入水桶中，在一陣嘶嘶聲響後說：

「唉！起碼我也能用根鐵條弄出嘶嘶的聲音。」

如果我們都有故事中鐵匠的心胸，還有什麼失敗和挫折能夠傷害我們呢？

安徒生有一則名為《老頭子總是不會錯》的童話故事。

鄉村有一對清貧的老夫婦，有一天他們想把家中唯一值錢的一匹馬拉到市場上去換更有用的東西。老頭牽著馬去趕集了，他先與人換得一頭母牛，又用母牛去換了一隻羊，再用羊換來一隻肥鵝，又把鵝換了母雞，最後用母雞換了別人的一袋爛蘋果。

在每次交換中，他都想給老伴一個驚喜。

當他扛著大袋子來到一家小酒店歇息時，遇上兩個英國人。閒聊中他談了自己趕集的經過，兩個英國人聽後哈哈大笑，說他回去必定挨老婆一頓揍。老頭子堅稱絕對不會，英國人就用一袋金幣打賭，兩個英國人於是和老人一起回到老頭家中。

老太婆見老頭子回來了，非常高興，她興奮地聽著老頭子講趕集的經過。每聽老頭子講到用一種東西換了另一種東西時，她都充滿了對老頭的欽佩。

她嘴裡不時地說著：「哦，我們有牛奶了！」

「羊奶也同樣好喝。」

「哦，鵝毛多漂亮！」

「哦，我們有雞蛋吃了！」

最後聽到老頭子背回一袋有點腐爛的蘋果時，她同樣不慍不火，大聲說：「那我們今晚就可以吃到蘋果餡餅了！」

結果，英國人輸掉了一袋金幣。

從這個故事中我們可以領悟到：不要為失去的一匹馬而惋惜或埋怨生活，既然有一袋爛蘋果，就做一些蘋果餡餅好了。只有這樣生活才能妙趣橫生、和美幸福，而且只有這樣，你才可能獲得意外的收穫。

我真的覺得很愉快

　　一天清晨，在一列老式火車的臥鋪車廂中。有五個男士正擠在洗手間裡洗臉。經過了一夜的疲睏，隔日清晨通常會有不少人在這個狹窄的地方漱洗。此時的人們多半神情漠然，彼此間也不交談。

　　就在此刻，突然有一個面帶微笑的男人走了進來，他愉快地向大家道早安，但是卻沒有人理會他的招呼。之後，當他準備開始刮鬍子時，竟然自若地哼起歌來，神情顯得十分愉快。他的這番舉止令一些人感到極度不悅。於是有人冷冷地、帶著諷刺的口吻對這個男人問道：「喂！你好像很得意的樣子，怎麼回事呢？」

　　「是的，你說得沒錯。」男人如此回答著：「正如你所說的，我是很得意，我真的覺得很愉快。」然後，他又說道：「我是把使自己覺得幸福這件事，當成一種習慣罷了。」

　　後來，在洗手間內所有的人都把「我是把使自己覺得幸福這件事，當成一種習慣罷了」這句深富意義的話牢牢地記在心中。

　　事實上，這句話確實具有深刻的哲理。不論是幸運或不幸的事，人們心中習慣性的想法往往占有決定性的影響地位。有一位名人說：「困苦人的日子都是愁苦；心中歡暢者則常享豐筵。」這段話的意義是告誡世人設法培養愉快之心，並把幸福當成一種習慣，那麼，生活將成為一連串的歡宴。

　　一般而言，習慣是生活的累積，是能夠刻意造成的，因此人人都能掌握有創造幸福的力量。

　　養成幸福的習慣，主要是憑藉思考的力量。首先，你必須擬訂一份有關幸福想法的清單，然後，每天不停地思考這些想法。其間若有不幸的想法進入你的心中，你得立即停止，並將之設法摒除掉，尤其必須以幸福的

想法取而代之。此外，在每天早晨下床之前，不妨先在床上舒暢地想著，然後靜靜地把有關幸福的一切想法在腦海中重複思考一遍，同時在腦中描繪出一幅今天可能會遇到的幸福藍圖。如此一來，不論你面臨到什麼事，這種想法都將對你產生積極性的效用，幫助你面對任何事，甚至能夠將困難與不幸轉為幸福。相反，倘若你一再對自己說：「事情是不會進行得順利的。」那麼，你便是在製造自己的不幸，而所有關於「不幸」的形成因素，不論大小都將圍繞著你。

因此在每一天都保持幸福的習慣，是件相當重要的事。

保持一顆童心

相對成年人來講，兒童可說是最懂得享有幸福的專家了。而那些能夠保有孩童之心的中老年人，更可稱得上是一種天才。因為，能保持年輕人特有的幸福精神與要旨是相當難得而寶貴的。因此，若要永遠保有幸福，我們絕對不可讓自己的精神變得衰老、遲鈍或疲倦，我們絕對不可以失去純真。

有位老師問她七歲的學生：「你幸福嗎？」

「是的，我很幸福。」她回答。

「經常都是幸福的嗎？」老師再問道。

「當然，我經常都是幸福的。」

「是什麼使你感覺幸福呢？」老師繼續問道。

「是什麼我並不知道。但是，我真的很幸福。」

「一定是有什麼事物才使得你幸福的吧！」老師繼續追問著。

「是啊！我告訴你吧！我的朋友使我幸福，我喜歡他們。學校使我幸

福，我喜歡上學，我喜歡我的老師。還有，我喜歡上動物園，也喜歡那些可愛的動物。我愛姐姐和弟弟。我也愛爸爸和媽媽，因為爸媽在我生病時關心我。爸媽是愛我的，而且對我很親切。」

老師認為在她的回答中，一切都已齊備了 —— 和她玩耍的朋友（這是她的夥伴）、學校（這是她讀書的地方）、動物園和可愛的動物們（這是她熱愛大自然之處）、姐弟和父母（這是她以愛為中心的家庭生活圈）。這是具有極單純形態的幸福，而人們最高的生活幸福亦莫不與這些因素息息相關。

後來，這位老師也曾向一群少男、少女提出過相同的問題，並且請他們把自認為「最幸福的是什麼」一一寫下來。他們的回答更是令人感動。

這是少男們的回答。

「有一隻大雁在低飛，把腳探入水中，而水是清澈的；因船身前行，而分撥開來的水流像一個倒過來的「V」；跑得飛快的列車；吊起重物的工程起重機；小狗的眼睛……」

以下則是少女們對於「什麼東西使她們幸福」的回答。

「倒映在河上的街燈；從樹葉間隙能夠看得到紅色的屋頂；煙囪中冉冉升起的煙；紅色的天鵝絨；從雲間透出光亮的月亮……」

雖然這些答案中並沒有充分表現出完整性，但無疑是使他們幸福的原因之一。想要成為幸福的人，重要的祕訣便是：擁有清澈的心靈，可以在平凡中窺見浪漫的眼神以及單純的精神。

享受獨處

獨處，會讓我們卸除在與人接觸時所戴的面具，讓我們的心境恢復恬

靜自然的赤子之心。在繁忙、擁塞、交際頻繁的現代社會，偶爾擁有完全獨處的機會，如同鑽石般的難得。

林白夫人曾說過：「生活重要的藝術在於學習如何獨處。」

獨處是與外界不重要的、膚淺的事物隔離，尋覓內在的力量。這種內在的心靈力量將可以使我們的精力充沛，品格提升。一個人如果只是孤寂的隱退，而未發掘內在的力量，那麼他的生活便不會達到最完善的境界。

每個時代的聖哲與天才，都能從孤寂中獲得極豐富的靈感，每個人也都可以從短暫的孤寂中有所收穫，不必刻意為了爭取獨處的時刻，而讓自己的行為顯得怪僻偏頗。

其實，想要享受孤獨的時光，平時不妨獨自在寂靜的小道散步一下子，或早晨早起一小時，獨自欣賞破曉天明的絢麗景觀，或在公園小椅上閒坐片刻，或騎車在城市的郊區慢慢地兜風。生活再怎麼忙碌，片刻的悠閒時光總是會有的。

獨處會讓我們停下來好好分析自己的煩愁，然後想出辦法加以驅除。

不要怕孤寂。假使你害怕孤寂，那麼一定要小心檢討自己，因為那代表你的心靈出了問題。

記住要設法讓自己停下來，找時間走進心靈深處，與真實的自己共處，也許你會有一點驚喜，因為你碰到一個又好又上進的知心朋友，那就是你自己！

別連小丑都不如

每個人都有自己的生活方式，我們不必為那一份沒有得到的理解而遺憾嘆惜。

有這麼一個故事：

白雲禪師有一次和他的師父方會禪師對坐，楊岐問：「聽說你從前的師父茶陵郁和尚大悟時說了一首偈，你還記得嗎？」

「記得，記得。」白雲答道：「那首偈是：『我有明珠一顆，久被塵勞關鎖，一朝塵盡光生，照破山河星朵。」』語氣中免不了有幾分得意。

方會禪師一聽，大笑數聲，一言不發地走了。

白雲愣在當場，不知道師父為什麼笑，心裡很愁煩，整天都在思索師父的笑，卻怎麼也找不出他大笑的原因。

那天晚上，他輾轉反側，怎麼也睡不著。第二天實在忍不住了，一大早就去問師父為什麼笑。

方會禪師笑得更開心，對著失眠而眼眶發黑的弟子說：「原來你還比不上一個小丑，小丑不怕人笑，你卻怕人笑。」白雲聽了，豁然開朗。

身為一個凡人，我們有時比不上一個小丑。很多時候我們就是陷於別人給我們的評論之中難以自拔。別人的語氣、眼神、手勢……都可能攪擾我們的心，消滅了我們往前邁進的勇氣，甚至一天到晚沉迷在白雲式的愁煩中不得解脫，白白損失了做個自由快樂的人的權利。

多甜的草莓

告別灰色情緒，是擺脫和戰勝挫折的第一步。

有一位美國商人，因經商失敗而負債纍纍。他整天神情沮喪、萎靡不振。有一天，他在街上遇到一個失去雙腿的身心障礙者，當他發現那身心障礙者在向他道早安時竟是那樣的神采奕奕，他頓時覺得羞愧難當。回到家裡，他在自己天天照的鏡子上寫下了這樣一句話：「我一直悶悶不樂，

因為沒有鞋穿，直到我在街上看到了一個缺腿的人時，我才覺得自己是多麼的幸福。」

因挫折而造成的灰色情緒，像烏雲一樣擋住了太陽，也遮住了人們的視線。假如換一個視角，換一個環境，你一定會發現，天地是如此的開闊，大自然是如此的豐富多彩，生活依然是那麼的美好，要做的事情還有很多很多，我們千萬不要與自己過不去。

托爾斯泰在他的散文名篇《我的懺悔》中講了這樣一個故事。

一個男人被一隻老虎追趕而掉下懸崖，慶幸的是在跌落過程中他抓住了一棵生長在懸崖邊的小灌木。此時，他發現，頭頂上，那隻老虎正虎視眈眈，低頭一看，懸崖底下還有一隻老虎，更糟的是，兩隻老鼠正忙著啃咬懸著他生命的小灌木的根鬚。絕望中，他突然發現附近生長著一簇野草莓，伸手可及。於是，這人拽下草莓，塞進嘴裡，自語道：「多甜啊！」

生命進程中，當痛苦、絕望、不幸和災難向你逼近的時候，你是否還能顧及享受一下野草莓？只有那些在絕境中仍能抓住一絲快樂的人，才能領悟人生快樂的真諦。

缺陷也能帶來快樂

有一位列車長的女兒，名字叫田莉，她想成為一位歌唱明星，可是她長得並不好看。她的嘴很大，牙齒很暴，第一次公開演唱時，在一家夜總會裡，她一直想用上嘴唇蓋住她的牙齒。她想要表演得「很美」，結果呢？她使自己大出洋相，注定了失敗的命運。

可是，那家夜總會裡聽這個女孩子唱歌的一個人，認為她很有天分。「我跟你說，」他很直率地說，「我一直在看你的表演，我知道你想掩飾的是什麼，你覺得你的牙齒長得很難看。」這個女孩子非常尷尬，可是那位

男士繼續說道：「這是怎麼回事？難道說長了暴牙就罪大惡極嗎？不要想去遮掩，張開你的嘴，觀眾看到你不在乎的話，他們就會喜歡你的」他很犀利地說：「那些你想遮起來的牙齒，說不定還會帶給你好運呢。」

田莉接受了他的忠告，不再去注意牙齒。從那時候開始，她只想到她的觀眾，她張大了嘴巴，熱情而高興地唱著，最後她成為電影界和歌唱界的當紅明星。其他的喜劇演員後來都還希望能學她的樣子呢。

人沒有十全十美的，不必特意去掩飾你的「缺陷」。它有時可能會是你成功的重要原因，會給你帶來無限快樂！

放棄也是一種美

人們總以為成功意味著得到，其實，放棄可能會比得到更顯示出成功的特質，這裡就有一個關於放棄的故事。

大雪初晴，陽光輕輕落在玉樹瓊枝上，森林裡十分安靜。從耳機裡傳來的信號指引我們從南北兩個方向執行對雪雪的合圍。雪雪是自然保護區一隻裝了無線電頸圈的少女熊貓，中美科學家把換頸圈的日子定在聖誕節之前，旨在給節日獻上一份工作成果，增加一些喜氣。

雪雪抱著頭在鬆軟的雪被中酣睡，一塵不染的身體，白毛如銀，黑毛似漆，在陽光下閃爍著迷人的光澤。牠睡得太香甜了，毛茸茸的小肚子在有節奏地起伏，渾然不知麻醉槍的準星已在很近的地方盯上了自己。 眾人臥在雪地，倒數等待夏勒博士下射擊令。但胡教授和夏勒博士示意揮揮手後，卻讓全體人員立即撤退。博士說：雪雪睡在離懸崖很近的地方，擔心她中槍後受驚，掉下懸崖，所以放棄了這次行動。

由於放棄了射擊，雪雪可愛的睡態才永遠銘記於心裡。其實，在森林裡我們常常看到放棄，比如，老樹放棄了生，轟然倒下，讓許多小樹得以

分享一片藍天。大森林是因為放棄而美麗，在這物慾橫流的世界，總以為得到才是美，試試放棄吧！也許，放棄對我們也是一種美麗。

多虧你的口袋不是火藥庫

　　要是火柴在你的口袋裡燒起來了，那你應該高興，而且感謝上蒼：多虧你的口袋不是火藥庫。

　　要是有窮親戚到別墅來找你，那你不要臉色發白，而要歡天喜地的說：「太好了，好險來的不是警察！」

　　要是你的手指頭扎了一根刺，那你應該高興：「還好，多虧這根刺不是扎在眼睛裡！」

　　如果你的妻子練鋼琴，那你不要發脾氣，而要感激這份福氣：你是在聽音樂，而不是聽狼嗥或者貓的音樂會。

　　你該高興，因為你不是拉長途馬車的馬，不是寇克（Koch）的「小點」（細菌），不是豬，不是驢，不是茨岡人牽的熊，不是臭蟲……你要高興，因為當下你沒有坐在被告席上，也沒有看見債主在你面前，更沒有和編輯談稿費問題。

　　如果你不是住在偏遠的地方，那你一想到命運沒有把你送到遙不可及的地方去，你豈不覺得幸福？

　　要是你有一顆牙痛起來，那你就該高興：幸虧不是滿口的牙痛起來。

　　你該高興，因為你居然可以不必申請失業救濟，不必坐在垃圾車上，不必一下子跟三個人結婚……

　　要是你被送到警察局去，那就該樂得跳起來，因為多虧不是把你送到地獄的火裡去。

要是你挨了一頓棍子打，那就該蹦蹦跳跳，叫道：「我多麼有運氣，人家沒有拿帶刺的棒子打我！」

要是你的妻子對你變了心，那就該高興，多虧她背叛的是你，不是國家。

以上引用俄國作家安東‧契訶夫的話，它使我們聯想到魯迅先生筆下的「阿Q」，但是，這裡所指的「知足常樂」並不是一味逃避的精神勝利法。在一個人的生命過程中，一些階段性的自我安慰是必要的，因為有時候，退一步是為了進兩步而積蓄力量。

你是最棒的

有父子兩人牽著一頭驢子趕路，路人譏笑他們說：「瞧這兩個傻子，放著現成的牲口，卻不知道用它來代步！」

於是父親騎驢。行人仍然議論他們：「瞧這老頭不知道疼愛幼子，自己騎驢子，讓兒子趕路！」

於是父親讓兒子騎驢。但是又有人批評說：「這孩子不知道敬老！」父子兩人一起騎上驢背，行人則非常驚訝地說：「他們虐待動物！」

於是，父子停下來檢討，做了一個新的決定，他們把驢子捆起來抬著走。

這個小故事對我們有什麼啟示呢？那就是，做事固然要採納別人的意見，但是也要有自己的主張，要相信你就是最棒的。

有一天，一個士兵騎馬送信給拿破崙，由於馬跑的速度太快，在到達目的地之前猛跌了一跤，那馬就一命嗚呼了。拿破崙接到信後，立刻寫了回信，吩咐那個士兵騎自己的馬，迅速把回信送出。

那個士兵看到那匹強壯的駿馬，身上裝飾得無比華麗，便對拿破崙說：「不，將軍，我這樣一個平庸的士兵，實在不配騎這匹華美強壯的駿馬。」

拿破崙斬釘截鐵地回答道：「世界上沒有一樣東西是法蘭西士兵所不配享有的。」

世界上到處都有像這個法國士兵一樣的人！他們以為自己的地位太低微，別人所有的種種幸福是不屬於他們的，是他們所不配享有的，以為他們是不能與那些偉大人物相提並論的。這種自卑自賤的觀念，往往成為不求上進、自甘墮落的主要原因。

快樂有如香水

笑，世人和你同笑。哭，世人和你同哭。

笑是最能得人喜歡的東西，使你有和藹可親的態度。在你與人微笑的時候，不會有憤怒和憂傷的表現，一切悲觀和難以相處的儀容，都讓笑容給掩蓋了。

美國文豪愛默生（Ralph Waldo Emerson）說：「快樂有如香水，向人撒得多，自己沒有不黏上幾滴的。」因此，當我們習慣以笑對人對事時，自己的心情也不知不覺地輕鬆愉快起來了。

生活中做一個快樂的人是最幸福的。人生的目的就是尋求快樂，這就是沒有人願意在憂傷中了卻一生的原因。快樂有十個條件，我們若能身體力行，就可以增加我們無限的快樂。這十個條件是：

(1) 養成良好的嗜好；
(2) 有自己的人生哲學和宗教信仰；

(3) 利他思想；

(4) 面對困難和恐懼不逃避；

(5) 用事實來充實幻想；

(6) 每日運動；

(7) 有愛心；

(8) 不被憂傷包圍；

(9) 忍耐和等候時機；

(10) 擁有新的思想，新的眼光。

快樂是有條件的，然而更多的時候它已經存在於我們的生活中，問題是我們能不能發現它。

開心的理由

從前人們碰到一起，打招呼時就說：吃了嗎？

後來改成了：你好！

今天相逢，在有些人口中，又變成了：開心點！

由物質到精神，關懷的內容產生了本質的變化。

然而，開心的理由呢？在對一些女士的調查中，所得到的回答差不多都是：享受生活呀！不同的是她們各有各自的理由。

一位老太太，已老到走路不能自如的境地，還堅持在中央公園的臺階上，一級一級的往上蹭。她臉上陽光燦爛：這是我每天最開心的事呀！

一個女孩，整天忙碌在辦公室，不外乎列印資料，收發信件，很瑣碎。但一到休息日，她就閒得憂鬱，因而總嘮叨說：工作能使我開心。

一個操勞一輩子的母親，不穿金，不戴銀，不吃補品，每日辛勞不輟，笑呵呵回答兒女們的是：全家平平安安比什麼都讓我開心。

一個失業工人：誰能給我一份工作，我就開心了。

一個保姆：主人信任我，不見外，我就覺得開心。

一個小女孩：哎呀呀！星期天早上能讓我睡夠了，最開心！

生活是世界上最難的一道題，複雜得永遠解不清。可是生活又簡單得像一顆透明的水滴、一首詩、一支歌、一朵小花、一片綠葉、一隻小動物……就能讓我們開心得如仙飄飄而然起來，一直飄向天國。

人心是自然界最深不可測的慾海，有了電視機，還想要電冰箱、洗衣機、手機、空調、汽車、房子、別墅……然而，人心也是最容易滿足的乖孩子，一句寬心的話，一張溫暖的笑顏，一個會心的眼神，一聲真誠的問候，一個善良的祝福……就能成為一根棒棒糖，一顆開心果，能一直香甜到我們心裡，使我們回到開心的童年，像小鳥一樣嘰嘰喳喳地唱不夠。

史蒂文森（Robert Louis Stevenson）說：開心並不總是幸運的結果，它常常是一種德行，一種英勇的德行。

渴望讚美的魚

暴雨來臨前，池塘裡異常沉悶。

有一隻紅鯉魚實在耐不住煩悶，縱身躍出水面，長長地透了一口氣，並在陰暗的池塘上方畫下了一道紅色的絕妙的剪影。

在入水之前，牠聽到從岸上傳來了一句天籟般的讚美：「哇！多漂亮的一條紅鯉魚。」

第一次聽到這麼美妙的聲音，紅鯉魚激動地連拍了好幾個水花：真是一件值得高興的事，終於有人懂得欣賞我的美了。

一條又一條夥伴從牠身邊游過，大家吐兩個水泡，算是打招呼。牠們

從來沒有這樣稱讚過我，以前沒有，現在沒有，將來也不會有吧！

夥伴們的缺乏美感讓紅鯉魚對剛才的讚美更覺得可貴，一種乍逢知己的驚喜充斥於牠的內心：也許我該結識那個人。

想到這些，紅鯉魚就在水中猛游了一圈，憋足氣，閃電一般躍出水面，再一次高高地出現在池塘上方。水外的世界真的很刺激，紅鯉魚有一種躍過龍門的成就感，牠一邊享受著風拂過身體時的涼爽與愜意，一邊睜大了眼睛去搜尋那個一生難遇的知音。

但牠只看到了一張網，當那張骯髒的漁網網住牠美麗的軀體時，牠聽到了那個一模一樣的聲音：「哈，逮到了！」紅鯉魚就這樣永遠告別了生牠養牠的池塘。

期望得到外界的認同，這一點無可厚非，但同時應該擦亮眼睛，萬不可陶醉於別人的讚美，而忽略其手中的網。

「不幸」的製造商

對於任何人而言，「幸福」應該是最基本的欲望之一。然而，「幸福」必須是贏來的。至於贏得它也並不十分困難，凡是想要得到它的人、具有這種意志的人、知道正確方法而切實履行的人，都能成為幸福的人。

一位外國作家講了這樣一個故事。

有一次，在火車的餐車上，坐在一對夫婦的對面，那位太太身上穿著名貴的毛皮大衣，上頭綴著璀璨奪目的鑽石，然而不知是什麼原因，她的外表看起來卻總是一副不悅的樣子，她的神情、架勢也近於即將斥喝怒罵一般。她幾乎對於任何事都表示抱怨，一下子說「這列車上的服務實在差勁，窗戶沒關緊，風不斷地吹進來」，一下子又大發牢騷「服務水準太

低，菜又做得難吃，不過，她的丈夫卻與她截然不同，看上去是一位和藹親切、溫文儒雅且寬宏大量的人，他對於太太的舉止言行似乎有一種難以應付而又無可奈何的感受，也似乎相當後悔與她偕同旅行。

他禮貌地向沉默的我打了個招呼，並詢問我所從事的產業，同時做了自我介紹。他表示自己是一名法律專家，又說：「我內人是一名製造商。」此時，他臉上有一種奇怪的微笑。

聽完他所說的話，我感到相當疑惑，因為他的太太看起來一點也不像個實業家或經營者之類的人物。於是，我不禁懷疑地問：「不知尊夫人是從事哪方面的製造業呢？」

「就是『不幸』啊！」他接著說明：「她是在製造自己的不幸！」這種未經詳細考慮、脫口而出的話語，立刻使得餐桌的氣氛為之凍結。雖然如此，我還是認為這位先生所言的確很貼切道地出了實際情況。

事實上，在我們的四周正充滿了這些正在為自己製造不幸的人。嚴格說來，這種普遍的情況實在值得人關注，因為，那些足以破壞我們幸福的外在條件或因素已經多得不可勝數，如果我們還在自己的心中進一步製造不幸的話，那麼，真可以說是不幸之極。

人們之所以會製造自己的不幸，其主要原因多半是由於自己心中存有的習慣性產生的不幸想法所致！例如，總是認為一切事情都糟糕透了，別人擁有非分之財，而我卻沒有得到應得的報酬等等。

此外，不幸的想法往往會把一切怨恨、頹喪或憎惡的情緒深深地刻畫在心底，於是不幸的程度將愈益加深。那位夫人擁有另外一些人為之終生期盼的鑽石，但是，她擁有的財富並沒有將她排除在自己製造的不幸行列之外，因為人在自己製造不幸時僅僅是因為自己內心的騷動，而與外界無關。

　　世界上沒有一個人會因煩惱而獲得好處，也沒有人會因煩惱而改善自己的境遇，但煩惱卻有損於人的健康和精力，會毀滅生活和幸福。

　　世界上有無數的人正受著煩惱的壓迫，為了擺脫這個使人心靈消沉、壓力重重的惡魔，許多人竟然成了醉漢和菸鬼，甚至出賣了他們的生命。

　　沒有哪個人的智慧能夠算出由於煩惱而給個人與社會所造成的損失的總量。由於煩惱的緣故，使很多天才人物做著極其平庸的工作，極其平庸地活著。

沒時間憂慮

　　道格拉斯失去了 5 歲的女兒，一個他非常喜歡的孩子。他和妻子都以為他們沒有辦法忍受這個打擊。可是，正如他說的：「10 個月之後，上帝又賜給我們另外一個小女兒，但是，她只活了 5 天就死了。」這些接二連三的打擊，對任何人來講都無法承受。「我實在受不了了，」這個曾經做了父親的人說，「我睡不著覺，吃不下飯，也無法休息或放鬆。我的精神受到致命的打擊，信心盡失。」最後他去看了醫生。一個醫生建議他吃安眠藥，另外一個則建議他去旅行。兩個方法都試過了，可是沒有一樣能夠對他有所幫助。他說：「我的身體好像被夾在一把大鉗子裡，愈夾愈緊，愈夾愈緊。」那種悲傷給他的壓力 —— 如果你曾經因悲傷而感覺麻木的話，你就知道他所說的是什麼了。

　　「不過，感謝上帝，我還有一個孩子 —— 一個 4 歲的兒子，他教我們找到解決問題的方法。一天下午，我呆坐在那裡為自己感到難過的時候，他問我：『爸爸，你肯不肯為我做一艘船？』我實在沒有興致做船。事實上，我根本沒有興致作任何事情。可是我的孩子是個很會纏人的小傢伙，我不得不順從他的意思。

做那艘玩具船大概花了我三個鐘頭，等到船做好之後，我發現用來做船的那三個小時，是我這麼多個月來第一次有機會放鬆心情，這個大發現使我從昏睡中驚醒過來，也使我想了很多 —— 這是我幾個月來的第一次思考。我發現，如果忙著去做一些需要計畫和思考的事情的話，就很難再去憂慮了。對我而言，做那艘船把我的憂慮完全抹滅了，因此，我決定讓自己不斷地忙碌。

第二天晚上，我巡視了屋子裡的每個房間，把所有該做的事情列成一張單子。有些小東西需要修理，比方說書架、樓梯、窗簾、門鎖、漏水的水龍頭等等。令人想不到的是，在兩個禮拜以內，我列出了 242 件需要做的事情。

在過去的兩年裡，那些事情大部分已經完成。此外，也使我的生活十分充實而有意義：每個星期，我有兩個晚上到紐約市參加成人教育班，並參加了一些小鎮上的活動；我現在是校董事會的主席，要參加很多會議，並協助紅十字會和其他機構募捐。我現在真是忙得沒有時間去憂慮。」

偉大的科學家路易·巴斯德（Louis Pasteur）曾經談到「圖書館和實驗室所找到的平靜」。平靜為什麼會在那裡找到呢？因為在圖書館和實驗室的人，通常都埋頭在他們的工作裡，不會帶來擔憂與煩惱。做研究工作的人很少與精神崩潰結緣，因為他們沒有時間享受這種「奢侈」。

為什麼讓自己忙碌這麼一件簡單的事情，就能夠把憂慮趕出去呢？因為有這麼一個定理，這是心理學上所發現的一個基本定理：不論這個人多麼聰明，人類的思想都不可能在同一時間想一件以上的事情。讓我們來做一個實驗：假定你現在靠坐在椅子上，閉起兩眼，試著在同一個時間去想自由女神和你明天早上打算做什麼事情。

因此，當某些無法更改的厄運降臨到我們頭上時，讓我們嘗試「沒時間憂慮」這一武器吧！

深水炸彈下的沉思

　　這是一個也許會讓你畢生難忘、很富戲劇性的故事。故事的主人叫羅勒·摩爾。

　　「1945 年 3 月，我學到了我這一生中最重要的一課，」他說，「我是在中南半島附近 276 英呎深的海底下學到的，當時我和另外 87 個人一起在貝雅 S·S·318 號潛水艇上。我們透過聲納發現，一小支日本艦隊正朝我們這邊開過來。在天快亮的時候，我們升出水面發動進攻。我透過潛望鏡裡發現一艘日本的驅逐護航艦、一艘油輪和一艘布雷艦。我們朝那艘驅逐護航艦發射了 3 枚魚雷，似乎都沒有擊中。那艘驅逐艦並不知道它正遭受攻擊，繼續向前駛去。我們準備攻擊最後的一條船 —— 那艘布雷艦。突然之間，它轉過彎，直朝我們開來（一架日本飛機，看見我們在 60 英呎深的水下，把我們的位置用無線電通知了那艘日本的布雷艦）。我們潛到 150 英呎深的地方，以避免被偵測到，同時做好了應付深水炸彈的準備。我們在所有的艙蓋上都多加了好幾層螺絲，同時為了使我們的沉降保持絕對的靜寂，我們關閉了所有的電扇、整個冷卻系統和所有的發電機。」

　　「3 分鐘之後，突然天崩地裂，6 枚深水炸彈在我們四周爆炸，把我們直壓到海底 —— 深達 276 英呎的地方。我們都嚇壞了，在不到 1,000 英呎深的海水裡，受到攻擊是一件很危險的事情。那艘日本的布雷艦不停地往下丟深水炸彈，攻擊了 15 個小時，要是深水炸彈距離潛水艇不到 17 英呎的話，爆炸的威力就可以在潛艇上炸出一個洞來。有一二十枚深水炸彈就在離我們 50 英呎左右的地方爆炸，我們奉命堅守 —— 就是要靜躺在我們的床上，保持鎮定。我嚇得幾乎無法呼吸，心想這下子死定了。電扇和冷卻系統都關閉之後，潛水艇的溫度非常高，可是我卻怕得全身發冷，穿上了毛衣，以及一件皮夾克，還是冷得發抖。我的牙齒不停地打顫，全身冒著一陣陣的冷汗。攻擊持續了 15 個小時之後，突然停止了。顯然那

艘日本布雷艦把所有的深水炸彈都用光了，就開走了。這 15 個小時的攻擊，感覺就像有 1,500 萬年。我過去的生活都一一在我眼前映現。我記起了以前所做過的所有壞事，所有我曾經擔心過的一些小事情。在我加入海軍之前，我是一個銀行職員，曾經為工作時間太長、薪水太少、沒有多少升遷機會而發愁。我曾經憂慮過，因為我沒有辦法買自己的房子，沒有錢買新車子，沒有錢給我太太買好的衣服。我非常討厭我以前的老闆，因為他老是找我的麻煩。我還記得，每晚回到家裡的時候，我總是又累又不開心，常常跟太太為一點芝麻小事吵架。我也為我額頭上的小疤 —— 是一次車禍留下的傷痕而煩惱過。」

「多年前，那些令人煩惱的事當時看起來都是大事，可是在深水炸彈威脅著要把我送上西天的時候，這些事情又是多麼荒謬、微不足道。就在那個時候，我答應自己，如果我還有機會再見到太陽和星星的話，我永遠永遠不會再憂慮了。永遠不會！在潛艇裡面那 15 個可怕的小時裡，我所學到的東西，比我在大學念了 4 年書所學到的遠要多得多。」

摩爾的故事真是讓人深思。

我們在小事情上耽擱得太久了。一點也不錯，我們的確是這樣子的。

這是一個關於森林中一個巨人在戰爭中怎麼得勝又怎麼失敗的故事：在科羅拉多州長山的山坡上，躺著一棵大樹的殘軀。自然學家告訴我們，它曾經有 400 多年的歷史。它初發芽的時候，或許哥倫布才剛剛在美洲登陸。第一批移民到美國來的時候，它才長了一半大。在它漫長的生命裡，曾經被閃電擊中過 14 次。400 年來，無數的狂風暴雨侵襲過它，它都能戰勝它們。但是在最後，一小群甲蟲攻擊了這棵樹，那些甲蟲從根部裡面開始咬，漸漸傷了樹的元氣，在這很小、但持續不斷地攻擊中，它倒在了地上。這個森林裡的巨人，歲月不曾使它枯萎，閃電不曾將它擊倒，狂風暴雨沒有傷著它，卻因一些小到用大拇指和食指就可以捏死的小甲蟲而終

於倒了下來。

我們豈不都像森林中的那棵身經百戰的大樹嗎？我們曾經歷過生命中無數狂風暴雨和閃電的打擊，但都撐了過來，可是卻會讓我們的心被憂慮這隻討厭的小甲蟲咬噬 —— 那些用大拇指跟食指就可以捏死的小甲蟲。

所以，不要讓自己因為一些應該拋開和忘記的小事煩心。

拋開讓人煩心的小事的一個好方法，就是去積極主動地去發現那些令人愉快的小事，就像讓人煩惱的小事可以毀滅人生一樣，愉快的小事也具有讓我們擁有幸福人生的能量。

據說，一個人朝另一個人由衷地微笑，需要調動三十幾塊面部肌肉；一個人鼓起勇氣對另一個人說聲「我愛你」，至少要消耗三顆蘋果所能提供的熱量；而當一個人遇見另一個人並與之白頭偕老，則需要花費二十年左右的時間來等待，還要用掉六七十年的歲月才能最後完成。

據說，一個人一生所流出的汗水與淚水所包含的鹽分足夠為親朋好友做出幾十道大菜；一個腿腳健全的人一生所要走的路，加起來可以繞地球七十圈以上；在這個世界上，一個人與另一個人相遇的可能性是千萬分之一。

如果我們把很淡多看似平凡的事物都看成是來之不易的，都能從中感受到生命的魅力，我們便會在平平淡的日子裡時時被生活的美所激動，所愉悅，所陶醉，也就會在幸福的感激之情中度過一個如此短暫卻讓人無比眷戀的人生。

假裝哲學

一家石油公司的行政人員，每月有好幾天要處理一些枯燥無趣的東

西，如填寫租約表格、整理統計資料等，工作實在是太無聊，但她每天跟自己比賽，先計算早上填寫多少表格，下午再盡力超過這個數量，然後計算每天的工作量，第二天再想辦法做得更好。這種方式使她不致因對工作厭煩而產生疲勞，使一件原本枯燥的工作變得有趣。

她是這樣講她的故事的。

我的辦公室裡有 4 位行政人員，每個人都被分派處理某些特定信件。有時候，我們會被那堆信件搞得頭昏腦脹。一天，某部門的助理堅持要我把一封長信重新打出來，我不願意。我告訴他，信根本不用重打，只要把錯別字改正過來就可以。他卻說，如果我不做，他照樣可以找別人去做！我真氣壞了，但不得不重新打字，因為我想到可能有人會趁機取代這個工作，而且公司是付了錢要我工作的。想到這些，我只好假裝自己喜歡這個工作——雖然我假裝喜歡自己的工作，但是，我卻發現，在我假裝喜歡時，我犯而真的就多少有點喜歡它了。一旦我喜歡自己的工作，就能做得更有效率。因為這個原因，現在我很少需要加班。這種新的工作態度，大家認為我是個好職員，後來，某部門主管需要一名私人祕書，就選上了我——因為他說，我總是高高興興地去做額外的工作！這種心態的改變所產生的力量，實在是我最重要的大發現，也的的確確奇妙無比！

這位行政人員實際上正是利用了漢斯‧瓦辛格教授的「假裝」哲學。他教我們「假裝」對工作感興趣，這種態度往往會使你的興趣弄假成真，還能幫助我們減少疲勞、緊張和憂慮。

其實，假裝哲學所告訴我們的是這樣一個道理，當我們無法改變某種現實時，最重要的是不要因此損失了自己的好心情，因為好心情正是日後機會來臨時轉變命運的「青山」，即留得這個青山在，就不怕未來不成功。

很久以前，有位獵人沒有鞋子，他的腳被扎得鮮血直流。他的妻子很心疼，一邊替他包紮傷口一邊說：「要是所有的路都鋪上動物的毛皮那有

多好。」

丈夫說：「這怎麼可能呢？那需要多少毛皮，要花多少錢啊？」

但丈夫從妻子的話中得到了啟發，他高興地對妻子說：「腳受傷，是因為腳皮太薄，如果在腳上包一塊動物毛皮，那麼鋒利的石頭和荊棘就無法刺破我的腳了。」

他們都為想到這樣一個好主意高興不已。妻子馬上取來一塊堅韌的毛皮，裹在丈夫的腳上。獵人感覺十分舒服、溫暖，而且石塊、荊棘也無法刺傷他的腳了。

西方有句諺語這樣說：你無法阻止鳥兒從你的頭頂飛過，但卻可以阻止鳥兒在你的頭上築巢。

生活有時也是如此，我們無法得到富有、權力、愛情的滿足，但卻可以調節自己的情緒，每天擁有一份好心情，而這既是我們追求富有、權力、愛情的動機，也是那些已擁有富有、權力、愛情的人也不能保證必定存在的幸福。

誰在迫害你

太多的人以苛評打擊自己 —— 比跟他們作對的強敵還要苛刻，比迫害他們的地獄的判官還要惡劣。

我們來假想一個審判的場景。你正在受審，法官非常嚴酷。

法官：你怎麼啦？你的神情十分惡劣。

你：對不起，小人因為時間不夠……

法官：我有沒有准許你按鈴申告？

你：嗯，小人……

法官：不錯，你真像一名罪犯。我一眼就看出來了。犯了什麼罪？

你：對不起，小人給人家的印象不佳。小人真的盡力了，非常努力，事實上……

法官：不要盡說對不起的話，這對你沒有用處。現在，我們來把有關本案的事實記錄下來，好讓我判你的罪。顯而易見，我看你應該受到嚴厲的處罰。

這個荒誕的審判場景，究竟使你心驚膽顫，還是覺得好笑？

兩者都不是，為什麼？因為在這個怪法庭中迫害你的法官，絕不比你在心中迫害自己的法官更嚴酷，而你 —— 在這個法庭中受審的一個，也比不上你在自己心中指摘你的缺失時那麼歉疚。

這個世界上苛求自己的人太多了，很多人根本不給自己一個成功的機會 —— 就像上述法庭中所顯示的一樣。

快樂是一種美德

一位父親對即將遠行的孩子說：孩子，你將要遠行，將有一生的歲月等你去走。我送你一句話帶在身邊：「快樂是一種美德。」

「要保持快樂，孩子。這是我們窮人唯一的奢侈，不要輕易丟掉快樂的習慣，否則我們將更加一無所有。」

「你要快樂，在每一個清晨或傍晚。你要學會傾聽萬物的語言，你要試著與你身邊的河流、山川、大地交談。在你經過的每一個山村，你要留下你的笑聲作為紀念，這樣當多年以後人們在談起你時，他們也會記得當年有一個多麼快樂的年輕人從這裡經過。」

「快樂是一種美德。你要把它們像情人的手帕一樣帶在身邊。無論你

帶著多少行李，你也不要把它扔到路邊的溝裡。即使你的鞋子掉了，腳上磨出了血，你也要緊緊地抓住快樂，不讓它離開。」

「快樂是一種美德，孩子，這是因為快樂能夠傳染。你要把你的快樂傳染給你身邊的每一個人，無論他是勞累的農夫還是生病的旅客，無論他是赤腳的孩子還是為米發愁的母親，你都要把快樂傳染給他們，讓他們像鮮花一樣綻開笑臉。」

「孩子，在你經過的每個村莊，人們都會像親人一樣待你，他們會給你甘甜的水，將你的包裹裡塞滿乾糧。那麼，你就給他們快樂吧！記住，快樂是一種美德，它能讓你在人們的心中活上好多年。」

談吐幽默風趣

　　幽默風趣是一種智慧，體現著樂觀積極的處世方式和豁達的人生態度。幽默風趣具有惠己悅人的神奇功效，在任何場合，幽默風趣的人總會贏得他人的好感，獲得眾多的支持與理解。而幽默風趣的另一個奇特之處，便是毫不留情地反駁他人的諷刺，捍衛自己的尊嚴。擁有幽默風趣的談吐，便擁有了一筆無價的財富，使你終身受益。

做個幽默人

喜劇泰斗卓別林說：「幽默是生活的好方法。」這話一點不假，想活得好，便要幽默些。人生其實苦多樂少，現實生活中常常有許多事情不盡如人意，凡事計較，便會凡事心煩，最好的方式是用幽默化解，讓生活處處充滿笑聲。

什麼是幽默？幽默是一種有趣或可笑而意味深長的交往方式。幽默大師說：「幽默是一種常常使人開懷暢笑，而自己也樂在其中，享受輕鬆的快感。」在生活中，幽默也是一種灑脫、積極、豁達、機智、詼諧的生命態度。

比如，阿江與女朋友一起觀看學校舉辦的文藝晚會。女友看見女報幕員覺得很面熟，就是記不起來，便問阿江：「你知道那個女報幕員是哪個系的嗎？」阿江不知道，他遲疑了一下後，答道：「報幕系的。」女友一聽，「撲哧」一聲笑了，阿江也跟著笑了起來。

大家都知道，各大專院校中都沒有「報幕系」這個科系，阿江只是巧妙替代，從女朋友的問句中尋找出來某個字眼來替代「不知道」，而達到幽默生趣的目的。

做個幽默風趣的人，不僅可以減少尷尬，還可以製造一種輕鬆的氣氛，何樂而不為。

你幽默，我大笑

老實說，你會給自己的幽默感打幾分？

萬一狀況有些不妙，你從小到大就是一路走來，始終如一的不風趣，怎麼辦？

　　先別給自己太大的壓力，我們的確很難在一夜之間就變成趙本山第二。

　　要表達幽默感的方式其實很多，如果你說的話總是不好笑，甚至連背笑話都背不出來，那麼就請你改變表達幽默感的策略，別急著訓練口才，而是先試著對別人的幽默，毫不吝嗇地報以大笑。

　　講笑話的人最喜歡的就是他的幽默引起了共鳴。而且基本上必須是一個幽默高手，才能聽懂另一種幽默高手的笑話，所以會懂得對方幽默而開心大笑的人，一定也是個幽默感十足的人。所以下回聽到有趣的談話時，請把自己全心全意的交出，去感受這份幽默的快感，並開朗的大聲笑出，以展現自己不凡的幽默功力。

　　萬一要是不好笑怎麼辦？

　　簡單，還是大笑不已。

　　反正大笑是很好的運動。好笑就笑，不好笑也笑，就當是藉機練身體吧！

　　OK，接著我們就來做個練習吧！讓我先來分享一個笑話。（接下來該怎麼辦，你該心裡有數？）

　　有一位喪偶不久的寡婦認識了一位男士，他走過去跟他講說：「哇！怎會這麼巧，你長得跟我第三任丈夫一模一樣，你的頭髮，你的眼睛，你說話在的樣子！天哪，都跟他一模一樣，簡直不可思議。」

　　聽到這話的男士也嚇了一跳：「真的嗎？怎麼會有這樣的情況呢？」

　　接著他想到了什麼，連忙問：「我像你的第三任丈夫？那請問你，你到底結過幾次婚？」

　　只見這位女士開心的眨了眼：「兩次。」

幽默不是揶揄

有一種人表現幽默的方式，是不斷地開別人玩笑。

老實說這種做法很危險，容易弄巧成拙，因為真正的幽默不是揶揄別人。

如果你總是以取笑對方為樂：「唉呀！看到你，我終於知道什麼是矮冬瓜了。」或者以「你頭上的毛最適合中分 —— 總共就只有兩根嘛」等等作為你的題材，那你的人際關係就危險了。因為這其實一點也不好笑，而是刺耳。

這並不是幽默的語言，如果你想如此表現幽默，那可就完全搞錯了方向。如此損人的幽默，不如沉默。

真正的幽默是一種自我解嘲的積極態度。

所以如果上述兩句話改個方向，就會產生效果絕佳的反應：「很多人一看到我，就終於知道什麼是矮冬瓜了。」

「我最得意的事，就是理髮師省事 —— 因為總共就二根嘛。」

說到這，不禁想起一個很有名的演員，有一次把他心愛的名貴跑車給撞得面目全非，看到的人都大喊可惜。沒想到他卻笑著說：「這可是我精心設計的，老早就想換個車型了，怎麼，你們不喜歡嗎？」

美國的傑克教授在一次的車禍中不幸造成下半身癱瘓，大家在醫院裡難過地不知從何安慰他，他居然一笑：「往好處想想吧！我以前一直很好奇輪椅到底怎麼用，這下就有機會好好研究了。更何況，以後開車出門，我找到的停車位一定比你們的好（殘障者專用位），對吧？」

這真是幽默感的典型表現！

在逆境中仍能自我解嘲，不但會讓壓力大為降低，更重要的是，能藉

此找到再出發的動力，衍生出積極樂觀的生命力，這也正是幽默感的最佳效應。

當不幸的事已發生時，怨嘆並不會改變事實，而自我解嘲的幽默，有時卻能激勵自己，並使親人安心，而一旦心情調整，我們就比較能接納事實，找出與現況和平共存的解決之道。

所以想發揮高度幽默感的你，請開始試著自我解嘲，如此不但會贏得笑聲，更會贏得生命。

用幽默來代替握手

幽默雜誌的一位編輯說：「原始人見面握手，是表示他們手上不帶武器。現代人見面握手，是表示我歡迎你，並尊重你。以幽默來打招呼，則是有力地表示我喜歡你，我們之間有著可以共享的樂趣。」

他還說：「幽默是比握手更文明的一大進步。」

心理學家也說：「如果你能使一個人對你有好感，那麼也就可能使你周圍的每一個人，甚至是整個世界的人，都對你有好感。只要你不是到處與人握手，而是以你的友善、機智、風趣去傳播你的訊息，那麼時空距離就會消失。」

美國的林肯總統在會見某國總統時，還沒有握手就說：「啊！原來我的個子還沒有你高，怎麼樣，當總統滋味如何？」

那位總統有點拘束，說：「你說呢？」

「不錯，像吃了火藥一樣，總想放炮。」

這段對話使兩位總統間的猜疑和戒備之心立刻消失了。

也有人一見面就說：「嗯，我一定在哪裡見過你。一定見過！好面

熟。」

「是嗎？這不可能。」

「不，肯定的。即使是在夢裡也可能見過你。」

這不一定是事實，但是，這種會面的最初方式，無疑把兩個人的過去連接在一起，也為將來連接在一起創造了基礎。

再例如：一個男人對一個剛剛相遇的朋友說：「我結婚了」

「那我必須祝賀你。」朋友說。

「可是又離婚了。」

「那就更要祝福你了。」

青春永駐的祕訣

幽默不會使你從矮變高，或由胖變瘦；不會幫你付清帳單，更不會讓別人對你一見鍾情，但幽默能幫助你以新的眼光去看生活。

當我們把幽默變成特殊的力量，運用在包圍著我們生活四周的緊張、困擾和焦慮時，我們能幫助自己，也能幫助別人。當我們在日常生活中與這一切周旋時，不妨讓幽默來替我們承擔負荷，因為對有些問題我們可以加以改善，有些卻只能接受。無論是改善還是接受，首先要解決的是我們的情緒問題。

一位著名演員說：「我發現幽默具有一種把年齡變為心理狀態的力量，而不是生理狀態的。」他有一句著名的妙語是：「青春永駐的祕訣是謊報年齡」。他 70 歲生日時，有很多朋友來看望他，其有人勸他戴上帽子，因為他頭頂禿了。他回答說：「你不知道禿頭有多好，我是第一個知道下雨的人！」

同樣，幽默也能使人在尷尬的時候不感到難堪。

一個在乒乓球上經常打輸的人對他的鄰居說：「我已經找出問題在哪裡了，我的嗜好是打網球，可我卻到乒乓球俱樂部裡去了。」

也有人跟鄰居說：「我們打個平手，怎麼樣？我不想處處趕上你，你也別超過我。」

又如，有一位保險公司的職員，他存了幾年的錢，好不容易買了一輛車。有一次，他教太太開車，車下坡時，煞車突然失靈了。

「我停不下來！」他太太大叫，「我該怎麼辦？」

「禱告吧！親愛的。」保險公司職員也大叫，「性命要緊，不過你最好找便宜的東西去撞！」

車撞在路旁的一個垃圾桶上，車頭撞壞了。然而他們爬出車子時，並沒有為損失了一大筆財產而沮喪，反而為剛才的談話內容大笑起來。目睹的行人以為他們瘋了，要麼就是百萬富翁在以離奇的方式尋找刺激。有人走過來問：「你們想把車子撞壞嗎？」保險公司職員說：「我太太看見了一隻狼，她想把牠壓死。」

即使在最簡單的情況下，你的幽默也能幫助你改變周圍的煩惱氣氛。

幽默產生的時刻，也正是人的情緒處於坦然開放的時刻。因此，笑是一種簡單而又愉快的運動。

每當我們因為心中喜悅而開懷大笑之後，常常會感到精神振奮，對自己、對周圍的一切都充滿信心。

隨時都可以笑

我們隨時都可以笑，工作間裡、飯桌上、自行車上，甚至浴室裡或在

床上。如果你有疾病纏身，更要進行這個充滿樂觀的運動。它能自動地調節你的生理機制，讓你的自我感覺變好，並悄悄萌發康復的信心。

有一次，王曄去看望一位病人，這個人在病床上躺了快三年。王曄問他每天都吃什麼，他笑著說：「在這裡難道會餓肚子嗎？我每天都要用叉子吃藥。」他跟王曄講了一連串發生在病房裡故事和笑話，使王曄也跟著大笑一通。

醫生把王曄叫到外面，悄悄對王曄說：「你的朋友可以出院。原先我們還以為他不能活到年底。」

王曄大吃一驚，問：「為什麼？」

醫生說：「不知道。也許他那些笑話幫了他的忙吧！」

據說，他出院時，同室的病友對他說：「你一走，沒有歡笑了，我們就要死了。」

「不會的，」他說，「你們死了，醫生也活不了，他們要找誰收藥費？」

給自己一個好心情

菸鬼大劉在公共場所吸菸，被警察逮住。

警察：「先生，這裡是禁止吸菸的，請繳罰款 5 元。」

大劉：「好吧！這是 10 元，拿去，找我 5 元。」

警察：「可是我沒有零錢找你。」

大劉：「那麼，我再吸一支吧！」

警察：「哈哈哈哈……」

大劉在公共場所吸菸的做法固然不值得我們效法，但他面對生活中出

現的種種「雜言」所表現的樂觀精神卻值得我們學習，但這做法不足取，錢還是必須用在正道上。

以笑來面對日常生活中引起我們不快的小事情，要眼看著不快的情緒消失。藉著笑的分享，你就可以把瑣細的問題擺在適當的位置，它和你整個生活相比就顯得很微小了。你也會因此提醒別人，這有助於他們輕鬆地面對失意，你會使他們重振精神。

當你在等待的時候，也可以創造幽默與他人共享。當你在超級市場的結帳出口或銀行大排長龍的時候，是和其他人一樣等得焦躁不安、暴跳如雷呢，還是拿出幽默的力量與別人分享呢？

窮有什麼丟臉的

每個人都應該學會表面原原本本的自我，坦誠地與他人相處。因為我們深信，自己的缺點、背景以及過去和現在所處的環境，無論是好是壞，試圖掩飾逃避是無濟於事的。

也許你覺得生錯了時代，生錯了地點，或生錯了家庭，或者你為過去的經濟環境感到困窘，生怕有人提起。我們要提出一些辦法，可以發揮幽默的力量助你走出困境。

詩人麥琨有一次對自己「從婚姻外的關係而出生」的事實開玩笑。「我生來就是個私生子，」麥琨說，「但是有的人無論如何奮鬥也注定成不了私生子。」

「我們向來不窮，也沒挨過餓，只是有時會將吃飯時間無限後延罷了。」

「當我小的時候，別的小孩做模型飛機，而我是做模型漢堡麵包。」

影星芭芭拉·史翠珊（Barbra Joan Streisand）談到她童年在布魯克林的日子，開玩笑地說：「雖然我們窮，但是我們擁有許多金錢買不到的東西，譬如未付清的帳單。」

語不「幽人」誓不休

一場可怕的暴風雨過去後，古希臘一位大腹便便的暴發戶對阿里斯庇普說：「剛才我一點也沒害怕，而你卻嚇得臉色蒼白。你還是個哲學家，真不可思議。」

阿里斯庇普回答道：「這並不奇怪，我害怕，是因為想到希臘即將失去一位像我這樣的哲學家……但是，你有什麼可擔心的呢？你如果淹死了，希臘最多也不過是損失了一個白痴！」

故事中，阿里斯庇普沒有否認自己的害怕，他的聰明之處是在暴發戶結論的基礎上，另闢蹊徑，為暴發戶的結論作了一個更加幽默的解釋，從而將暴發戶死了不足為惜的結論推上不打自敗的境地。

這種方法從表面上看是荒謬的，但實際上是透過智慧的轉化，往往能夠謬中求勝。從這一點來看，它一點也不荒謬，而且處處閃耀著智慧的靈光。

幽默的歌手從不失望

那麼，什麼是窘中求趣呢？借助偶然的片面條件，利用你正處於困境的條件，創造一種不合情理的荒謬的推理，用這種荒誕幽默的推理結果把自己從困境中解脫出來。

有一次，一位女歌手舉辦個人演唱會，事前官方做了大量的宣傳，但

到了演出的那天晚上，到場的觀眾不到一半。女歌手沒有面露失望的表現，相反，她鎮定地走向觀眾，拿起話筒，面帶微笑地說道：「我發現這個城市的經濟發展迅速，大家手裡都很有錢，今天到場的觀眾朋友每位都買了兩三張票。」全場爆發出了熱烈的掌聲。第二天的許多媒體娛樂版的報導，也紛紛為這位歌手的豁達和幽默叫好，為原本陷入尷尬的女歌手建立了良好的形象。

無獨有偶。一位著名的女主持人主持一個大型的露天晚會，報完節目後，由於地板特別的滑，下臺階時突然摔倒，面對這種情況，如果什麼也不說就起來，就會給全場觀眾留下不好的印象，但她急中生智，說道：「到你們這裡來演出，要讓大家滿意，臺階可真不好下呀！」大家都笑了，她更是保持了自己的風度，巧妙地借幽默擺脫了困境。

我們都有這樣的經歷，有時面對同學或同事在眾人面前和你開玩笑，而你一時未能理解，更不能立即反擊；有時走上臺去，面對千百雙眼睛，看得你心中緊張，準備好的長篇大論突然間「人間蒸發」。這時面對尷尬，你如何面對呢？其實，這時你一定要鎮定機智，千萬不能陣腳大亂，利用自己的聰明才智說上幾句幽默的話，幫你走出困境，解除窘相，建立自信。

那麼如何在困境與窘迫中運用幽默這一武器呢？從以上兩個幽默故事我們可以發現，要將消極尷尬的處境轉變為積極有利的情致，有這樣幾個關鍵。

首先要鎮定，千萬不要為窘境所拘而驚惶失措。在這樣的窘境中，主要是面子上過不去，自尊受到別人的傷害。所以首先要勇敢面對，鎮定自若，尋找反擊或解脫的方法，打破自己的處境。

其二要對對方的話語或情景分析，迅速地找到受到窘境的原因，然後做出想像的、荒謬的解釋，巧妙消除對方的攻擊，或對窘迫處境作超常邏

輯的解釋，並使眾人和你一起分享快樂和輕鬆。

他獨吞了

民主黨候選人約翰‧亞當斯（John Adams）在競選美國總統時，遭到共和黨指控，說他曾派其競選夥伴平克尼（Charles Cotesworth Pinckney）將軍到英國去挑選四個美女做情婦，兩個給平克尼，兩個留給自己。約翰‧亞當斯聽後哈哈大笑，說道：「假如這是真的，那平克尼將軍肯定是瞞著我，全都獨吞了！」

約翰‧亞當斯最後當選，成為美國歷史上的第二位總統。亞當斯的勝利當然不應全歸功於幽默，但卻不能否認幽默魅力的功用。試想一下，如果亞當斯聽到攻擊之後氣急敗壞、暴跳如雷、面紅耳赤，或辱罵對方的不義，或對天發誓：「若有此等醜聞，天打雷劈！」這樣的後果，是越辯越清還是越描越「黑」都有待商榷。

巧用幽默，可令對方的子彈打在堅固的牆上，反彈回去打中他自己。

用鐵鎚修收音機

有時我們也能以有趣並有效的方式來運用敵意的幽默 —— 因為當我們把自己放進其中時，原本敵意的幽默也就變成沒有敵意了。這時我們就可以如教育學家和心理學家所謂的「表現於外」了。

你不一定要像演員那般去「表演」，因為任何時候、任何地點，你都已經站在人生的舞臺上，你能將心底所想表現出來，解決你的困難、怨恨、痛苦和困窘，更重要的是你也能夠幫助他人，讓他們看到如何將個人的困擾表現出來。

這樣說似乎有點矛盾，敵意的幽默能提供某種關懷、情感和溫柔——正如下面這個例子。

有個人走到鄰居門口，手裡握著一把鐵鏈，說：「我來修你的收音機了。」

只要他不把鄰居的收音機砸壞，他就是幽默地表達了對鄰居太嘈雜的音響不悅，而不是對鄰居大發雷霆。他的行為似乎是對鄰居說：「我喜歡你，我關心你，我希望和你好好相處。因此，可不可以請你把收音機的聲音關小一些？」

你不一定要找個道具才能將意思表達出來，只要試著把你自己和你自己的感受放進你的幽默中，作為幽默力量的來源。

事實上有關幽默的力量在許多矛盾之處都顯示出，我們只有對所愛、所關心的人運用幽默時，才能把似乎敵意的幽默有效運用，而產生好的結果。這類幽默與其稱「敵意」，不如稱「損人」更為恰當些。損人的幽默常常以女性為對象。

例如，公司裡的同事有時開玩笑聊到太太們的奢侈。一個說：「就算皮包裡層是塑膠做的，我太太的錢也不可能留在皮包裡。」一個說：「據我太太告訴我，她承認她喜歡花錢，但是不要用『奢侈』這個字眼來說她，另找個新詞好了。」

這類玩笑在表面上看似乎很損人。但是我們從另一面來解釋，這些同事其實都很愛自己的太太，也以她們為榮，認為自己的太太比別的婦女打扮得更好，更具魅力。他們以戲謔太太的奢侈來表示對太太的愛和驕傲，並且以此代替誇耀。

當然不是呼籲大家多使用或經常運用這類損人的幽默，而是應該強調的是將這類幽默轉變為幽默力量，來幫助我們把內心的溫暖表達出來。

表達內心的感受，能使我們和他人免於爆發戰火。當我們把內心負荷過重的事情表達出來時，就能卸除心頭的緊張。

母親眼裡的兒子

俗話說：兒子是自己的好。三位母親自豪地談起他們的孩子。第一位說：「我之所以相信我家小明能成為一位工程師，是因為不管我買什麼玩具，他都把它們拆得七零八散。」

第二位說：「我為我兒子感到驕傲。他將來一定會成為一位出色的律師，因為他總愛和別人吵架。」

第三位說：「我兒子將來一定會成為一名醫生，這是毫無疑問的。因為他現在體弱多病，俗話說『久病成良醫』嘛。」

看到這裡，我們忍不住笑了。是什麼原因產生了幽默呢？很明顯，是從這三位母親的回答和解釋中來的，如果說孩子愛玩槍會當將軍，會疊各式積木能當工程師，那麼就沒有多少幽默可言。因為，這樣的解釋是從我們日常的邏輯中可以自然推論，但是這樣符合常理的解釋卻不能讓人發笑。而第三位母親卻從常理中跳出來，給了一個似乎相同，卻是牛頭不對馬嘴的解釋，結果和原因之間沒有必然的連繫，卻反差極大，在這種不合情理、出人意料的因果關係和邏輯矛盾中，自然而然會使人忍俊不禁了。

在現實生活中，如果一本正經地從事實出發，從常理、科學出發，從嚴密的邏輯入手，那是無法找到幽默的。但是換一個角度，從輕鬆調侃的角度，從語言的豐富多彩，從隨意成趣的方面入手，就會發現生活中到處都是幽默了。所謂任意歪解，就是有意或無意地對語意作歪曲解釋的修辭方法。說到這裡，並不是胡言亂語，也不是語意習慣的多義引申，而是另立新意來解釋，從而達到諧趣橫生，引人深思。在這種違反常理的邏輯和

矛盾中，製造歡快的氣氛，就會產生意想不到的效果。

酒能治禿頭嗎

運用愉悅歡快的心境就是讓有幽默特質的人善於撥動笑的神經。在滿足中獲得前進的動力，絕不在抱怨中消弭自己的進取心。幽默是一種修養，一種文化，一種藝術，一種潤滑劑，一種興奮劑，日常生活非常需要幽默。

在現實生活中，很多人習慣於讓一些微不足道的小事造成不愉快的心境，心緒煩躁，往往又不自覺地去反思，去自責，於是心理失去平衡，或悶悶不樂，或鬱鬱寡歡，或牢騷滿腹，或大發雷霆。以這種焦躁的情緒待人處世，生活氛圍將被弄得更糟，從而產生一種惡性的情緒循環。

其實，只要擁有幽默特質，就不會這樣，生活將充滿溫馨的陽光。面對喝下的半瓶酒，悲觀者會說「酒喝完了」；而樂觀者則會說「還有半瓶」。

只有會幽默的人才能在滿足中獲得前進的動力，也絕不會在抱怨中消弭自己的進取心。有幽默特質的人善於撥動笑的神經，笑天下可笑之人，容世間難容之事。

原德國空軍將領烏戴特將軍有禿頭。有一次宴會上，一位負責斟酒的年輕士兵不慎將酒灑到了將軍頭上，全場頓時鴉雀無聲，士兵也悚然而立，不知所措。倒是這位將軍打破了僵局，他拍著士兵的肩膀說：「兄弟，你以為用酒治療禿頭會有作用嗎？」

全場頓時爆發出了笑聲。人們緊繃的心弦鬆弛下來了，將軍也因他的大度和幽默而顯得更加可親可敬。

美國有一位傳奇式的教練，名叫佩邁爾，他帶領的籃球隊曾獲得 39

次國內比賽冠軍。他的球隊在蟬聯 29 次冠軍後，曾遭到空前慘敗。比賽一結束，記者們蜂擁而至，把他圍個水洩不通，問他這位敗軍之將有何感想。他微笑著，幽默地說：

「好極了，現在我們可以輕裝上陣，全力以赴地爭奪冠軍，背上再也沒有冠軍的包袱了。」

佩邁爾面對失敗，沒有灰心，將哀聲化為笑聲，將笑聲化為力量，這是多麼令人欽羨的人生境界啊！

幽默的形式主要在於我們的情緒，而不在於理智。幽默總是給生活注入潤滑劑。

雙面人的長相

那麼什麼是望文生義式的幽默呢？

語言中有些詞語所含的意義與它的組成部分的字面意義有相當的距離，而幽默者卻故意運用它的反面含義去理解這個詞語，或是根本不知這個詞語的確切含義而照字面意思牽強附會地運用它，從而也就產生了幽默的效果。

現實生活中也可以利用望文生義法，突破人們的固定思路或者說避開常理，達到化被動為主動，變困境為順境的特殊功效。

某大型公司裡，有位姓李的中階主管被人誣陷為雙面人，小李淡淡一笑，答道：「有人說我是『雙面人』，請看我的臉，皮膚是這樣的黑，顴骨是這樣高，兩頰是這樣瘦，鼻梁是這樣低，嘴唇是這樣厚。雙眼無神，兩耳招風……如果我還有一張臉是什麼『雙面人』的話，我還會用這張臉嗎？」一句俏皮話，引得眾人哈哈大笑，誣陷大李的對手不戰自敗。

以毒攻毒

引用對方言論，以其人之道還治其人之身，在詼諧機智中反可以置對方於尷尬之地。

這種方法多用於攻擊性應對中。當對方從某一角度、某一方面對你進行嘲諷、侮辱時，你可以抓住其話語中的某個破綻，按照對方的邏輯推下去，從而自然地得出一個令對方無地自容的結論。既使自己脫離了困境，又給對方以有力回擊。

例如，有兩位年輕貴族，騎著高頭大馬在路上趾高氣揚地走著，迎面走來一位駝背的老婦人，手裡牽著兩匹瘦骨嶙峋的老驢。

兩位年輕人半開玩笑地向老婦人致敬：「早安，驢媽媽。」

「早安，我的孩子們……」老婦人答道。

上例中，聰明的老婦人借對方的話題機智地引申發揮，自然會得出一個令人難堪的結論。

又如，一位有錢人牽著哈巴狗上街，見到衣衫破爛的湯姆，想拿他開玩笑，便對他說：「你只要對我的狗喊一聲爸，我就賞給你一美元。」

湯姆眼珠一轉，笑著說道：「喊一聲給一美元，要是喊十聲呢？」

「那當然給十美元了。」有錢人不假思索地答道。

湯姆彎下腰，順著狗毛輕輕撫摸，煞有其事地喊了聲：「爸！」有錢人笑了一陣，隨手給了湯姆一美元。

湯姆連喊十聲，有錢人很爽快地賞了湯姆十美元。

這時，周圍擠滿了看熱鬧的人。湯姆傻笑著向有錢人點了點頭，故意提高了嗓音，長長地喊了一聲：「謝謝，媽 —— ！」

圍觀的人大笑不止，有錢人面紅耳赤，目瞪口呆，半晌才醒過味來。

　　試想，如果「驢媽媽」義正辭嚴地訓斥了年輕貴族，湯姆大言凜然說「不為五斗米折腰」之類的豪言壯語，其反攻的力度是否要小很多呢？

吹牛後的圓謊

　　自己誇耀自己，與現實形成反差，幽默就可以從其間產生。自吹自擂幽默術是自己誇耀自己的本事，毫不臉紅，卻不免言過其實，瞎打誤撞，與事實有出入而自己津津樂道，話語中也能透出濃濃的幽默之趣。

　　人是情感動物，都有著一方自己的情感天地，可是這塊天地沒有「籬笆」，經常有外物闖入，恣意踐踏，讓情感受到傷害，自尊受到打擊。特別是人的薄弱環節，如缺點、問題、難堪等，經常受到別人的侵害、笑話。面薄的人內心就會受到很很大的打擊，對生活失去信心，但有的人卻能應付自如。面對對方的詰難，他自己吹著喇叭，自己擂鼓，把自己誇耀一通，巧妙地度過難關。這有時不免有些滑稽，因為現實情況與其所吹噓的反差太強烈，明眼人一下就能看穿，但是，幽默似乎就在其間產生了。

　　薩馬林陪著斯圖帕科夫大公去圍獵，閒談之中薩馬林吹噓自己說：「我小時候也練過騎馬射箭。」

　　大公要他射幾箭看看，薩馬林再三推辭不肯射，可大公非要看看他射箭的本事。實在沒法，薩馬林只好搭箭開弓。

　　他瞄準一隻麋鹿，第一箭沒有射中，便說：「羅曼諾夫親王就是這樣射的。」

　　他再射第二箭，又沒有射中，說：「驃騎兵將軍也是這樣射的。」

　　第三箭，他射中了，他自豪地說：「瞧瞧，這才是我薩馬林的箭法。」

　　薩馬林本不諳射箭，無心吹噓了一下，不料卻被大公抓住把柄，非要

看他出糗不可。好在薩馬林急中生智,把射失的箭都推到別人身上,彷彿自己失是為了作個示範似的,終於射中一箭,才攬到自己身上,誇耀一番。他諳熟自吹自擂幽默術,總算沒有當場出洋相,說不定還會令斯圖帕科夫大公開懷一笑呢。

自吹自擂幽默術作為一種厚臉皮的幽默技巧,能廣泛地用於日常生活中。不管你處於什麼樣情勢,都可以毫不臉紅地把自己吹噓一番。當然,你所「吹」所「擂」的東西必須與現實情況的較大差異,並且表意明確,讓對方很容易就透過你的話語看出你的名不副實,這樣,幽默才能順利產生。

再看一則例子。

一個自以為下棋極精的人,老愛吹牛,總是不服輸。

有一次,他與人連下三盤,盤盤皆輸。過了幾天,有人問他:「那天的棋下了幾盤?」

他回答說:「三盤。」

人家又問:「誰勝誰負,能告訴大家一下嗎?」

他臉不紅氣不喘地說:「第一盤我沒贏;第二盤他沒有輸;第三盤我想平手,他卻不願意!」

此君棋藝不精,臉皮也不薄。連輸三盤的戰局,經由他的說詞,輕易就被他模糊帶過。此君也不乏幽默感,他能抓住輸棋這個時機,自吹自擂,創造一種氛圍,給人們一個意想不到的結果,他從輸棋的困窘中走出,人們也為之莞爾一笑。

幽默是人們感知世界的一種引人發笑的方式,是樂觀寬厚的態度和從生活感知笑料並將其轉化為可引發笑聲的作品的能力的表現,它必然來源於現實生活,同時又與現實生活有些不協調。幽默的自身機制決定了這一

點。因而，要想成為真正幽默的人，就必須到現實生活中去感知，去發現，挖掘出與生活中那些不協調的東西，再適時、適地、不失時機地運用於生活。自吹自擂幽默術就是日常生活中某些觀念的濃縮，能很好地產生幽默。在適當的時候，你不妨試試。

做個幽默深呼吸

幽默有時要像空氣，在生活中無孔不入，才能真正發揮效果。

如果一曝十寒，平時壓根忘了幽默為何物，久久才突然警醒一次，急著找樂趣，那麼很容易會發現已腐朽的心情不知該如何重返快樂江湖，只會讓人更挫折、沮喪不已。

所以，幽默感這檔子事，可千萬不能「上個月沒來，這個月沒來，下個月也不會來」。

事實上，你得把情況經營成「昨天有來，今天有來，天天都會來」。

怎麼做，才能確保它會來呢？

每天請你早、午、晚，各做一次幽默深呼吸。

方法則是準備一個趣味百寶箱，其中收集了各式各樣的趣味。例如你會聽過、看過的爆笑笑話、有趣的漫畫；或是自己曾經出過的醜、拍過的滑稽照片等等，通通收集在一起，變成你獨具個人風格的趣味百寶箱。

每天不管心情如何，都應該停下生活腳步，打開你的趣味百寶箱，重新體會一下幽默所帶來的輕鬆愉悅，讓自己全身上下沉浸在快樂之中，這樣就等於是做了個幽默深呼吸。

常常如此做幽默深呼吸的好處，除了讓臉上僵硬的線變成微笑之外，更能隨時提醒自己，還能用別的角度來看世界，把快要淪陷的心情重新找

回來。

　　想到你的百寶箱中要放些什麼了嗎？

職場遊刃有餘

　　職場的關係複雜而又微妙。很多時候，我們同時扮演著同事、上級、下屬這三種角色。只有將這些角色演得盡善盡美，你才能在職場上游刃有餘。

愉快的工作心情

　　很多人認為：人生的最大快樂就在於有目的的、朝氣蓬勃的工作，一個人的信心、活力和其他種種優良特質都依賴於它。

　　有一個非常卓越的希臘建築師，他接受過良好的教育，並且到過古老的東方旅行，現在，他正準備從事一項工作。他決定：能找到什麼樣的工作，就從什麼樣的工作入手。因此，他從事了一個與房屋維修有關的職業，這在當時似乎是一個最沒有社會地位而且報酬最低廉的職業。但是，這位建築師卻有著良好的心態，他下決心要一直做下去，因此，他有了一個好的開端。在一個非常炎熱的夏天，一個朋友發現他跨坐在屋頂上正全神貫注於房屋維修。朋友問他怎麼做這麼個工作。他用手擦了擦臉上的汗珠，大聲喊道：「對於一個走遍了全希臘的人來說，這是一份最好的工作。」他就是這樣全身心地、一絲不苟地從事著自己的工作，直到他一步一步轉入其他報酬更為豐厚的職業，最後達到他輝煌的頂點。

　　一份愉快的工作心情是極為難得的財富，愉快的工作是快樂之本、幸福之源。

　　成功的人必須有健康的身體和無限的精力。登高需要體力和耐力，爬高山如此，職場打拼也是如此。體力不濟的人只能在半路停住，永遠到不了山頂。一個人走到半路走不下去時，往往會改變心意，把目標定低一點，當不了總裁，能當個經理也不錯。能滿足於較小的目標的人，生活也許會比真正完成大目標的人豐富得多，他們有時候休閒，享受朋友相聚的樂趣，能與家人共處，能發展自己的愛好。而犧牲這一切來換取成功的人有另一種快樂與滿足 —— 他們覺得自己是勝利者。

　　全身心投入工作中，你會得到「忘我」的快樂，而這種快樂是因循守舊者永遠享受不到的。有一位心理學家問職業棋手、舞蹈家和運動員，為

什麼他們能陶醉在工作中？因為可以得到名利？因為想贏？結果答案是，他們都全心投注在事業上，完全沒想到名利和輸贏。

沒有人能永遠全神貫注，事實上也沒有這種必要，因為太傷神了。只要養成習慣，必要時便可把精神集中在工作上，你會發現生活比以往更有意思，因為你已學會專心做一件事了，你會工作得更有熱情，玩得也更痛快。

醫學界發現，快樂的人之所以健康，因素之一是他們樂於接受壓力，因為他們精力充沛，當面對壓力和挑戰時，他們會全力以赴、集中精力解決問題。不久，他們便進入忘我的境界，而這種精神狀態和運動一樣有益健康。

有些人會提出疑問：「是不是只有少數人能陶醉在工作中，大多數人工作非常辛苦，卻只能收穫有限？」是的，如果你在工作上只是盲目地做牛做馬，那就太不值得了，你必須有目標，你要為你的目標而努力。辛勤工作並不表示你真正投入工作了。同樣砌磚牆，有的人默默埋頭苦幹，覺得工作很無聊，但還是認命地做下去；有的人一面砌，一面想像這座牆砌成後的樣子，上面也許會爬滿牽牛花，孩子們也許會攀在牆頭看風景等等，他在努力砌牆的同時，眼前已經看到努力的成果了。

前一個砌牆人雖然賣力，其實跟牛馬差不多，在已有的工作上打轉，生活對他而言是一種苦刑。後者即能陶醉在工作中，同時他很可能一面工作一面思考，因此技術會不斷進步。工作不僅不讓他覺得無聊，還讓他有機會成為這一行的高手。

所以，請時時記住這條規則：將自己全身心投入到工作中，進入一種忘我的境界，這是獲得健康快樂的一劑良方。

為職業量體裁衣

是什麼造就了比利（Pelé），成就了歷史上最偉大的球王？

顯然，非凡的天賦、多年的刻苦訓練、堅毅的品格，這些都是比利成為巨星的原因。但最不可或缺的卻不是這些。

比利說：「我熱愛足球，足球是我的生命！」

執迷不悔的愛戀是推動比利踢球的原動力，在一種與生俱來的興趣引導下，比利在綠茵場上成為萬眾矚目的英雄。

年輕時，比利當運動員；退役後，他作教練，當評論員。比利以足球為生，足球事業是比利終生的職業。也正是足球給比利的一生帶來了無窮的樂趣、無尚的榮譽和無盡的財富。

從事一項你喜歡的工作，工作本身就能給你一種滿足感，你的職業生涯也會因此變得妙趣橫生。

你在設計職業生涯時務必注意：考慮自己的特點，珍惜自己的愛好，擇己所愛，選擇自己喜歡的職業。

任何職業都要求從業者掌握一定的技能，具備一定的條件。難以想像讓一名卡車司機駕駛一架民航客機會出現怎樣的後果，也沒有人會讓文盲去操縱電腦 —— 他們不具備那些職業的能力。職業不同，對技能的要求也不一樣。任何一種技能都是經過一定時間的訓練後才被工作哦的人所掌握的，而每個人的一生都很短暫，任何人都不可能在一生中掌握所有的技能。

馬克‧吐溫身為職業作家和演說家可謂名揚四海，取得了極大的成功。你也許不知道，馬克‧吐溫在試圖成為一名商人時卻吃盡苦頭。馬克‧吐溫投資開發打字機，最後賠掉 5 萬美元，一無所獲；他看見出版商因為發行他的作品賺了大錢，心裡很不服氣，也想發這筆財，於是他創立

了一家出版公司。經商與創作畢竟八竿子打不上關係，馬克·吐溫很快陷入困境，這次短暫的商業經歷以出版公司破產倒閉而告終，作家本人也陷入債務危機。

經過兩次打擊，馬克·吐溫終於意識到自己毫無商業才能，於是就斷了經商的念頭，開始在全國巡迴演說。風趣幽默、才思敏捷的馬克·吐溫完全沒有了商場中的狼狽，他重新找回了熟悉的感覺。到西元 1898 年，馬克·吐溫還清了所有債務。

尺有所短，寸有所長。你也許興趣廣泛，掌握多種技能，但所有的技能中，總有你最擅長的一項。有些人善於與人打交道，有些人則更適於管理機器物品。你在設計自己的職業生涯時，千萬要注意：選擇最有利於發揮自己優勢的職業，即擇己所長。

國際貿易理論中有一個著名的比較利益理論：在美國，每單位投入能生產 25 公斤小麥或 8 公尺布，而在世界其他地區，每單位投入能生產 10 公斤小麥或 8 公尺布。顯然，美國的生產能力在小麥上超過其他國家，而在布的生產成本上與別國相似。那麼，美國究竟應該生產哪種產品才能獲得最大收益呢？相對來說，美國在小麥的生產方面優勢更大，美國應該將資源用於小麥生產，從他國進口布匹，美國與他國透過小麥與布的交換，滿足其自身需要。這樣，社會總需求最大，各單位則透過分工，選擇相對生產能力最強的產品，獲得最大收益。

比較利益理論同樣適用於職業生涯設計。當你長處較多時，不妨觀察一下周圍人群，研究一下別人的長短，如果你的長處也正是別人的長處，不妨放棄這種選擇，盡量尋找一個你非常拿手而別人卻感到棘手的職業，這種選擇往往讓你平步青雲。因為在這一領域內很少有人能和你競爭，只有你一枝獨秀。

你是否還記得童年時代的許多往事？

那時經常有人挑著擔子走街串巷，手中一串金屬鈸片鏗鏘作響，口中的吆喝聲抑揚頓挫。人們一聽就明白，修補破鍋、破盆的工匠來了，於是紛紛拿出家中漏底的鍋碗瓢盆讓他修補。今天，在高高聳立的樓群中，你很難找到他們的影子，因為他們的職業生存空間相比以前而言，實在是太狹小了。

社會的需求不斷變化著，舊的需求不斷消失，同時新的需求不斷產生。昨天的搶手貨今天會變得無人問津，生活處於不斷的變異之中。

幾年前，社會上突然掀起了一陣呼拉圈熱，一時間，街頭巷尾的老人和孩子們不論清晨黃昏地搖擺起來，市場上呼拉圈緊俏，商販爭相進貨，廠家竭力生產。沒想到呼拉圈熱得很快，冷得更快，幾個月後，人們的新奇感消退了，商店裡呼拉圈堆積如山，盲目跟風的廠商叫苦不迭。

你在設計自己的職業生涯時一定要分析社會需求，擇市之所需，否則只會自食苦果。

一個不得不承認的事實是，職業對你而言依然是一種謀生手段，是謀取人生幸福的途徑。透過工作，在謀取個人福利的同時也為社會做出了貢獻，創造了社會財富。但你謀取職業的第一動機卻很簡單，你的首要目的在於你個人生活的幸福。誰都期望職業生涯能帶給自己幸福，利益傾向在很大程度上支配著你的職業選擇。

你擇業時，可能會首先考慮自己的預期收益，這種預期收益要求你實現最大化的幸福，也就是使收益最大化。馬斯洛（Abraham Harold Maslow）將這種需求按先後次序列成五個層次：生理需求、安全需求、愛的需求、自尊需求以及自我實現的需求。個人預期收益在於使這些由低到高的基本需求得到極大的滿足，而衡量其滿足程度的指標表現於收入、社會地位、職業生涯穩定感與挑戰感等，不同的人有不同的偏好，每個人都會盡可能滿足其所有的需求。

每個人都渴望幸福，期望在自己的職業生涯中實現收益的最大化。你透過在職業領域內的奮鬥造福社會，社會則賜給由收入、地位、自我實現等等調製而成、貼上幸福標籤的美酒。

明智的人會在事業與利益之間有效地協調，以利益最大化原則權衡利弊，從一個社會人的角度出發，在一個由收入、社會地位等等變量組成的函數中找到一個最大值。

這就是你在選擇職業生涯中為自己量體裁衣的收益最大化原則。

熱門產業的泡沫

眼下，人們最大的迷失就是追逐那些熱門話題、流行時尚、搶手職業、最新潮流……在社會的喧囂熱鬧中，許多人失去了自我。

這個世界上有很多人也許能夠成為真正的大導演，可是他卻去學習法律，因為此時法律正熱，律師最火；有的人明明可以成為最偉大的畫家，可是他卻去學習經濟，因為這時經濟人才缺乏，各公司都在高薪誠聘；很多人明明是技術專家、業務好手，可非要追求權力位置，因為大家都認為只有被提拔才意味著被認可……大多數人熱衷於一生跟在別人屁股後面追趕熱門，追求財富、權勢、名譽，卻很少聽人說：「我一生都在追求我的事業，我很快樂。」

一般人總是相信，當他們置身於熱門產業、職業、話題時，就儼然處於社會光環的中心，就會得到權利、地位和財富，自己的快樂和事業就跟著來了。不過，等他們花盡畢生的力氣之後才恍然大悟，原來自己真正應該做的事情沒有做，快樂不但沒有來，反而帶來了痛苦。潮漲潮落，自己所追求的很多熱門根本就不適合自己做，抑或那本來只是一些炫目的泡沫。

　　我們往往譏笑女人們熱衷於拚命追趕各種服飾的流行而不能自拔，其實對許多人而言，身不由己地追趕流行更是一種通病，職業也好、思想也好、學術也好⋯⋯在流行的潮流中，他們精神抖擻，容光煥發，但最終卻失去了自己，也沒體現出應有的人生價值，與自己命運中的那條比船還長的大魚南轅北轍，終生在他人的命運中扮演著跑龍套的角色。

工作與生活的平衡

　　可悲的是，儘管許多男人每天拿出最強悍的姿態在人生的賭局中搏殺，但他們的內心卻充滿著不願承認的深深恐懼和不安。拉齊爾寫道：有一種恐懼是，如果我們不去做點事，那麼別人就會去做，別人就會跑到我們前面，搶了我們的風采。拉齊爾的忠告是：隨他們去吧！

　　如果有人願意提前結束全家的休假，錯過孩子在學校的演出，在吃晚飯時接工作電話，那麼，隨他們去吧！人應該努力工作，也要安排生活，從而達到一種平衡。

　　我們努力工作是因為我們相信物質上的富足會給我們帶來幸福，但我們發現那句古老的「金錢買不來幸福」竟是千秋不變的真理。有人曾發出這樣的疑問：是不是無論我們怎樣努力，幸福都是一個無法達到的目標，就像我們不能期望永保青春或擁有不朽之軀一樣？不是這樣的。但是要獲得幸福，我們需要重新設定生活中的優先次序。

　　工作為我們提供庇護，使我們不必只過一種生活。人們出於各式各樣的理由而工作，但最終，生活絕不僅限於我們賴以謀生的工作。最重要的是我們與周圍人的關係，尤其是與配偶和子女的關係。如果讓工作干擾了這些關係，將是真正的不幸。

工作就是你自己的雕像

你的工作就是你自己的雕像，要使它變美變醜，變得可愛或是可憎，全掌握在自己手中。

每一件事，每一句談話，每一個想法，都彷彿是鑿子往雕像上鑿，可以美化你的雕像，也可以將它損毀！

我們不論做何事必須竭盡全力，能否擁有這種努力追求完美的精神，決定一個人日後事業上的成功或失敗。

只要全神貫注，那麼工作上的不耐煩甚至痛苦的感覺都會消失。如果你不懂得這個祕訣，就無法獲得成功與幸福。

即使是最平常的事物，只要能灌注我們的心血、熱誠，就會變得神聖而高尚。

遺憾的是，一般人對於工作總是抱持機械式的心態，缺乏熱誠和朝氣，因而茫然徬徨，隨波逐流度過一生。

美國黑人教育家 B.T. 華盛頓說：「除非能理解到耕田播種與寫作詩歌一樣崇高，否則，任何民族都不能繁榮昌盛。」

工作可以拓展我們的心靈，幫助生命成長。

倘使我們對工作不忠實，不曾付出最高度的努力，就不能擁有自尊與自信。

用「匯報」拉近與主管的距離

在選擇了一份合適自己的工作後，你需要面對許多問題。當然，把工作做好是你分內的事，勿庸多說，但同時，你也要學會與主管處理好關係。

　　與主管處理好關係，向他請教是一條不錯的捷徑。下屬向他的主管請教，這並不是什麼有失面子的事。千萬不要這樣想：「我問他，他會不會懷疑我的能力？他會不會懷疑我能否勝任這項工作？」有心的主管，你向他匯報工作，他非但不會批評你或者瞧不起你，而且他還會覺得你尊重他、服從他。主管尚未讓你匯報工作時，你要先主動地去請示：「這件事是不是應該這樣去做，不知經理意下如何？」或者「經理，我不太明白，請您講解一下？」對方就會很滿意地點一下頭，說：「好，可以這樣做！」或者「這件事應這樣理解」，他會對你考慮不周的地方加以完善，不對的地方加以指正。

　　大多數主管都是經歷過大風大浪才有今天的成就的，所以常常表現得很自負。身為這種主管的下屬，就必須處處為他著想，在主管還未催促你匯報工作之前就把工作的結果和經過告訴他。一個講究效率的主管，如果下屬總是在被催促之後才匯報工作，這位下屬肯定會被認為是個「工作懶散」、「做一天和尚撞一天鐘」的人。

　　匯報工作時也不是從工作開始按順序地說到結果，最好能先講結果。因為主管每天的工作很多，你應為他節省時間。如果你先說出一大堆理由來，等到主管不耐煩地擺擺手說「簡單點兒」時，你再把結論說出來，不僅你會很難堪，而且主管也認為「這人太囉嗦，做事不乾淨俐落」。而如果你先將結論說出來，特別是當工作失敗時，運用這種方法更加有效。先乾脆表明工作失敗了，然後再說明失敗的原因，這樣主管才不會把失敗的責任推到你頭上。因為主管並非想聽你的解釋，而是想知道事情的結果，至於失敗的原因可在結論說出後慢慢說明。因此，同樣是失敗，不同的說法給主管的印象就會截然不同。

　　一般而言，身為主管都相當忙碌，經常處於緊張的心理狀態中，所以總希望快點知道事情的概要。如果你的主管是一位急躁的人，那麼你就要

少講無關緊要的話，只要把重點扼要地說出來就可以了。因為這次工作對你來說可能是全部的事情，而這只是主管的一部分工作。因此，你不要因為自己冗長的匯報而影響主管的其他工作。

經常向主管匯報工作，你將會發現：在你與主管的多次接觸中，彼此距離越來越近。

適度地「自抬身價」

「自抬身價」這句話一般是用來批評人的，但在競爭激烈、人人都想出人頭地的今天，這句話卻也是邁向成功的一種手段。

其實「自抬身價」的行為隨處隨時可見。例如影星提高片酬，主持人提高主持費，演講者提高鐘點費，甚至公司的同事要求老闆加薪等，這些動作都是「自抬身價」！當中有些人確實有他們自稱的身價，但也有些人根本沒有那麼高的價值；可是，只要他們敢自抬身價，幾乎都能夠如其所願。而事實上，能不能夠立刻如願並不是件重要的事，重要的是他們透過這個行為，已為自己定下了一個身價，好比為商品標了價一般，有「昭告眾人」之意，以便下次「顧客」上門時，能按新的價格「成交」。

「成交」？沒錯，在就業市場裡，人也是一種商品，各有各的身價。雖然商品由品質和供需決定價格，但人也要懂得在特殊狀況下，針對某些商品「自抬身價」。而顧客就是那麼奇妙，低價時不買，等價格提高了才搶著要，並且稱讚品質好。人也是如此，身價太低別人看不起，把身價提高了，別人反而覺得你真了不起，是個人才。所以無論如何，你必須在適當的時候自抬一下身價。

自抬身價有兩種：一種是本身確實有那個價值，這種情形之下，你是非抬不可。不可堅持「物美價廉」，否則別人可能會認為你根本沒有那份

才能。當然，你不必抬得太高，但至少要和你的才能等值。第二種是六分的才能，抬出八分的身分。例如你一個月其實只賺 20,000 多元，但對外卻宣稱賺 30,000 多元，那麼別人會認為你有這個價值。

不過，自抬身價時要注意幾點：

◎ 適度：所謂適度是指不要抬得超過你的能力，像一位小職員，明明他只拿一個月 20,000 多元的薪水，但他卻說他一個月拿 60,000 元，這已是主管級的待遇；看看他的專長、年齡和能力，別人會發現這「身價」根本是吹噓，若真的如此，你的自抬身價反而成為了你的負債。另外，如果「抬」得太厲害，別人信以為真「買」下了你，結果才發現你是個「劣品」，這樣你的自抬身價會使你「破產」。

◎ 參考行情：低於行情有「低價傾銷」的味道，別人會把你當廉價品看，不會珍惜；如果你能力夠，可把身價抬得比行情略高一點。

◎ 在適當的時候抬：如果你有事沒事都在談你的「身價」，就會變成吹噓，反而沒有人相信了。什麼是適當的時候呢？例如有人問的時候；大家討論到的時候；有人準備「買」的時候。

不管你從事的是哪一種產業，擔任的是什麼職務，不必謙虛客氣，適度地自抬身價吧！就算被人笑，也好過自貶身價。而且只要「抬」成功，以後你的身價只會往上爬，不會往下掉，除非你不自愛，自毀價值。自抬身價還有另外的好處 —— 肯定自己，並成為敦促自己不斷進步的動力，因為身價抬上去了，自己各方面不跟上去是不行的。

做會說話的「老黃牛」

默默無聞的「老黃牛」，雖然能夠受到主管的尊重，但同時也是容易被遺忘的。

辛勤耕耘的「老黃牛」不應該再保持沉默，必須透過自己的表白，讓主管知道或感受到你所付出的努力。工作中只會做不會「道」的人實在是太多了，這樣的人也往往會吃虧。主管所能目睹你的工作狀況最多限於「八小時以內」，在下屬與主管分開辦公的地方，主管對下屬的工作了解就更少了。有些人只顧埋頭工作，工作完成後交差了事，與主管互動很少，自己究竟加了多少班、費了多大力氣、流了多少汗水、耽誤了自己多少私事等情況，就都默默無聞的白白流失了。聰明的下屬要既會做又會說。

有一次，所長安排小李寫一篇關於城鄉發展的報告，小李立刻執行，四處蒐集資料。下班時，所長對小李說：「下班休息吧！明天再做吧！」小李知道表現的機會來了，回答所長說：「這篇文章需要很多數據資料，我今晚沒事，正好整理一下統計資料明天用。」結果第二天就把初稿交給了所長。所長滿意地說：「完成得很及時。」小李便接過來說：「加個班，很快就做出來了。」所長點頭：「不錯，好好休息吧！放你兩天假。」小李實際上也是有能力，僅用了二天就完成了任務。但他更有表現自己的技巧，這也是一種讓主管感受到的技巧。即使小李自己不說，主管也會明白，效率高肯定是加班犧牲了休息時間。所以，給主管一個驚人的效率，能夠巧妙地讓他感受到你在背後付出的辛勞。

值得注意的是，不做默默無聞的「老黃牛」，並不是說要你做一隻下蛋就叫的「母雞」。注意：你的言詞一定要圓滑、不留痕跡。

讓主管覺得你很重要

上司始終主宰著你的前途，你必須認真對待，訣竅是：讓上司覺得「缺你不行」。

要達到這種目的有消極方法和積極方法兩種。消極方法是：壟斷某些

消息和資料，上司只有透過你才能了解周圍和同事們的情況，實際上你就是上司的耳目了。但這種方法要想持久地用下去，你自己也應有一些工作業績，否則，這種局面無法長久維持下去。

更有效的還是積極方法，即：

◉ 與上司在工作上的思路保持一致。上司認為這段時間內不宜收購某家已破產工廠，你就不要提兼併的事；上司認為調查報告要精確，你就要把數據搞清楚。

◉ 要見縫插針，與上司的工作形成互補。他向外發展，你就要守好家；他抓大事，你就要做些基礎性的工作。這樣，上司才會覺得「離開你還真不行」。

維護上司的權威

許多人酷愛面子，視權威為珍寶，有「人活一張臉，樹活一層皮」的說法。在職場上，主管則尤愛面子，很在乎下屬對自己的態度，往往以此作為考驗下屬對自己尊重不尊重的一個重要「指標」。

從歷史上看，因為不識時務、不看長官的臉色行事而觸了霉頭的人並不在少數，也有一些忠心耿耿的人因衝撞了長官而備受冷落。現實中一些人有意無意地讓上司丟面子、損害主管的權威，常常刺傷主管的自尊心，因而經常遭到「穿小鞋」、受冷落的報復。

即使很英明、寬容、隨和的長官也很希望下屬維護他的面子和權威，而對刺激他的人感到不順眼。宋太宗李世民是以善於納諫著稱的賢君，但也常常對魏徵當面指責他的過錯感到生氣。一次，宋太宗宴請群臣時酒後吐真言，對長孫無忌說：「魏徵以前在李建成手下謀事，盡心盡力，給我增加了不少麻煩。我不計前嫌地提拔任用他直到今日，可以說無愧於古人。但是，魏徵每次不贊成我的意見時，我說話他就默然不應。他這樣做

未免太沒禮貌了吧？」長孫無忌勸道：「臣子認為事不可行才進行勸諫；如果不贊成而附和，恐怕給陛下造成其事可行的印象。」太宗不以為然地說：「他可以當時隨聲附和一下，然後再找機會勸諫，這樣做，君臣雙方不就都有了面子了嗎？」宋太宗的這番話流露出他對尊嚴、面子和虛榮的關注，反映了領導者的共同心理。

得罪主管與得罪同事不一樣，得罪主管，輕者會挨批評或者被大罵一番，遇上素養不高、心胸狹窄的人可能會打擊報復，暗地裡給你「穿小鞋」，甚至會一輩子壓制你的發展。所以，與主管相處若不慎言篤行，一旦衝撞了主管，就會影響你的進步和發展。為維護上司的權威，我們必須做到以下幾點：

首先，當主管理虧時，給他留個臺階下。常言道：得饒人處且饒人，對主管更應這樣。上司並不總是正確的，但主管又都希望自己正確。所以沒有必要凡事都與上司爭個誰是誰非，給主管個臺階下，維護上司的面子，這對雙方都有好處。

其次，上司有錯時，不要當眾糾正。如果錯誤不明顯無關大局，其他人也沒發現，不妨「裝聾作啞」。如果上司的錯誤明顯，確有糾正的必要，最好尋找一種能使上司意識到而不讓其他人發現的方式糾正，讓人感覺是上司自己發現了錯誤而不是下屬指出的，如一個眼神、一個手勢甚至一聲咳嗽都可能解決問題。

再次，不衝撞上司的喜好和忌諱。喜好和忌諱是一個人多年養成的心理和習慣，一般情況下應得到別人的理解和尊重，但有些人就不懂得尊重上司的這些方面。一位經理經常躲在廁所抽菸，經了解得知，這位經理手下有四個女下屬，她們一致反對經理在辦公室抽菸，結果經理只好躲到廁所裡過把菸癮。他的心裡當然不舒服，不到一年，四個女下屬換走了三個。

最後,「百保不如一爭」。會來事的下屬並不是消極地給上司保留面子,而是在一些關鍵時刻給上司爭面子,給上司錦上添花,增光添彩,因而博得上司的賞識。

去向要明

上司召喚某個下屬必定有事,並且大都是較為緊要的事。

例如,在董事會上,上司從會議室打電話給唐經理:「叫小李來一下會議室。」

然而在這緊要關頭,小李卻不知去向。

「叫別人去可以嗎?」唐經理小心地試探。

「他去哪裡了?會議上有一些資料必須由他來說明 —— 他到底去哪裡了?」

小李到底去哪裡了?事實上他正在為公司的事而在外奔波。但很明顯,他已經讓他的上司唐經理難堪了:連自己下屬的去向都掌握不住,一定會遭受上司的責難以及同僚的譏笑。

因此,身為一個上班族,在工作中應該做到:

◉ 離開辦公室時,要將去處向同部門的人說清楚,而不能一聲不吭地離開;

◉ 如果預先知道機關要開會,而且也知道會議的議題,並預料到與自己有關,那麼當天最好不要走開。進一步來說,如果你時常注意每月的例行事情、每日的工作進度以及當天上司的行動,你就能夠判斷出這天能不能離開。

不做「楊修」

胡先生是某大公司技術開發部的一個主管,具有優秀的專業知識與工作能力,於 2002 年年初被公司委派籌建一個子公司,擔任經理的職務。

胡先生走馬上任後,披星戴月、雷厲風行、不辭勞苦地將籌建公司的大大小小事情在三個月內處理好。三個月後,公司正式營運。

胡先生籌建的公司營運後的最初兩三個月二運作上十分艱難,為了拓展客戶範圍,胡先生親自帶隊,一間一間公司地拜訪,常常今天臺北、明天高雄的跑,幾乎沒有休假日。三個月後,胡先生所負責的公司逐漸由虧轉盈,而後利潤以每月 20% 遞增。

到 2002 年年底,胡先生所負責的公司已經十分昌盛了:員工從 10 人增加到 60 人,固定資產從最初的 80 萬元攀升到 1,000 萬元。

隨著胡先生的成功,榮譽也接踵而來。胡先生的上司 —— 技術開發部的部長李先生,在正式或私下場合,總是把胡先生的成就歸功到自己身上,認為是自己的領導有方。

胡先生對李先生的此等行為深惡痛絕,仗著自己的才能與功勞,逢人便講李先生的無德與無能。

2003 年 8 月中旬,在一次例行的稅收物價檢查中,上級檢查部門發現胡先生負責的公司有一筆漏稅行為,並通知補交稅款。這件事本來只屬於工作疏忽,性質不算嚴重,但李先生卻死命抓住這一點,小題大作,打報告給總公司高層主管,力述胡先生嚴重影響了總公司的聲譽,應該引咎辭職。

高層主管雖然憐惜胡先生的才能,但考慮到子公司的工作均已上正軌,便宣布將胡先生調回技術開發部。

恃才傲物而吃虧的典型人物是三國時的楊修。一千八百年後的今天,

「楊修」式的人物還是層出不窮。在職場，面對主管，我們可不要做「楊修」。

既要講奉獻，也要講索取

《聖經》中有這樣一則故事：有位先生死後欲進入天堂去享受榮華富貴，於是就排隊領取進入天堂的通行證。由於他不善於競爭，後面的人來了直接插隊在他前面，他卻保持沉默，絲毫沒有任何反抗或不滿，就這樣等了若干年，他仍站在隊的最後，始終未得到他想得到的東西。

這個故事對我們深有啟發。在工作中，在利益面前，既不要斤斤計較，也不要過分謙讓，應該大膽地向主管要求自己應該得到的。

當我們考慮工作究竟是為什麼的時候，可能有很多不同的回答，但任何人都不能否認我們是為利益而工作，比如金錢、福利、職務、榮譽等等，否則就未免太虛偽了。在當今市場經濟體制下，我們說自己為利益而工作是正大光明的。

之所以強調在與主管相處的過程中要學會爭分內之利這個問題，就是因為有許許多多的人因為不會爭利而頻頻「吃虧」。不會爭利一般有兩種表現，一種是不敢爭利，甚至連自己應該得到的也不敢開口向主管要求。既怕同事有看法，也怕給主管造成壞印象，大有「君子不言利」的味道；一種是過分爭利，利不分大小，有則爭之，結果整天跟在主管屁股後喋喋不休地講價錢、要好處，把主管追得很煩。其實，這兩者都是不懂爭利的，爭利也有個技巧問題。

常言道：老實人啞巴吃黃蓮，會哭的孩子有奶吃，這是我們的祖先總結出的「真經」。在同等條件下，兩個同事工作都算比較勤懇認真，但在分房時，一個人雖然已結婚五年，一家三口仍擠在一間破舊的平房裡，但

卻默不作聲，對主管只提了一次要求；但另一位卻三天兩頭地找主管訴苦，有空就撥撥主管腦子裡面分房的這根弦，結果被優先考慮，而他的那位老實的同事卻只能眼睜睜地看著別人住進了寬敞明亮的新房。

有些人認為向主管要求利益就肯定要與主管發生衝突，給主管找麻煩，影響兩者的關係，結果什麼都不敢提，往往苦了自己一輩子。做好本職工作當然是分內的事，但要求自己應該得到的也是合情合理的，付出越多，成績越大，應該得到的就應該越多。

只要你能為公司做出成績，即便向主管要求你應該得到的利益，他也可以理解。如果你無所作為，無論在利益面前表現的多麼「老實」，主管也不會欣賞你。事實上，所謂領導藝術，善於駕馭下屬的主管也常把手中的利益作為激發下屬的一種手段。可見，下屬要求利益與主管掌握利益是一個積極有效的處理上下關係的互動手段。

有些人向主管提要求時不會拿捏分寸，因而引起主管的反感，在主管的心目中形成一個「這人愛講價錢」的印象，這是很不聰明的。要想既爭取了利益又掌握分寸，需要做到以下幾點：

不爭小利。不為蠅頭小利傷心動氣，略顯寬廣胸懷、大將風度，在主管心目中形成「甘於吃虧」、「會吃虧」的好印象，在小利上堅持忍讓為先。

按「值」論價，等價交換。最簡單的例子，如你拉到 10 萬元贊助費或為單位創利 100 萬元，你要按事先談好的「提成」比例索取報酬，不能擴大要求，也不要讓主管削減對你的獎勵。

要善於向主管說明困難，要求利益時可以放得大些，比你實際想到的多一些，給主管一些「餘地」，不給人造成你「想要多少就給多少」的想法。所以，充分說明、誇大困難和要求實在是一種必要的策略，重點是要掌握關鍵時機。

如何適應不同類型的主管

領導者的性格、愛好、品行各不相同，與主管相處，首先應充分了解主管的各個方面，否則你在單位可能不僅綁手綁腳，而且還會吃不了兜著走。

1‧對熱忱型主管，相處方法是不即不離，寵辱不驚

如果你的主管非常熱情，當他對你產生好感時，千萬不要受寵若驚。要記住：這種熱情不會維持太久。

你應該採取以下對策。

- 對他的熱情不即不離。既不完全割捨他對你的熱情，這樣他就不會失望；也不完全相信他的熱情，這樣可以使他的熱情能夠持久地保持。

- 不要把你的建議一下子都提出來。如果你有什麼良策，就應在一段時間內一條一條地提出來。 一對於他提的辦法，你認為可行的就去做；認為不對的，也不必當面提出意見，先把它接下來，不去做它，過些日子老闆自知不妥就不再提起了。

2‧對豪爽型主管，相處方法是表現自己的能力

你的主管是豪爽的人，你就會有施展自己才華的機會，因為只有英雄才能識英雄，他喜歡英雄，你就會被賞識、被提拔了。

具體來說就是要善用機會，做計畫時周詳一點，又快又好、輕輕鬆鬆完成工作，這樣就表現了超人的能力，他自然會欣賞你。

3‧對懦弱型主管，相處方法是注意他身邊的實權人物

這種主管不會當領袖，作了領袖也一定會大權旁落。對付這種主管的

對策是：觀察他身旁的實權人物是什麼樣的人。如果他是正人君子，你的主管還能保持形式上的名位、尊嚴；如果那個實權人物野心勃勃，那麼主管只是個玩偶。這時，你必須站出來與其對峙，揭露他的野心，令其退縮，這樣你才能有所作為。不過，從現在競爭激烈的社會來看，這樣的主管會越來越少。

4・對傲慢型主管，相處方法是謹守職位，不要鋒芒畢露

傲慢的人所依靠的一是有錢，二是權力和地位。對策是：謹守職位，平平穩穩地工作，也不必去阿諛奉承，自汙人格。

但這種人雖傲慢，但他從事業的角度考慮，也不會只青睞那些「馬屁精」，只要你有能力、業績突出，他遲早會瞧得起你的。

5・對陰險型主管，相處方法是賣力隱智

這種主管陰險毒辣，城府極深，有仇必報，你稍有不順從，他就會整治你。所以，你最好能收起鋒芒，韜光養晦，兢兢業業，對他唯馬首是瞻。賣力工作可以討得他的歡心，隱藏你的智慧可以放鬆他的戒心，他也就不會嫉妒你。當然，這種工作環境不能久留，你要想發展，應趁早另謀他處。

6・對冷靜型主管，相處方法是舉止安詳，不能自行其是

這種主管是有功不喜，寵辱不驚。對付這種主管，你最好能對工作計畫多提建議，少自作主張，計畫制定好你就去執行，並且把執行的過程詳細地記錄下來向他匯報。匯報時不要誇大其辭，即使事情不好做，也要輕描淡寫。

這裡應注意的是，在工作中遇到困難不要常去請示，自行解決，事後向他做說明就可以了，這樣做他會很滿意的。

受主管批評不要大驚小怪

任何人工作時間久了，都免不了會碰到被主管批評的情況，但大可不必為此憂心忡忡，拚命地反省自己。實際上，主管批評或訓斥下屬，有時是發現了問題極欲糾正；有時是出於一種調整關係的需要，告訴受批評者不要太自以為是，或把事情看得太簡單；也有時是為了顯示自己的威信和尊嚴，與下屬保持或拉開一定的距離。你務必先弄清楚主管的批評是哪一種，才能掌握情況，從容應付。

受到主管批評時，最重要的是表現出誠懇的態度，因為最讓主管惱火的，就是他的話被你當成了「耳邊風」。因為如果你對他的批評置若罔聞，仍我行我素，這種反應比當面頂撞他更令他發火。

對主管的批評不要不服氣和牢騷滿腹。批評有批評的道理，錯誤的批評也有其可接受的出發點。如果你對批評不服氣，很容易產生負面效應，使你和主管的感情產生距離，關係變得惡化。

受到錯誤或過分的指責與批評時最忌當面頂撞，當面頂撞是最不明智的做法。若你能坦然大度地接受主管批評，他會在潛意識中對你產生歉疚之情。

受到主管批評時極力爭辯，希望弄個一清二楚，這是完全沒有必要的。因為一個斤斤計較的下屬是不會被主管真心接納的。

如何處理主管對你的誤解

小郭在五年前還是工廠的一名基層員工，後來宣傳部一位方姓部長見小郭文筆不錯，便排除眾議將小郭調進了宣傳部當宣傳幹事。從此，小郭對方部長的知遇之恩一直銘記在心。兩年後，小郭進入廠辦當了祕書，成

為廠辦王主任的部下，精明的小郭很快得到了王主任的喜歡。

沒過多久，小郭忽然感到方部長與他漸漸疏遠了。一了解，才知道現在的主管王主任和從前的主管方部長之間有私人恩怨，因此，方部長懷疑小郭背叛自己去了王主任那邊。

其實，引發方部長對小郭誤解的「導火線」很簡單：在一個雨天，小郭給王主任打傘，沒給方部長打傘。這還是很久以後方部長親口對小郭說的，而事實上小郭給王主任打傘時，沒有看見方部長就在不遠處淋著雨，誤解就此產生了。

一氣之下，方部長在許多場合都說自己看錯了人，說小郭忘恩負義，誰是他的上級，他就跟誰關係好。其實小郭根本不是這樣的人，也渾然不知發生的一切。直到方部長在人前背後說小郭的那些話傳到小郭耳裡，小郭才感到事情的嚴重性。

對此，小郭有他的處理原則和步驟：

1.讓時間來檢驗

正所謂「路遙知馬力，日久見人心」，方部長在氣頭上說自己是忘恩負義的人，一定是自己在某方面做得不好，現在向方部長解釋自己不是那樣的人，方部長肯定聽不進去，自己到底是怎樣的人，還是讓事實來說話，讓時間來檢驗吧！

2.「解鈴還須繫鈴人」

方部長誤解了自己，必須自己向方部長解釋清楚，既是「繫鈴人」也是「解鈴人」，要化干戈為玉帛，靠自己用心努力去做才行。

有了解決問題的原則，小郭採取了以下六個方法努力消除方部長對他的誤解：

　　方法一：極力掩飾矛盾。每當有人說起方部長和自己關係不好時，小郭總是極力否認根本沒有這回事，他不想讓更多的人知道方部長和自己有矛盾。小郭此舉的目的是想防止事態的擴大，更利於緩和矛盾。

　　方法二：在公開場合更加注意尊重主管。方部長和小郭在工作中經常碰面，每次小郭都主動和方部長打招呼，不管方部長理或不理，小郭總是面帶微笑。有時因工作需要和方部長在同桌招待客人，小郭除了主動向方部長敬酒，還公開說自己是方部長一手培養起來的，自己十分感激方部長。小郭此舉的目的是表示自己從來沒有忘記方部長的恩情。

　　方法三：背地場合褒揚主管。小郭深知當面說別人好不如背地褒揚別人效果好。於是，小郭經常在背地裡對別人說起方部長對自己的知遇之恩，自己又是如何如何感激方部長。當然，這些都是小郭的心裡話。如果有人背地裡說方部長的壞話，小郭知道後則盡力替方部長辯護。小郭此舉的目的是想透過別人的嘴替自己表白真心，假若方部長知道了小郭背地裡褒揚自己，肯定會高興的，這樣更利於誤解的消除。

　　方法四：緊急情況「救駕」。平時在工作中，小郭若知方部長遇到緊急情況，總是挺身而出及時前去「救駕」。如有一次節日貼標語，方部長一時找不到人幫忙，小郭知道後，主動承擔了貼標語的任務。小郭此舉的目的是想重新博得方部長的好感，讓方部長覺得小郭沒有忘記他，仍是他的部下，有助於方部長心理平衡，消除誤解。

　　方法五：找準機會解釋前嫌。待方部長對自己慢慢有了好感以後，小郭利用與方部長一起出差去外地開會的機會，與方部長進行良好的互動。方部長最終被小郭的誠心打動，說出了對小郭的看法以及誤解的原因——「雨中打傘」事件。小郭聽完，再三解釋當時自己真的沒看見方部長，希望方部長不要責怪他。方部長也表示不計前嫌，和小郭的關係和好如初。小郭此舉的目的是利用單獨相處機會弄清被誤解的原因，同時讓方

部長在特定場合裡更樂意接受自己的解釋。

方法六：經常加強感情交流。方部長對小郭的誤解煙消雲散之後，小郭不敢掉以輕心，打鐵趁熱，經常找理由與方部長進行互動，或向方部長討教寫作經驗，或到方部長家和他下棋打牌。久而久之，方部長更加喜歡這個昔日部屬了。小郭此舉的目的是，透過經常性的感情交流，增進與老主管之間的友誼。

皇天不負苦心人。在小郭的不懈努力下，方部長對小郭的誤解徹底消失了，反倒覺得以前說的話有些對不起小郭。從此以後，方部長逢人就誇獎小郭，兩人的感情與日俱增。

作為下屬，難免有時會遇到遭主管誤解的時候，學學小郭的做法吧！

留一點空間給你的主管

軍訓的時候，打掃營區是每天例行的工作，可是奇怪的是，無論再怎麼努力打掃，連長來巡視，總會挑剔不夠乾淨，哪裡還要加強，讓大家納悶不已。打掃營區如此，連保養武器也是如此，連長總是能抓出他們的「問題」！

在小劉結束軍訓回學校前，連長對小劉揭曉了謎底。他說，如果連長每次都滿意，大家就會懶惰；其次，沒問題也要找出問題，是為了凸顯連長的權威，以方便領導統御，不要讓大家看扁。

可是在社會上做事和在軍中帶兵不太一樣，軍中講究服從，社會上講究以理服人、以情感人。做主管的若沒問題還要找問題，那麼他自己會難讓人尊重，下屬也會很難混，免不了兩敗俱傷。

一進公司就當主管的人不多，若有此機會，通常也只是個小主管，上

面還有各級的主管。和主管相處是一門學問，如果拿捏得好，可以少受很多氣，也有助於事業的發展。

和主管相處各人有各人的門道，但送禮也好，拍馬屁也好，都不如在工作上給他留一點空間好。

每個人工作目的之一就是為了生活，當主管的也不例外。你怕被冷落，怕丟工作，怕不受信任。主管的心情其實和你完全相同，只不過他怕的和你怕的有一點不同。因為他還要帶領下屬，而下屬就是他怕的原因之一 —— 你能力不好，事情做不好他要承擔後果；你能力太強，事事完美無瑕，他又怕管不了你，動搖他的主管權威，更怕你搶了他的位置。當你的能力太強時，當主管的為了「安全感」，也為了他的江山，很可能會打擊你，挑你的毛病，擱置你的計畫，阻斷你向上溝通的渠道，甚至惡意地挑撥你和其他同事的感情；最惡劣的還有栽贓、奪權等手法。總而言之，如果他還受到他的主管的信任，那麼他要整你總是有辦法的。如果你根本沒有取代他的野心，這樣被整不是很冤枉、不值得嗎？

想一想那位連長的話，他沒問題也找問題是為了領導統御的需要，那麼我們如果讓主管在領導地位上有安全感，不就天下太平了嗎？

所以，留一點空間給你的主管吧！怎麼做呢？具體來說，可以透過以下方法。

- 時時向主管「請教」。明明你懂得比他還多，你還是要尊重他的職位，和他討論某項計畫，請他給你一些「指點」！主管看了你的這種動作當然就放心了，不過，如果「請教」了之後，你一個「指教」都沒採納，那麼會得到反效果。因此，你的計畫多多少少也要有主管的意見 —— 他會很在乎的！
- 事情不要做得十全十美，別以為十全十美會得到主管的讚美，那是「禍謀」哩！但也不能做得慘不忍睹，因為這樣你就要捲鋪蓋

走路了。最好在不很重要的地方犯個小錯，或留下一點缺憾，好讓你的主管來「指點」一番！能找出問題來「指點」，表示主管的能力還是高過你，那麼他就放心了。

⊙ 不要忘記稱讚你的主管，這和拍馬屁不同；員工需要主管稱讚，主管其實也需要下屬稱讚，尤其是在主管的主管也在的公共場所；你的稱讚一則表現了你的服從，二則間接替你的主管做了公關，他不樂壞才怪！

不管怎麼做，切忌目中無人，尤其當你能力很強的時候；留一點空間讓你的主管立足，這是相處的藝術，也是求生存的絕學！

人際關係要處理好

小丁與小孫同時進入某機關，兩個人同樣有較強的工作能力，無論主管交給他們什麼任務，他們都能非常漂亮地完成。為此，兩人經常受到主管的表揚。但是，在同事之中，他們卻有不同的地方：大家都喜歡小丁，有什麼事總是找他幫忙。而小丁也的確為大家做了許多事，因為他謙遜又有能力，與大家非常和得來；而小孫則不同，雖然他能力也強，但大家都不太與他往來，有什麼事也不會找他幫忙，因為小孫這個人個性比較高傲。

小孫也意識到了這種差別，但他並不想改變這種狀態，他以為這樣很好。無論同事們怎麼對自己，主管是喜歡自己的，有主管撐腰，他不必總是顧慮再三。況且這樣也不錯，他可以按照自己的個性安排一切，不必因別人的看法而改變自己的生活。而且小孫打從心裡有點看不起小丁。小孫認為小丁那種謙讓態度十分虛偽，是一種做作的表現。當然，小孫並沒有把自己這種感覺表露出來，他認為無論小丁怎麼做，都是人家的事，別人

不應該干涉他。可見，小孫也是具有一定容人之量的，但可惜他沒有表現出來。

就在小孫按照自己的個性生活的時候，主管說要在他們之中提拔一名宣傳幹事，而且這次主管有明確指示，要採用部門投票的方式，任何人不得從中作梗。面對這樣一個好機會，小孫打從心底認為自己應該能選上，因為他不但喜歡這份工作，而且堅信自己一定能做好，絕對不會辜負主管的厚望。但是，聽說這次不是主管任命，而是由同事直接選舉，他的心涼了一半。他明白憑自己的人際關係，自己絕不是小丁的對手，況且小丁在處理宣傳的方法上也有其獨到的能力。小孫了解這種差距，但他不是一個雞腸鳥肚的人，即使他明白自己有不足，也要參與公平競爭。

結果正如他所預料的那樣，小丁幾乎以全票得到了這個職位。其實要是小孫去了，工作照樣能做好。一個本來平等的機會，結果由於兩者個性和人緣不同而導致巨大的偏差。這個教訓值得每一個人認真思索。

而對協調與同事的關係，有的人馬馬虎虎，以為同事之間無所謂，大可不必左右逢源，八面玲瓏；而有的人則極為看重，在同事中間拉幫結夥，並極力找主管做靠山，形成自己的勢力，以為憑此就能高枕無憂。其實，這兩種人都錯了。在同事之間協調關係同樣不能粗心大意。其中的利害關係自不必說，光一個人緣問題就夠你頭痛的了。可見，對待同事既不能漠不關心，不聞不問；也不能拉幫結夥，那樣只能害了自己。要想有一群支持自己的好同事，就必須真心幫助他們，在謙和中充分展露自己的個性。

事事為大家著想，處處關心他人，這在平時並不顯眼，而且似乎處於一種被動地位，所以有些人就是不願意「做」。從小丁的例子來看，他與小孫能力相當，只是小丁的人緣要好些，所以同事選小丁也在情理之中了。像小丁這樣的人才稱得上「老謀深算」，在平時就已經為自己日後的

發展打下了基礎，時候到了只要有機會，就可以水到渠成了。要把好事做在明處，大家的眼睛是雪亮的，不會有人視而不見的。

只要你在公司中有人氣、人際關係好，升職也好、加薪也好，都容易得多。

知人知心，趨利避害

在公司裡工作，身旁什麼樣的同事都有，有的人對你的事業和晉升是有益的，有的人是無益也無害的，而有的人卻是會阻礙你晉升和發展的。所以，聰明的你一定要認清哪些同事最危險。一般說來，有以下幾種同事：

1·無能的同事

有些同事做事的能力其實很有限，可又善於隱藏，他總想讓你明白他是個能人，是個有本事的人，你做不到的事情，他卻可以做到。因此，你求托他處理事情時，他可能會硬撐著答應你，並裝出很灑脫的樣子，但最終他還是無法解決問題，同時會給自己找種種藉口。這樣的人，你與他打過一次交道之後一定要辨認出來，下次就再也不要去找他了。

2·隨聲附和的同事

處理事情的時候，你可能會有一些想法和主意，你想得到同事的幫助，希望同事能提出建議，以便增強自己的信心。可是，有一些同事卻只會點頭哈腰、隨聲附和，他們對你的問題一味地表示贊同，對你說「可以」、「我認為很好」，而他們實際上根本沒有考慮過你的問題，根本沒有真正把你的事放在心上。有事問這樣的人只能白白浪費自己的時間，所

以，對這樣的人，一般相處還可以，但不必把問題拿給他們提建議。

3·無事不曉的同事

在工作的環境中，有一些同事自以為無事不曉，每天趾高氣揚，神神祕祕地在同事之間展現自己的本領。在他們心中，認為自己可以作為同事們的「活字典」，對於公司裡的事情，好像沒有他們不知道的。

實際上，他們知道的事情往往是斷章取義、道聽途說的，只知其然而不知其所以然，你如果把他們這一類人的話當成真，從而聽信於他，那你就很容易誤入歧途。

4·呆板固執的同事

這樣的同事都是在工作上非常踏實、處理事情都很認真仔細的人。他們習慣於在每件事的細節上大做文章，嚴格要求自己，他們也會由於自己呆板固執的性格而對別的同事比較苛刻。因此，與這樣的同事打交道很困難的，需要你運用一定的技巧才能實現你的目的。

5·愛串閒話的同事

有些同事或閒得無聊，或愛看熱鬧，總愛往工作環境中散播一些閒話，傳來傳去，鬧個不停。他們最愛向人發誓說：「我能保守祕密」，其實則不然。他們既愛向別人探聽訊息，也喜歡把自己知道的小道消息傳出去，他們似乎生來就是愛管閒事的人。因此，與他們打交道要謹言慎行，以防他們往你的話裡加油添醋。

6·假裝無能的同事

假如一件事幾個人共同去做，一旦工作有所損害，主管通常會習慣性地了解一下情況。有一類很奸猾的同事，這時往往把自己隱藏起來，說這

個他不懂，那個他不會，因此他也不可能對這些問題承擔責任。而當一切運轉正常時，他們必然在場，無論會與不會，他們又總想從中分點功勞。這樣的同事要盡量避免與他合作，如果必須合作，就要把責權利講在前面，不給他們留下投機的機會。

7‧真正無能的同事

真正無能的同事也萬萬不可小覷，他們也許是主管的親戚朋友，也許是托門路進來的人。不過，無能是很容易自我暴露的，因為無能者常常會做出愚蠢的事來，甚至鬧成笑話，給公司造成損失。所以在日常工作時，一定要獨具慧眼地把這種人從同事中辨認出來，不要與他做共同承擔責任的工作，否則你就會成為給他擦屁股的角色，到頭來你自己鬧個不乾不淨，背上黑鍋。

提防「知心朋友」賣了你

某外企管理部門小吳與小曹是很好的朋友，他們原是中學同學，後來又進了同一所大學，可謂是「知心朋友」了，他們既是同學關係又是同事關係，所以兩人都很珍視彼此的緣分。後來，局裡要在小吳他們科室選擇一位中層主管，消息傳開後，科室裡的人都聞風而動，都希望自己入選。但後來傳出內部消息，主管在觀察小吳與小曹。他們的能力都很突出，尤其是小吳，能力強，為人也不錯，所以大家一致認為非小吳莫屬了。

幾天後結果下來了，令大家吃驚的是，中選的不是小吳，而是小曹。大家想不通是怎麼回事，但小曹最明白。原來，在小曹得知選拔是在他與小吳之間進行時，他的私慾極大地膨脹起來，他暗下決心，一定要把小吳擠掉。但他也明白，如果公平競爭，自己不是小吳的對手，他只能靠小動

作取勝。於是，他在上級面前極盡獻媚之能事，除了大大宣揚自己的能力外，還暗示主管——小吳有許多缺點，他不適合這份工作。小曹與小吳相處多年，找出一些小吳的失誤毫無困難，加上小曹又編造了一些似乎很有說服力的證據，在小曹的這種陰謀運作下，他終於把小吳擠了出去。

在成為同事之前認識或者已是朋友的，當成為同事之後，這種關係是最不好處的，因為相互都知根知底，很容易就會「揭發」對方一下。所以處於競爭當中的同事必須時刻小心提防，特別對知根知底的「朋友」更要防一手。正如小吳的遭遇一樣，他處於一種「防不勝防」的被動而尷尬的境地。其實，他沒有明白這一點：這時只有進攻才是最好的防守，而絕不能一味防守，否則自己成為受害的羔羊必定無疑。

也正是鑒於這種情況，有許多人即使是再好的朋友也不願意進入同一個公司，尤其是那種潛伏著利害衝突的同事。朋友好做，只要大家合得來就行；而這種同事關係的確難處，因為其中充滿了勾心鬥角。做朋友時有來有往，協調得非常好，當帶著朋友的「前科」進入同事角色之後，由於種種原因，相互的心態可能會產生巨大變化。而這種變化只能有一個結局：那就是損害了以前良好的朋友關係，而這種關係的損害，只是因為對利益的爭奪而形成的，這多少有些叫人寒心。所以，有許多人寧肯做一輩子與利無爭的朋友，也不會去做利益豐厚的同事。

不在同事面前論人是非

不要妄加評論同事的是非，這是一種不好的品格和習慣。也許你也想一吐不快，但這時你應克制自己，因為你議論張三給李四聽，李四聽了後會想：「你這個人今天議論張三，明天也許會在背後議論我。」這樣一來，別人也就開始對你設防了，有什麼重要的訊息也不會輕易告訴你了。

　　有的人喜歡扎堆評論別人，聽到一些無關緊要的話就加油添醋地傳播出去，很容易給被議論者造成無辜的傷害。

　　當別人對你講某人的壞話和私事時，你也不要打斷他，但絕不能附和他，你不妨聽他講完，然後不要講出去，這樣就誰都不得罪。

　　可是，有時你也有不順的時候，比如你被主管臭罵了一頓，你該怎麼辦？也許你可能晚上和同事到酒店借酒消愁，向同事』傾訴你的苦衷和對主管的不滿，但這樣做是很危險的。因為你的同事是你的競爭對手，他隨時可能把你的牢騷報告給主管，也許幾天後你被人「整」了還不知道。就算不遭暗算，這樣背後說人總是不行。

　　因此，最後的辦法是探探同事的態度，看他是否和自己立場一致。「害人之心不可有，防人之心不可無」。

寧可得罪十位君子，不能得罪一個小人

　　朋友中的「小人」，你可以採取「敬而遠之」的招術破解；但同事中的「小人」，整天低頭不見抬頭見，加之工作上絲絲縷縷的關聯，你怎麼躲也躲不開。同「小人」同事若處理不好，常常要吃虧。

　　「小人」臉上並沒有寫上「小人」二字，有些「小人」甚至還長得又帥又漂亮，有口才也有內才，一副「大將之才」的樣子，只不過品行不好。

　　不過，「小人」還是可以從其行為中分辨出來的。

　　大體言之，「小人」就是做事做人不守正道，以邪惡的手段來達到目的的人，所以他們的言行有以下的特點：

◉　喜歡造謠生事。他們的造謠生事都另有目的，並不是以此為樂。

◉　喜歡挑撥離間。為了某種目的，他們可以用離間法挑撥同事間的

感情，製造他們的不合，好從中取利。

◉ 喜歡逢迎拍馬。這種人雖不一定是小人，但這種人很容易因為被主管所寵幸，而在主管面前說別人的壞話。

◉ 喜歡陽奉陰違。這種行為代表這種人的做事風格，因此對你也可能表裡不一。

◉ 喜歡「西瓜倚大邊」。誰得勢就依附誰，誰失勢就落井下石。

◉ 喜歡踩著別人的肩膀向上爬。也就是利用你為其開路，而你的犧牲他們是不在乎的。

◉ 喜歡找替死鬼。明明自己有錯卻死不承認，硬要找個人來背罪。

事實上，「小人」的特色並不只這些，總而言之，凡是不講法、不講情、不講義、不道德的人都帶有「小人」的性格。

和「小人」同事要講究以下幾個原則。

◉ 不得罪他們。俗話說，寧可得罪君子，也不能得罪小人。一般來說，「小人」比「君子」敏感，內心也較為自卑，因此，你不要在言語上刺激他們，也不要在利益上得罪他們，尤其沒有必要為了「正義」而去揭發他們，那只會害了你自己！自古以來，君子常常鬥不過小人，因此若是小人為惡，讓有力量的人去處理吧！

◉ 保持距離。別和小人們過度親近，保持淡淡的同事關係就可以了。但也不要太過疏遠，好像不把他們放在眼裡似的，否則他們會這樣想：「你有什麼了不起？」於是你就可能會遭到暗算了。

◉ 小心說話。說些「今天天氣很好」的話就可以了，如果談了別人的隱私，談了某人的不是，或是發了某些牢騷不平，這些話絕對會變成他們興風作浪和整你時的資料。

◉ 不要有利益瓜葛。小人常成群結黨，霸占利益，形成勢力，你千萬不要想靠他們來獲得利益，因為你一旦得到利益，他們必會要求相當的回報，到那時你想脫身都不可能。

◉ 吃些小虧無妨。「小人」有時也會因無心之過而傷害了你，如果是

小虧就算了，因為你找他們不但討不到公道，反而會結下更大的仇。所以，原諒他們吧！

如果做到這樣，就能和「小人」們相安無事了嗎？

不，「小人」若那麼容易對付就不配稱之為「小人」了，但以上這些建議可把傷害減到最低。

怎樣處理與同事之間的不愉快

一個人要想在工作中面面俱到誰也不得罪，恐怕是不可能的。因此，在工作中與其他同事產生某些衝突和意見是很常見的事，碰到一兩個難於相處的同事也是很正常的。

應該說，同事之間儘管可能會有矛盾，但仍然不妨礙在一起工作。首先，任何同事之間的意見往往都是由工作上的一些小事引起，而並不涉及個人的其他方面，事情過去之後，這種衝突和矛盾可能會由於人們思考模式的慣性而延續一段時間，但時間一長，也會逐漸淡忘。所以，不要因為過去的小意見而耿耿於懷，只要你大大方方，不把過去的衝突當一回事，對方也會以同樣豁達的態度對待你。

其次，即使對方仍對你有一定的成見，也不妨礙你與他的交往。因為在同事之間的來往中，我們所追求的不是朋友之間的那種友誼和感情，而僅僅是工作，是共事。彼此之間有矛盾沒關係，只求雙方在工作中能合作就行了。由於工作本身涉及雙方的共同利益，彼此間合作如何，事情成功與否，都與雙方有關。如果對方是一個聰明人，他自然會想到這一點，這樣，他也會努力與你合作。如果對方執迷不悟，你不妨在合作中或共事中向他點明這一點，以有利於大家在以後的工作中進一步合作。

有時，你與大多數人的關係都很融洽，所以，你可能會覺得問題不在

於你這一方，你甚至發現許多同事也和他們有過不愉快的經歷，於是，大家都不約而同地將矛頭指向了那個人，所以，你會認為是他造成這種不融洽局面的。

你都沒有花時間去進一步了解對方，也沒有創造一些機會去心平氣和地闡述各自的看法，因而，雙方缺乏了解和信任，彼此的關係也就會不斷倒退。怎樣才能夠改變這種局面、改善彼此的關係呢？

你不妨嘗試著拋開過去的成見，更積極地對待這些人，至少要像對待其他人一樣對待他們。一開始，他們也許會有所顧慮，認為這是個圈套而不予理會，耐心些，你要知道，將過去的積怨平息的確是件費功夫的事。你要堅持善待他們，一點點地改進，過了一段時間後，相互之間的誤會就會如同陽光下的水一蒸發便消失了一樣。

也許還有更深層的問題，他們可能會感覺你曾在某些方面怠慢過他們，也許你曾經忽視了他們提出的一個建議，也許你曾在重要關頭反對過他們，而他們將問題歸結為是個人的原因。還有可能你曾對他們很挑剔，而恰好他們聽到了你的話，或是聽見了有一些人在背後的加油添醋。

那麼，你該做些什麼呢？如果聽之任之是很危險的，它很可能會在今後造成更惡劣的後果。最好的方法就是找他們溝通，並確認是否你曾不經意地做了一些事得罪了他們。當然，這要在你做了大量的內部工作，且真誠希望與對方和好後才能這樣行動。

他們可能會說，你並沒有得罪他們，而且會反問你為什麼這樣問。你可以心平氣和地解釋一下你的想法，比如你很看重和他們建立良好的工作關係，也許雙方存在誤會等等。如果你的確做了令他們生氣的事，你誠心誠意地去解釋道歉，我想一般人都會冰釋前嫌的。

或許他們會告訴你一些問題，而這些問題或許不是你心目中所想的那一個問題，然而，不論他們講什麼，一定要聽他們講完。同時，為了能表

示你聽了而且理解了他們講述的話，你可以用你自己的話來重述一遍那些關鍵內容，例如，「也就是說我放棄了那個建議，你感覺我並沒有經過仔細考慮，所以這件事使你生氣。」現在你知道問題出在哪裡，而且可以以此為重新建立良好關係的切入點，但是，良好關係的建立應該從道歉開始，你是否善於道歉呢？

如果同事的年齡資格比你老，你不要在事情剛剛發生的時候與他對質，除非你肯定你的理由十分充分。更好的辦法是在你們雙方都冷靜下來後解決。等到時機成熟後，你可以談一些相關的問題，當然，你可以用你的方式提出問題。如果你確實做了一些錯事並遭到指責，那麼要重新審視那個問題並要真誠道地歉。類似「這是我的錯」，這種話是可以創造奇蹟的。

對女性的容貌與打扮：只讚不貶

女性是比較講究穿著的，雖然你只是想拿她的穿著開開玩笑，但是很容易就會刺傷她。等到對方受到了傷害再解釋：「我只是開玩笑的，別放在心上。」「我不是那個意思，你誤會了。」也無法減輕對方的傷害。即使你只是開玩笑，對方也會很認真。

有時候只是男同事之間的談笑罷了，但如果傳到女性的耳朵裡就麻煩了。尤其是批評女性的相貌及身材，這無異是討厭對方的意思。

每一個人對自己的容貌具有不同程度的自信，因此不喜歡聽到別人批評自己的長相，即使是平、圓、胖、黑這些不經意的批評也很不喜歡。至於身材方面，像或不像某人、太高、太矮、太胖、太瘦等，這些聽起來無傷大雅的批評，也會招來對方的白眼。

即使你並不是這個意思，但隨便一句話也很有可能讓對方產生不愉快

的聯想。尤其是現代女性特別敏感，隨便一句話都很有可能惹惱她們。有些人口無遮攔地說：「喂！你怎麼還沒有嫁人呢？你的年紀也已經不小了吧？」或是「我們辦公室的老小姐還真多，是不是風水不好啊？」然後哈哈大笑。這樣挖苦女性的男性實在有失厚道，如果你周圍的男性正在口無遮攔的嘲笑女同事時，你千萬不要加入，以免種下禍根。

除了不要批評女性的容貌及身材，另外還要提醒一點，不要對女性的容貌及打扮表現得漠不關心的樣子，請注意讚美她們。例如某小姐今天換了髮型，你不妨稱讚她一下：「你今天的髮型很漂亮哦！」

在歐美社會中，若女性變換了髮型或是服裝而男士卻沒有加以稱讚的話，這個男士會被視為沒有紳士風度。

這種體貼對方的表現，不只是男性對於女性如此，在任何情況之下，人與人之間的禮貌及尊重都是不可或缺的。

獨享榮耀將會獨吞苦果

方君很有才華，編輯的雜誌很受歡迎，有一年更是得了大獎。一開始他還很快樂，但過了個個月，卻失去了笑容。他發現，公司裡的同事——包括他的主管和下屬，都在有意無意間和他作對。

方君犯了「獨享榮耀」的錯。

他得了獎，老闆除了頒發獎金之外，還給了他一個紅包，並且當眾表揚他的工作成績。但是他並沒有現場感謝主管和下屬們的協助，更沒有把獎金拿出一部分請客，所以大家雖然表面上不便說什麼，但心裡卻感到不舒服。

其實就事論事，這份雜誌之所以能得獎，方君貢獻最大，但是當有

「好處」時，別人並不會認為誰才是唯一的功臣，會認為自己「沒有功勞也有苦勞」，所以方君「獨享榮耀」當然就引起別人的不舒服了；尤其是他的主管，更因為如此而產生不安全感，害怕失去權力，為了鞏固自己的領導地位，方君當然就沒有好日子過了。果然，方君兩個月後就因為待不下去而辭職了。

所以，當你在工作上有特別表現而受到肯定時，千萬記得別獨享榮耀，否則這份榮耀會為你帶來人際關係上的危機。

為了讓這份榮耀為你帶來助益，有幾件事你必須做。

- 感謝：感謝同仁的協助，不要認為這都是自己的功勞；尤其要感謝主管，感謝他的提拔、指導、授權。如果實情也是如此，那麼你的感謝本就應該，如果同事的協助有限，主管也不值得恭維，你的感謝還是有必要的，只有這樣才能夠使你避免成為箭靶。金像獎得主上臺領獎時都要感謝一大堆人，道理就是如此，這種「口惠而實不至」的感謝雖然缺乏「實質」上的意義，但聽到的人心裡都會很愉快，也就不會有人嫌忌你了。

- 分享：口頭上的感謝也是一種分享，這種「分享」可以無限地擴大範圍，反正「禮多人不怪」嘛！另外一種是實質的分享，別人其實也不是想要分你一杯羹，但是你主動的分享卻讓旁人有受尊重的感覺，如果你的榮耀實際上是眾人協力完成，那麼你更不應該忘記這一點。「實質」的分享有很多種方式，小的榮耀請吃糖，大有榮耀請吃飯，吃人嘴軟，拿人手短，分享了你的榮耀，別人就不會和你作對了。

- 謙卑：有的人往往一有了榮耀就忘了「我是誰」，自我膨脹。這種心情是可以理解的，但旁人就遭殃了 —— 他們要忍受你的氣焰，卻又不敢出聲，因為你正在鋒頭上；可是慢慢地，他們會在工作上有意無意地抵制你，讓你碰釘子。因此有了榮耀更要謙卑；要不卑不亢不容易，但「卑」絕對勝過「亢」，就算「卑」得肉麻也

沒關係。別人看到你的謙卑，會說「他還滿客氣的嘛！」當然就不會找你麻煩，和你作對了。謙卑的要領很多，但若能做到以下二點就差不多可以了：

① 對人要更客氣，榮耀越高，頭要越低。
② 別再提你的榮耀，再提就變成吹噓了。事實上，你的榮耀大家早已知道，何必再提呢。

其實別獨享榮耀，說穿了就是不要去威脅到別人的生存空間，因為你的榮耀會讓別人變得黯淡，產生一種不安全感，而你的感謝、分享、謙卑，正好讓旁人吃下一顆定心丸。人性就是這麼奇妙。

如果一個人習慣獨享榮耀，那麼有一天他終會獨吞苦果！

初入社會的人如何不被同事或主管利用

剛踏入社會工作的年輕人，常常會被人利用而不自知，因此，要如何自我保護不被人利用，是每位上班族的必修課。

1·分清責任界限

當別人一時有難，你伸出援手拉他一把是應該的。但卻要先把這樣做的後果想清楚，不能只憑助人的熱心解決問題，而不管是什麼人或什麼事。

例如：有一家公司發生了事故，上級部門要求追查責任。主管對你說：「你說我有事正好不在，你自己做主，只要我能免受處分，我就有辦法保護你。」這種替主管「背黑鍋」的行為便是十分危險的。

如果你希望用幫助主管逃避責任來提升自己，這是十分幼稚的想法。因為責任是大家共同承擔的，好比許多人抬一塊大石頭，一個人扔掉了，

另一個人肩膀上只會變得更重而不可能更輕。

所以，如果有人請求你，請你替他分擔責任時，你一定要先搞清楚這種責任的性質，千萬不可隨便答應，以免後患。

當然，這種情況畢竟是少數，在日常生活中，人與人之間互相的請求、幫忙的事，大多是雞毛蒜毛的小事。但事情無論大小都應小心應對。為人處世，首先要懂得自我保護，使自己的利益、名譽不受損害。

在你的周圍常常有人要你幫他（她）出主意。他們表面聽從別人的建議，按照別人的意思行動，但實際上一點也不負責任。對這種人，千萬要提高警惕，盡可能不向他們提什麼建議，特別是當其主動徵求你對某一問題的看法，問你某項工作如何安排，某件事怎麼辦時，更要注意這是否是個陷阱？如果你身邊有這種不負責任並善於推卸責任、委過於人的人，千萬請你要小心，面對無論多誠摯、多謙遜的懇求甚至是命令，你都要冷靜，不要上對方的當。

2‧不要被人當炮筒

在人生道路上，不管做任何事都要與別人相處，尤其是涉世不深的年輕人，更要善於辨奸識忠，能從自己身邊人的言行舉止中辨識出忠奸。否則，被虛假的現象所迷惑，就會被別有用心的人所利用。

大凡被人利用的人都有分析能力不夠的弱點，辨別是非的本領較差，或抵抗力較差，這些人往往處於被動地位。

3‧不要管閒事

所謂「管閒事」就是管別人不需要你管的事。有句古話說：「各人自掃門前雪，不管他人瓦上霜。」在我們的工作中，有許多人是被盲目的「熱情」所驅使，根本不知道什麼該管，什麼不該管，例如：有個人交際

非常廣，性格好動外向，為人熱情開朗，可是別人對她的印象卻不大好，就是因為她太熱衷於為別人的感情事費盡心力地做調解。這種情形就叫「好心被狗吃了」，愛管別人閒事的人特別容易被人利用，就是這個道理。

該出手時就出手

晉升的機會來了，各種小道消息在公司蔓延。那麼，在面臨這樣的機會時，蠢蠢欲動的你要不要主動地提出自己想晉升的要求呢？這常常是人們為之而苦惱的事情。因為，如果我們自己不去要求，很可能就會失去機會；而如果我們去要求，又擔心別人會認為自己過於自私，爭名奪利，究竟該如何辦呢？

答案是：該出手時就出手。如果你認為自己具備晉升的條件，你可以採取下列幾個有效方法：

1 · 敲山震虎法

最典型的辦法是「敲山震虎」法，拿一張別的公司聘書來跟你的老闆攤牌：「不讓我晉升我就走」。如果公司真的需要你，就不得不考慮重用你。不過，在使出這一招殺手鐧的時候，你可得有十足的心理準備，騎虎難下時，你可能真的隨時得走。敲山震虎、挾外自重常是很有效的方法，可也是很危險的牌。

你必須很清楚自己手上有什麼，知道主管要什麼才行。須知，稍一不慎反而要吃大虧了。此外，你跟主管攤牌的方式也大有講究。如果你當真拿著外面的聘書，大搖大擺地走進老闆辦公室，朝桌上一扔，直截了當地說：「你不給我加薪，我就走」。十之八九，你就只有走人一條途徑了。主管是不會輕易接受這種威脅的，你必定要按照一套比較客觀的升遷和加

薪的方法來行事。你如果要打你自己的牌，非得採取比較婉轉適宜的方法不可。

2·借梯上樓法

一個人在事業上要想獲得晉升，除了靠自己的努力奮鬥外，有時還要借助他人的力量才能扶搖直上。一般來說，無論引薦者的名望大小，地位高低，只要對你的成功有所幫助，他就是你登上高處的好榜樣，他的威信和影響對你都有用處。

3·鳳尾雞頭法

在職位上，有「鳳尾」和「雞頭」之說。有的人寧可當鳳尾，不做雞頭；有的人寧做雞頭，不當鳳尾。一般來說，一個人在原公司、原部門被提拔到主管職位，其難度是比較大的。但是，想進入決策機構，不一定非得在本部門實現自己的願望。你可以在適當的時機，向領導者提出到基層單位做一個「雞頭」。

4·先抑後揚法

這種方法是在晉升前先放下身分和架子，甚至讓別人看低自己，然後尋找機會全面地展示自己的才華，讓別人一次又一次地對自己刮目相看，使自己的形象慢慢變得高大起來。

如果升官的不是你

為做好工作你廢寢忘食，為升遷你絞盡腦汁，然而最終的結果晉升的不是你。這真叫人傷心。

在和工作有關的挫折當中，該提升而未獲提升這種現象是很普遍的，但事情發生之後，日子還得過下去 —— 而且你可能會有較好的日子過。當然，經過打擊後，你需要一段時間才能痊癒。不過，許多人後來發現，這種經驗對自己有振聾發聵的效用。

如果這件不妙的事降臨在你頭上，你該怎麼辦呢？

一旦消息得到證實，就去向新升任的人道賀。別談那些無關緊要的閒話，要談將來。因為將來你有可能成為這位幸運者的下屬，所以最好儘快跟他建立新關係。

1970 年代末期，美國奇異電子的高特和其他六七個主管共同角逐執行長（CEO）的位置。他在得知自己失敗時，立即打電話給另外三位進入複選的人，「我恭喜他們，並祝他們順利，」高特回憶，「當時我是公司的大股東，所以我還請他們務必努力工作以保障我的權益。」雍容大度的高特很快在別處大展身手，他當上了另外一家大企業的 CEO。

等你公開向對方道賀後，再回到自己的辦公室閉門深思。如果你發現情緒正在大起大落之中，這實際上對你正在經歷的痛苦是具有療效作用的。

美國西北大學管理研究所教授康明斯發現，控制一個在升遷中受挫的人反應的幾項關鍵因素：

(1) 你有沒有料到會遭受挫折？如果已經料到，也許就不至於那麼痛苦；如果是出乎你的意料，就要問「為什麼」，是不是公司給了你錯誤的訊息？或者主管把你遺忘了？

(2) 在你的事業和生命中，你目前處在哪個位置？重點不在年紀老少，而在於你有多少其他的選擇。如果你有別的發展 —— 不管是調到別的部門、提早退休或另謀高就，就不會覺得全無指望。

(3) 你認為是什麼原因使你該升而未升？是你自己還是環境使然？如

果你認為是自己工作不力而未獲晉升,當然會更痛苦。

(4) 家人、朋友是否支持你?假如你不能對配偶或其他人提及你的痛苦,麻煩就大了。

晉升失敗對自我可能是一大打擊,但應該弄清楚這次打擊對你的事業有多大的傷害。聰明人會了解其中的差異。雅芳產品公司(AVON)的總裁華特龍回憶以前在奇異公司(General Electric Company)角逐收音機部門經理的失敗經驗,他安慰自己,只要努力,在奇異公司還有許多擔任部門經理的機會,果然,3個月後留聲機部門的經理職位出缺,華特龍終於成功了。

當你在評估「未受晉升的打擊」對工作的影響時,要盡可能找出答案——為什麼他們用別人而不用你。重新評估最近的工作表現,也許你的主管一直傳達給你某種訊息,只是你沒有注意到。找公司裡的同事,請他們坦白告訴你,你的表現到底好不好,但別把話題侷限在工作上,試著考慮別的可能性,也許失敗和工作表現無關,而是因為主管比較喜歡那個人。

在去找主管以前,先以公司利益為著眼點,擬好要說的話。例如:「我一直盡全力為公司工作,要怎樣才會做得更好?」

在剛開始問問題時,用點迂迴的技巧較好:「以專家的眼光來看,你覺得做那個工作的人需具備什麼條件?誰來決定人選?」也許真正的決策者不是你的主管,而是比他更高階層的人。慢慢再把問題縮小到核心:「為什麼是那個人得到工作而不是我?」

這個問題不一定能得到真正的答案,萬一真正的理由錯綜複雜,你的主管可能會設法把他的選擇合理化,例如,吹噓你的對手有的那些經驗正是你缺乏的,而那些經驗是工作上絕對需要的。

這時候,你可以提一些「可能存在主管心中,但他不便主動提出」的

問題：「我的表現太差嗎？或者太自我？我有沒有做錯什麼事？」他會答：「喔，既然你提到這件事，我就順便說，以後你如何如何做會比較好。」最後，千萬別忘了問：「將來我得到晉升的機會有多少？」

參照你所得到的答案，開始擬定後續計畫，提醒自己針對長遠目標來考慮，這次遭遇到底是無法挽救的失敗，還是一個小小的挫折。假如這已經是第二次，那麼你要深思，自己是否被「雪藏」了。

另外，還要考慮這家公司是不是很值得而且適合你待下去？你有沒有得到公平的待遇？被晉升的人是否得到你敬重？當你完全了解被晉升前應具備的那些因素後，還願意努力去爭取嗎？

當然，別忘了自問：對我而言，所謂成功就是在公司中不斷往上爬嗎？你必須試著去了解，成功的形式絕不只一種。

要達到這個境界並不容易，因為想在競爭中脫穎而出，受到晉升的慾望深植人心，所以遭到失敗的痛楚才會那麼強烈。

怎樣管理你過去的同事

當你晉升為基層主管職務的時候，你首先面臨的一個問題便是原先的工作夥伴和同事一下子變成了你的部屬，而你成了他們的主管。這種角色的互換，不但你自己一時適應不過來，你目前的部屬也一樣。但是不適應本身就是一項挑戰和危機，你要謹慎面對，否則有可能把你多年努力所獲得的一個「轉機」平白無故地變成了人生的「危機」。

在你的那些舊同事裡，除了資歷比你短、能力比你弱的人之外，當然還有一些資歷比你久、年齡比你大、能力經驗也不比你差多少的人，此時你所面對的，已不是你新任基層主管的喜悅，而是由一些惶恐、心虛和歉疚所融合起來的綜合情緒，這種情緒是你以往所不曾擁有過的，這是造成

你緊張不安的主要原因。

當然，你也得自我反省及肯定，或許你不是最好的，在公司裡有人比你更優秀，但是既然你已坐上了這個位置，你就大可不必太惶恐、太謙虛──當然，你也不可以馬上變得冷漠而傲慢，讓人們感覺你晉升了之後有了官架子，不理人了。

在你沒有晉升以前，公司裡一定有一些和你特別熟悉及親近的同事。如果有的話，你要特別注意了。首先，在公開場合，你要變得稍微收斂一些，以免給別的同仁帶來太大的壓力；在工作上，則一定要「對事不對人」，不能給你熟悉的人任何禮遇及優待。而在私下，他們原本即是你的親密朋友，當然是應該維持以往的關係，這是合情合理的。

原來就和你不太合得來或不來往的同事，在你升了基層主管之後，你要主動地去接近他們。在你未當主管之前，他不理你，你也不理他，反正各做各的，原本就沒有什麼瓜葛，這沒關係。但現在不一樣了，你當上了他的主管，他可以依舊不理你，撥一下才動一下，但是你能忍受這樣的局面嗎？如果不能，你就得主動地化解你們以前的隔閡。其實將大事化小，原本就是做主管的一項基本訣竅，更何況那些原來與你不合或不來往的同事見你升了基層主管，雖然心裡不是滋味，最起碼他們也不想得罪你。如果你能主動地先去找他們，同時示好，那麼以前的任何誤會都可以一筆勾銷了。這有利於你以後工作的開展，也展示了你開闊的胸襟。

有下屬不服怎麼辦

對於你的晉升，總有一些人認為不公平或不合理，甚至認為這次的晉升應該是他，而不是你；或許是上面的人搞錯了，有可能是上面的人徇私偏袒。你升了基層主管雖然是事實，但總是有人不這麼想。他們主觀地認

為，這是一項錯誤、不公平及偏袒的晉升，上面的人一定會後悔、會更改，到最後，這晉升的人還是他，不是你。於是來自他們的抗爭、不合作，絕不是用理性及理論所能克服的。

時間是處理這一類糾紛的最好武器。其實你可以什麼事都不解決，只等時間過去，讓時間來證明他們的想法是不對的，讓時間來淡化他們原來的想法，漸漸接受你是他們主管的這項事實。沒有一種方法及一項武器能夠比時間能更有效地化解這一類糾紛和困擾。唯一值得要擔心的，不是時間這一項武器和方法失效，而是你自己撐不下去，被時間擊潰。

孤立是應付這一類問題的另一項有效的方法和武器。對這些有問題的人，你先不要急著消滅他，只要先把他孤立起來，慢慢地，不用你去消滅他，他自己就會瓦解的。孤立雖然不是一件很容易的事，但基於你是他們主管的有利位置，只要你在技巧上能有所發揮，這也不會是很難的。最糟的狀況是你孤立他不成，卻被他孤立了，到那時候在工作的上，就困難多多。

你要把你的業務放在工作上，只有出色的工作成績才能徹底粉碎那些飛短流長。

如何與下屬進行交談

與下屬交談是基層主管工作與應酬中經常的事，也是基層主管必須掌握的一門技巧。

1・善於激發下屬講話的願望

留給下屬講話的機會，使談話在感情交流過程中完成訊息交流的任務。

2·善於啟發下屬講真情實話

身為主管一定要克服專橫的作風，代之以坦率、誠懇、求實態度，不要以自己的好惡顯現出高興與不高興的態度，並且盡可能讓下屬了解到：自己感興趣的是真實情況，而並不是奉承的假話，這樣才能消除下屬的顧慮和各種迎合心理。

3·善於抓住主要問題

談話必須突出重點，扼要緊湊。要引導和阻止下屬離題的言談。

4·善於表達對談話的興趣和熱情

充分利用一切手段──表情、姿態、插話和感嘆詞等，來表達自己對下屬講話內容的興趣和對這些談話的熱情，在這種情況下，主管的微微一笑，贊同的一個點頭，充滿熱情的一個「好」字，都是下屬談話的最有力的鼓勵。

5·善於掌握評論的分寸

聽取下屬講述時，主管一般不宜發表評論性意見，以免對下屬的講述起引導作用，若要評論，措詞要有分寸。

6·善於克制自己，避免衝動

下屬發現情況後，常會忽然批評、抱怨起某些事情，而這客觀上正是在指責主管。這時，你一定要頭腦冷靜、清醒。

7·善於利用談話中的停頓

下屬在講述中常常出現停頓，這種停頓有兩種情況：一種是故意的。它是下屬為檢查一下主管對他談話的反應、印象，引起主管做出評論而做

的，這時主管有必要給予一般性的插話，鼓勵下屬進一步講下去。第二種停頓是思考停頓引起的，這時候主管應採取反問、揭示方法，接通下屬的思路。

另外，在業務時間進行的無主題談話，是在無戒備的心理狀態下進行的，哪怕是隻言片語，有時也會得到意外的訊息。

收服人心的技巧

主管跟下屬共事要注意收攬人心，因為只有這樣，才能更好地讓下屬心甘情願地為自己效力。

戰國初期名將吳起就很懂得收攬人心的技巧。

有一次，軍中一位士兵生了膿瘡而痛苦不堪，吳起看到這種情況，俯下身去用嘴把膿血吸乾淨，又撕下戰袍把這個士兵的傷口仔細包紮好，在場的人無不為大將軍的舉動而感動。

這位士兵後來將這事告訴了母親，老人聽後大哭不已。

別人以為是感動所至，老人的回答卻出乎意料。她說：「其實我不是為兒子的傷痛而哭，也不是為吳將軍愛兵如子而哭。前年，吳將軍用類似的做法吸過我丈夫的膿血，後來在戰爭中，我丈夫為報答將軍的恩德，奮勇作戰，結果死在戰場上。這次又輪到我兒子，我知道兒子命在旦夕了。我為此而哭。」

這位老婦人從以往的經驗，知道這種收攬人心的辦法可以使人為他獻出生命，因而對兒子的命運有不祥的預感。你看吳起屬不屬害？

「士為知己者死」，從人心收攬術上說，成功的祕訣也就在此，做到讓士感到自己是「知己」，那在人心收攬上就達到一種最高的境界了。這一

點，對於當今的領導者提高下屬的做事能力有著深刻的啟示。

如何對待能力不足的下屬

任何新任的基層主管都會發現，他的下屬中總有那麼一些人，儘管工作態度很認真，能吃苦，聽指揮，但工作總是做得不如別人好，有些力不從心。其中有些人常常變得精神頹廢，沒有熱情，自暴自棄，見人不敢抬頭。對這些人如果放棄不管，無論是對公司還是對他們個人，都是極大的損失。

一般的主管往往只垂青於那些才華橫溢、有突出成就的人，經常表揚他們，提拔他們，而很少注意這些能力低、成績差的人。這樣做實際上是不懂怎樣調度、培養人。因為在一個部門裡，才能出眾的畢竟只是少數，而才能平庸和低下的則是多數，如果扔下這些人不管，整個工作團隊素養就很難得到提升。那麼，怎樣幫助這些人呢？

1‧消除自卑感

人有了自卑感後，即使有能力也難以發揮出來。其實，除了少數能力特別突出的人外，其餘人的能力相差並不大。如果能讓他們增加信心，消除自卑感，他們甚至可以取得與能力強的人一樣的成果。所以，主管要親近這些人，多與他們進行互動，列舉他們的優點和成績，證明他們並不比別人差多少，也一樣可以做得更出色，從而激發了他們的上進心和自信心。

2‧為他們指點迷津

對這些下屬，需要比對別人多花一點精力。對其他下屬交代工作，交

代清楚就可以了；對這些人交代工作，要更明確、具體一些，不僅要交代任務，而且要教途徑、教方法，在其完成任務的過程中，要加強指導，幫助他們克服困難，清除障礙，使之不斷增加經驗，滿懷信心地發揮自己的才能。

需要注意的是，身為主管，你不能手把手教他們一輩子，必須在提高他們自身能力上下功夫。也就是說，對能力低的人，最好的辦法不是「餵」他們，而是想辦法使他們學會多動腦筋「自己飛起來」。

3・不要損傷他們的自尊心

能力低的人自卑感強，自尊心也很強。面對這樣的下屬，安排工作時不要損傷他們的自尊心。需要批評時，也要婉轉，否則容易使他們產生敵對心理，或從此自暴自棄，破罐破摔。

4・讓他們先出成績

安排工作時，找一些相對比較容易的工作讓他做，完成得好，出了成績，哪怕是小小的成績，立即表揚鼓勵，讓他們從自己的成功中看到希望，增強信心。隨著其能力不斷提高，對他們的要求應不斷提高。相信過不了多久，他們的能力就會有很大的提升。

5・必要時給點壓力

對於能力低的下屬，為他們指點迷津是必要的，但也不能因此而嬌慣他們，讓他們過於輕鬆。特別是當他們的能力有了一定提高之後，要時常給點壓力，或用語言「點」一下，或是用別人的事例「激」一下，或是在工作上適當「加點碼」，使他把壓力轉化為內在動力。

與頭痛型下屬的交往原則

有些下屬性格乖戾，令人頭痛，但身為新任主管的你必須坦然去面對，不能夠躲躲閃閃，因為這正是你建立威信的絕好契機。

與令人頭痛型的下屬交往要講究一定的策略，不能憑一時之快，那樣往往會把事情弄得更糟，同時也讓你的頭更加痛。下面是針對幾種常見的令人頭痛型下屬交往的技巧。

1 · 講大話的下屬

溫良恭儉讓，仁義理智信。也許是幾千年傳統的處世哲學對人的束縛太深了，以至於那些少數桀驁不馴、口出「狂言」而後又沒有成功的人往往成為人們譏諷和嘲笑的對象。其實這是極不公平的。

(1) 寬容

面對激烈的市場競爭，你的下屬對艱巨的工作任務不是瞻前顧後，怕這怕那，而是信心十足地去承諾並圓滿的完成，這本身就是一種負責任的、真漢子的工作態度。試想，如果一個人對事情連想都不敢想，說都不敢說，又怎麼可能去實現呢？當然，說出「大話」後由於種種原因沒有做到時，下屬內心的尷尬與痛苦是可想而知的。身為一個領導者，你應該寬容待人，去主動及時地安慰、鼓勵下屬，告訴他有些事情結果固然重要，但更要看過程，只要確實付出了，努力了，沒有成功也沒有關係，問心無愧，讓我們下次再來。

寬容下屬，不久你這位「明君」就會發現，當你的部門再有什麼更具風險、更具挑戰性的工作需要員工去完成時，下屬中保證不會出現逃避責任的「膽小鬼」，而一定是爭先恐後地「交給我辦吧！」

寬容下屬是對下屬的最好鼓勵，它對培養下屬的忠誠度很有幫助。

(2) 幫他打圓場

身為一個領導者，應該為講大話的下屬盡力地打圓場。比如：若他曾誇口說自己將完成大量的工作而實際沒有做到，應該在全體下屬的面前說明這麼多的工作一個人是絕對沒有能力可以獨立完成的。另外，還可以在其他同事面前重塑一下他的自信：交給他一項他力所能及的「艱鉅」任務，完成後再讚賞一番。如此也能有效地使人淡忘他曾犯的過失。另外，可以聯繫其他同事為他創造輕鬆和諧的氛圍，防止他在今後的工作中固步自封。

主管與下屬是榮辱與共的事業共同體，幫助下屬擺脫尷尬也是在幫助自己，同時還可以換來下屬的感激，何樂而不為呢？

當然，對待那些大言不慚、再三吹破牛皮仍洋洋得意的下屬，則要區別對待了。對這類下屬應該批評，其批評方法可參閱本章「如何批評下屬」。

2‧自私自利的下屬

這種人總是以自我為中心，不顧及旁人，一事當前，先替自己打算，以自我利益為最高利益，稍不如意，就會反目成仇。

與這類下屬交往的原則是：

(1) 滿足其合理要求，讓他意識到，你絕不難為他，該辦的事情都辦。

(2) 拒絕其不合理的要求，委婉地擺出各種困難，巧妙地勸其不要貪得無厭。

(3) 做事公平。把你的一切計畫、安排、利益分配方案等公之於眾，讓大家監督，使你自身從直接責任當中擺脫出來，以免他與你沒完沒了地糾纏。

(4) 曉以利害，講清貪小利失大利的弊害。

(5) 在可能的情況下，盡量做到仁至義盡，令他感激你。

(6) 必要時，帶動他幫助其他朋友，以體會助人的快樂。

3・爭強好勝的下屬

這種人狂傲自負，自我炫耀、自我表現的慾望很強，喜歡證明自己比你有才能，比你正確，輕視你，甚至也可能嘲諷你，想把你擠下去。

與這類型下屬交往的原則是：

(1) 不必動怒。自以為是的人到處皆有，這很正常。

(2) 不必自卑。你就是有再高的才能，也不會在各個方面超過所有的人，誰都既有長處，又有短處。

(3) 仔細分析下屬這樣表現的真實用意。一般下屬只有在懷才不遇時才會表露對主管的不滿。如確實如此，就要為之創造條件，展現才能。當許多重擔壓在肩頭時，他便會收起自己的傲慢態度。

(4) 如確屬自己的不足之處，就要坦率地承認，並予以改正，這樣他便沒有理由再嘲諷你。

(5) 不必壓制他。越壓越不服，矛盾會越來越嚴重。

(6) 對不諳世故者，可予以適當的點撥。語重心長、有理有據的談話可改變對方的認知。

4・自我防衛型下屬

這種下屬自尊心脆弱，特別敏感、多疑，特別注意他人的評價，唯恐主管對自己有不好的看法，一個不滿的眼色也會令其心事重重，悶悶不樂。對人存在戒心，缺乏自我安全感，心理防衛機制較強。

與其交往原則：

(1) 尊重他的自尊心，講話要謹慎，不可流露出輕視之意，多欣賞他

的才能，以此博其好感和信任。不要隨便否定他的努力及成績，
以防對你產生敵意。

(2) 切忌當他的面指責、挑剔別人，也許他會因此懷疑你也在背後議
論、嘲諷他，從而敬而遠之。

(3) 當他有困難時要多幫助他。少提建議，建議過多，會讓他產生一
種壓迫感，覺得自己什麼都不行，主管不信任他。你只要做給他
看，就達到了指導的目的，並會令他感謝你。

5・性情暴躁的下屬

性情暴躁的下屬往往缺乏文化修養，或存在反社會行為，其蠻橫無
理、蔑視權威、有恃無恐等習性就將對你構成較大的威脅。

與其交往原則：

(1) 這種下屬通常都比較講義氣，重感情，如果平常能真心將他視為
朋友，多方關照，他會感激並盡力報答你。

(2) 這種下屬通常頭腦簡單，你可在平日的談話中，引經據典、談古
論今、分析事理，吸引他向你的想法習慣靠攏。這樣，在他衝動
時，你才會有立場使他聽從你的建議。

(3) 不要忘了隨時讚揚他。這種下屬是自大狂，喜歡被人吹捧、奉
承，其膽大包天之舉經不起他人譏諷、否定。「順水推舟」的讚揚
才可產生「誘敵深入」的效果。

6・孩子氣的下屬

工作中，你常見不懂事理的下屬，這是因為年輕、經驗、閱歷、個性
修養等多種原因形成的。這種人不成熟，與之交往很難得到回報，你播下
的是「龍種」，收穫的也可能是「跳蚤」。他不領會你的真實用意，有時
還會聽信別人的調撥，與你離心離德。

與其交往原則：

(1) 不要對其求全責備，用「人無完人，金無足赤」來寬慰自己，力求理智。

(2) 多尋找與其互動、溝通的機會，把你的思想、見解在自然的交往中滲透進去，以免由於缺乏了解而產生誤會。

(3) 始終不渝地用你的真誠、善良去感化他，不要動搖，他畢竟是可以成熟起來的人。

(4) 不失時機地向其傳授社會經驗和社會交往知識，幫助他加快社會化的進程。尤其是對青年，這種指導更是極為必要的。

7·自以為是的下屬

在辦公室裡，你會發現有愛挑主管毛病的下屬。他們自以為是，對你的所作所為做出各種非議。甚至一些無關的小問題，他們也會加油添醋，故意渲染，危言聳聽。令人啼笑皆非之處在於，這種人貌似忠誠，似乎的確為你著想。他們所受的教育及生活環境無形中給他們加上了許多框子，束縛其眼界和手腳，其思想狀況、心理素養都比較拘謹。這種人活得很累，很難，放不開自己，無法輕鬆地生活。

與其交往原則：

(1) 檢查自己是否有不注意細節的地方。

(2) 引導他們多參加各種社交活動，接觸的生活面越寬廣，他們的思想也會越解放。

(3) 多徵求他們的意見，了解其內心活動，以便有針對性地採取行動。

(4) 就其最不合理的某個觀點發表評論攻其一端，讓他有自知之明。

(5) 不能排斥這種人，他們最易成為你忠誠的朋友。這種人不虛偽，能以真心待人。

8‧婆婆媽媽的下屬

絮絮叨叨,沒完沒了,這種類型的人以女性居多,因為其心理素養差,承受能力有限,遇事就忙成一團,無法穩定,心態動盪,有時真是吵得你心煩。

與其交往原則:

(1) 事先把該交代的都要講得一清二楚,不要留下漏洞,以免他做更多的詢問。還可把有關要求形成書面資料,令其查閱,多用眼,少用嘴。

(2) 在他嘮叨時,千萬不要發怒,要盡力以冷靜的微笑對待,既表示尊重,又使他不知你的底細。

(3) 你的回答必須有分量,令其心服。有了信任感,他便會言聽計從。

(4) 搞清情況後再發言,絕不能出爾反爾,因為這樣的習慣會給他留下討價饒舌的餘地。

(5) 注意你的風度,穩重、豁達的舉止如鎮靜劑,可產生威懾力量。

如何化解與下屬之間的矛盾

在這個世界上,矛盾無處不存,無所不在。新任主管無論如何優秀,與下屬都會存在或多或少、或大或小的矛盾。主管與下屬有矛盾是正常的,沒有矛盾反而不正常。新任主管的水準、個性、管理才能及領導藝術,恰恰就體現在這裡。

1‧正確地了解矛盾

正確了解矛盾,除了承認矛盾存在的正常性外,還要承認你與下屬的矛盾是工作上的矛盾,是「人民內部的矛盾」。

2・把矛盾消滅在萌芽狀態

上下級相交往，貴在心理相容。相互在心理上有距離，內心世界不平衡，積怨日深，便會釀成大的矛盾。把矛盾消滅在萌芽狀態並不困難。

(1) 見面先開口，主動打招呼。
(2) 在合適的場合，開個適當的玩笑。
(3) 根據具體情況做些解釋。
(4) 對方有困難時，主動提供幫助。
(5) 多在一起活動，不要竭力躲避。
(6) 戰勝自己的「自尊」，消除彆扭感。

3・允許下屬發洩怨氣

主管工作有失誤，或照顧不周，下屬當然會感到不公平、委屈、壓抑。不能容忍時，他便要發洩心中的牢騷、怨氣，甚至會直接地指斥、攻擊、責難主管。面對這種局面，你最好這樣想：

(1) 他找到我，是信任、重視、寄希望於我的一種表示。
(2) 他已經很痛苦、很壓抑了，用權威壓制對方的怒火無濟於事，只會激化矛盾。
(3) 我的任務是讓下屬心情愉快地工作，如果發洩能令其心裡感到舒暢，那就令其盡情發洩。
(4) 我沒有好的解決方法，唯一能做的就是聽其訴說。即使很難聽，也要耐著性子聽下去，這是一個極好的了解下屬的機會。

如果你這樣想，並這樣做了，你的下屬便會日漸平靜。第二天，也許他會為自己說的過頭話或當時偏激的態度而找你道歉。

4・善於容人

假如下屬做了對不起你的事，不必計較，而且在他有困難時，你還不

能坐視不管。

(1) 盡力排除以往感情上的障礙，自然、真誠地幫助、關懷他。

(2) 不要流露出勉強的態度，這會令他感到彆扭，不感激你不合情理，感激你又說不出口，這樣便失掉了行動的意義。

(3) 不能在幫助的同時批評下屬。如果對方自尊心極強，他會拒絕你的施捨，非但不能化解矛盾，還會鬧得不歡而散。

得饒人處且饒人，容人者容於人，很快忘掉不愉快，多想他人的好處，才能團結、幫助更多的下屬。他們會因此而重新認識你。

5・不要剛愎自用

出於習慣和自尊，主管總喜歡堅持自己的意見，執行自己的意志，指揮他人按自己的意願行事，而討厭你指東他往西的下屬。

當上下級出現意見分歧時，用強迫的方式要求下屬絕對服從自己，雙方的關係便會緊張，出現衝突。戰勝自己的自信與自負，可用如下心理調節術。

(1) 轉移視線，轉移話題，轉移場合，力求讓自己平靜下來。

(2) 尋找多種解決問題的方法，分析利弊，令下屬選擇。

(3) 多方徵求大家的意見，加以折中。

(4) 假設許多理由和藉口，否定自己。

6・發現下屬的優勢和潛力

身為主管，最忌把自己看成是最高明的、最神聖不可侵犯的人，而認為下屬問題多，一無是處。對下屬百般挑剔，看不到長處，是上下級關係緊張的重要原因。研究下屬心理，發現他的優勢，尤其是發掘他自己也沒有意識到的潛能，肯定他的成績與價值，便可消除許多矛盾。

7‧消滅自己的嫉妒心理

嫉妒是一個可怕的魔鬼，人人都討厭別人嫉妒自己，都知道嫉妒可怕，都想設法戰勝對方的嫉妒。但唯有戰勝自己的嫉妒才最艱難，最痛苦。下屬才能出眾，氣勢壓人，時常提出一套高明的計策，把你置於無能之輩的位置。你越排斥他，雙方的矛盾就越尖銳。爭鬥可能導致兩敗俱傷。此時，只有戰勝自己的嫉妒心理任用他，提拔他，任其發揮才能，才會化解矛盾，並給他人留下舉賢任能的美名。

8‧不當軟柿子

對有些實在不知高低進退的人，必要時，你必須予以嚴厲的回擊；否則，不足以阻止其無休止的糾纏。和藹不等於軟弱，容忍不等於怯懦，優秀領導者需精通人際制勝的策略，知道一個有力量的人在關鍵時刻應自己維持自尊。唯有弱者才沒有敵人，凡是有必要的戰鬥都不能迴避。在強硬的主管面前，許多矛盾衝突都會迎刃而解。偉人的動怒與普通人的區別在於是否理智地運用它。

盲目地和藹與一味地容忍，你將威信全無，被人當軟柿子般捏來捏去。

批評不妨轉個彎

人人都喜歡聽順耳的讚美之聲，而對批評卻難以接受，尤其是有第三者在場的批評，受批評者更覺得丟面子、難堪。但如果一個人犯了錯誤，影響了工作或者人際關係，不批評不指出其問題，很可能會帶來更多的損失。怎樣批評才能不傷害對方，又能使對方心悅誠服地接受批評，改正錯誤呢？大量的心理測驗表明，運用隱語，委婉含蓄地批評是一種行之有效

的辦法。

有一回，美國總統柯立芝發現女祕書的工作態度不盡如人意，打算對她提出批評。柯立芝對她說：「你今天穿的這件衣服真漂亮，你真是一位迷人的年輕小姐。」這話來得太突然了，因此那個女孩子滿臉通紅，不知所措。接著柯立芝又說：「你很高興，是嗎？我說的是真話。不過另一方面，我希望你以後對標點符號稍加注意一些，讓你打的文件跟你的衣服一樣漂亮。」

試想，如果柯立芝直接批評祕書，說她的工作怎樣的不認真，連標點符號也隨便丟掉，這樣的批評效果肯定會使祕書陷入困境，她可能會因此大哭一場，甚至鬧起情緒，工作效果肯定還會受到影響。

如何對待年長者

如果你是新任主管，一定會有這種體會：

年輕的下屬還容易應付，至於年長者可就棘手了。某大企業的新任主管曾這麼嘆息道：「他們說：『像你們這樣的特快車就先開吧！我們這種慢車只有在慢車道等著，你們好好做，我們在後面跟著。』如果待在那裡不動的話，實在拿他們沒辦法。」

確實是很難！因為他們認為，公司擅自推翻了按資歷升遷的先例，著實背叛了與他們的協議，同時也辜負了他們對公司的期待，所以他們便將此怨恨朝向新任主管發洩，使他左右為難。

這樣的情況下，該如何是好呢？

最基本的還是前述的傾聽法，也就是活用「煩惱說給人聽會減半，喜悅說給人聽會加倍」的原理，對於年長下屬的憂煩、怨恨、悲傷、不平不

滿的心結不要覺得麻煩,安排幾次機會聆聽他們傾訴,如此一來,他們心理上的壓力自會舒減,就能客觀、冷靜地反思自己的工作能力、意願及業績,對於親自聆聽自己牢騷的年輕主管一定也會心存好感。

此刻,你可多加詢問其過去的工作狀況,附和著他們的話,並以客氣的言辭與其交談,他們的態度就會變得非常溫和。

第二個方法則是,不僅在工作上,有關人際問題、社會經驗等,都可以向年長者請教。儘管在公司中你是他們的主管,但是你還是以完全尊重長者的姿態向他們請教,他們也會產生滿足感。

第三個方法非常有效,就是在年長或資深的下屬中找出具有非正式領導地位的人,讓他和你站在同一陣線上。就算他因為運氣不佳無法謀得一官半職,但是實力還是有的,用這種人作助手,有關工作和團體運作方面甚至於任何事都可以找他商量,徵求其意見。這不是一種由公司任命的職位制度,但可以認為是一種非正式的職位制度。假使年長者人數眾多時,只要你牢牢地掌握住這個助手,工作起來便能駕輕就熟。而對於不好開口的事也可請其代言或帶頭,你將發現非常有效。

勿吝於提攜後進

當你在社會上做過幾年事,或許你已升為主管,或許你在專業知識上已由「菜鳥」變成「老鳥」,或許你在人生經驗上已由青澀而成熟,或許你經營企業,而且已有相當好的成就。

這個時候,也許你已經 40 歲,或是才 30 歲;但不管幾歲,離你生命自然終止的那一天還有很長的時間,而且你也尚未到達生命的巔峰,為了還要走過這麼長一段路,職場高手建議你不要吝於提攜後進。

提攜後時的好處有二:一是讓一個有才能的人能好好發揮。二是這個

被你提攜的人將成為支持你的力量。

前一個好處有「為社會和團體舉才」的意義，至少也幫了個人；而一個「提攜」的動作，一定會有程度不同的第二個好處，也就是於情於理，被你提攜的人都會給你提供與眾不同的支持，因為他欠你一份情，而這一份情他總是要還的。

某集團公司的總裁就很會提攜後進，他在當總裁前在公司的許多部門待過，很多人因他而提拔。後來碰上高層變動，曾受過這位總裁提攜的人一致為他聲援，展現了他驚人、龐大的人際交往能量。

這裡所謂的「提攜」，方式有很多種。

- 升他的職位。這是最明確、也最為人所認同的提攜，但也要看他的才能，扶不起的阿斗反而會害了你自己，成為你的負擔。
- 調整他的職務。這不一定是升官，但卻可讓他的才能發揮，而不致「悶死」。
- 給他助力。例如不綁他手腳，讓他可以獨立自主地做事，以便磨練他的才能。
- 替他解決困難。一分錢可以逼死英雄漢，如果某人真是英雄，那麼就幫他解決困難吧！
- 幫他脫離危險。在懸崖前拉他一把，明告他、點醒他或暗示他，讓他免於毀滅或受傷。
- 鼓勵他。在他灰心的時候，遭到橫逆的時候，被小人打擊的時候，在精神上支持他、鼓勵他，讓他振作起來。

不過，在提攜後進時，你也要有心理準備。

- 承擔風險的心理準備。看人不可能百分之百準確，有時也會把庸才看成將才，也會因個人的好惡而把惡狼當家犬，因此你提攜了他之後，有時候會有被拖累、背叛的危險。

- 承擔流言的心理準備。「提攜」的動作如過大過廣，會被人認為是在培植勢力，甚至引起別人的反感和抵制，在大的團隊（如政府單位和大企業）裡，這種情形尤其常見。

很多企業家、政治家一直有忠心耿耿的下屬追隨，都是因為他們樂於提攜後進，用情綁住了他們，利己也利他！所以，如果你有能力、有條件，那麼就伸出你有力的雙手吧！

謀求更大的發展

處於權力金字塔頂峰的人畢竟屈指可數，一般人在工作場所，即使自己身為領導者，你的上面還有或多或少的主管，怎樣與自己的上級主管相處，是謀求更大前途的重要前提。

1·報答知遇之恩，獲取更多關照

飲水思源，知恩圖報，這是傳統美德，也是進一步升遷的前提。你的主管之所以提升你，一般是因為他賞識你，有意對你進行培養，所以才會使你從普通的職員中脫穎而出，成為領導者。

除非你占據了最高權力，否則，任何領導者也都有主管，因此你在做主管時，你的主管也在對你進行檢測、考察、舉薦和提攜。

所以，一方面你必須處理好與主管的關係，如果對提拔你的上級有默契的知恩圖報意識，你就會得到更多的器重和關照。當然，報答形式可以是物質上的，也可以是精神上的；可以是工作上的，也可以是生活上的。

但另一方面也應該看到，雖然你的升遷是由於主管對你的器重，但你也不必過分感激、報答過了頭。如果你總是為知遇之恩而失去主見，為主管所束縛的話，你的工作就不會有更大的獨創性，你自身的主管才能就可

能被扼殺。

主管提拔你之後，為了證明他慧眼識珠，他會要求你拿出卓越的成績來。這時如果你憑藉自己的才能做出了非凡成績，會令主管非常滿意。因為這說明他對你的提拔是正確的，證明了他在考察、選拔人才上的能力，這是足以令他引以為自豪的。

2·贏得主管讚賞，謀求更大發展

與上級主管的人際關係直接影響著你的發展前程，上級主管在許多方面影響著你的工作環境，因此與上級主管處好關係，對工作能否順利進行有著密切關係。

在與上級主管的關係中，與直屬上級的關係最為重要，因為幾乎你所有的工作都必須在他的支持下方能完成。

當你初次擔任主管時，上級主管對你的支持與理解是你可靠的心理基石，上級主管對你的評價可以使你了解自己在工作過程中的優點和缺憾，以增強你的自信。

有同樣才能的人在走上相同主管職位時，由於與上級關係的不同，會產生截然不同的兩種後果。

例如，有位朋友蕭君在某日用品工廠被提拔為生產部主任。他自認為學歷、才華在該部門都是最優異的，因此信心十足。但蕭君有一項致命缺陷，就是不善與主管溝通，主管並不了解他的想法，也無從給予他支持。後來工作上頻頻出現麻煩，蕭君感到壓力很大，於是主動提出離職申請，上級同意了。

蕭君的失敗主要是由於沒有處理好與上級主管的關係，使自己的工作環境受到很大的限制，自身能力發揮不出來，從而影響了自己的前途。

蕭君離職後，另一位同事王某接替他上任。

　　王某最大的優點在於善於處理人際關係。他與上級經常交流想法，很快就贏得了上級的認可與讚賞，因此對於他在工作中的一些大膽的作法給予很大的支持，工作也獲得了巨大成功，整個部門運作良好。

良禽擇木而棲

　　良禽擇木而棲，韓信捨項羽投劉邦，成就了一番豐功偉業。跳槽並不是什麼難堪事，「君不賢，則臣投別國」，棄暗投明是你的權利。

　　當初面試的時候，那似乎是一個理想的職位，處處符合你的要求，你甚至以為自己終於找到一份好工作。你把全部心思放在公司裡，希望一展所長，可是，你卻發現現今自己所做的，卻是一些很瑣碎而毫不重要的事情，換言之，你被拋到一個閒置的位置上，本來主管答應交給你具有挑戰性且有創意的工作，竟被分派給其他同事瓜分，你很生氣，是不是？

　　人在氣憤當中，往往會做出很衝動的事情，所以在你未採取行動向主管遞辭職信以前，還須三思，如果你是首次在這個產業發展，對很多事情仍感到陌生，你需要多做、多問、多學習，故而不該養成練精學懶的性格，更不可以斤斤計較，能夠有機會讓你深入了解自己的工作，什麼事情都讓你動手去做，這是你的福氣。

　　相反，如果你對現今的工作不感興趣，無法從中獲得成就感，最令你耿耿於懷的是，你的工作性質根本與你想像中的相差太遠，例如：面試之時，主管答應讓你任他的私人助理，結果其他同事把你當做勤雜看待，事無大小，都叫你去跑腿。遇到這種不合理的現象時，你應該直接跟主管談談自己的感受與想法，事情可能會有轉機，主管開始重視你的價值。

　　如果你遇到下列情況，便要特別注意，也許這就是你跳槽的理由。

(1) 經營不善，老闆沒有眼光。

(2) 經營不透明，老闆把公司當成私人物品。

(3) 有能力的人紛紛辭職，無能力的人受到重用。

(4) 中層主管萎靡不振。

(5) 高層主管獨斷專行。

總之，當今社會是一個開放性的社會，工作也是一種雙向的選擇。老闆有權選擇你，你也有權選擇老闆。

跳槽之際在此時

經濟和社會的迅速發展，客觀上為今天的人才提供了更大的選擇自由和發展空間，跳槽逐漸成為大多數人職業生涯中的必然經歷之一。如同逆流而上的魚，跳槽既是一次新的冒險，也是為人生獲得新的營養和創造不同價值的機會空間。

為了幫助人們把跳槽的機遇價值發揮到極致，專家們研究總結出了以下一些建議。

1·春季跳槽總動員

跳槽現象可能隨時出現在我們身邊，但由於天時、地利等各種原因的撮合，春天理所當然成為最適合跳槽的季節。

其實，有意招賢的公司和有心跳槽的職場員工早在去年年底便開始悄悄地行動了，只不過那時還只是冰雪覆蓋下的暗流湧動，到春暖花開時節，一切才浮出水面，真相大白。

本來在一所大學教授英語的方小姐打算換到外企工作。年前，她便向看好的幾家公司投送了簡歷，果然，節後上班沒幾天，就有三家公司通知

她去面試。方小姐說，之所以選擇在春天跳槽，是想以一個嶄新的精神面貌開始新的一年，而且春天也有利於新舊工作職位的交接。

俗話說：「人挪活，樹挪死。」換種方式生活，調整工作空間，永不滿足現狀，勇敢地追求實現自我價值的最大空間，是白領人士普遍的跳槽心態，而春天的氣息似乎更容易激發出人們改變現狀的勇氣。

2・跳槽，如何跳得更高

面對跳槽季節的誘惑與選擇，有的人能夠如願以償，越跳越高，有的人卻鬧得人仰馬翻，重重摔一跤。如何做到理智跳槽？

三思而後跳。一般公司在應徵時，對應徵者的資歷背景一般都有極其嚴格的要求，他們不喜歡頻頻跳槽的應徵者。某知名企業的人事經理說，很多人的跳槽是盲目的，沒有經過深思熟慮，對市場中的需求狀況也不了解，往往出於意氣用事，見異思遷，追求高薪水或定位不準。因此，在人才市場中，大部分人不是越跳越高，而是越跳越糟。

跳槽在今天的職場雖是司空見慣的事，但求職者在確定跳槽之前，還是要確定自己到底為什麼要找新工作，三思而後行。弄清楚想換工作是因為性格不合，還是環境因素或人事問題。什麼工作都會有壓力，有時我們必須學會應付、適應環境，不妨留在現工作職位觀察一段時間，看它到底是否適合你。

跳槽者還應對於準備加入的產業做充分的了解，切忌盲目地一哄而上。

設計「跳高」的理想目標。跳槽不應只是對高薪或高一級職位的追求，而是對職業生涯進一步發展的追求。越跳越高，高的不僅僅是薪水和職位，更重要的是，使你的職業生涯步入更高階段。每一次跳槽，都應該對自己的職業和發展目標做重新設定。

　　如果你已經下定決心換一個工作，不妨藉此好好思考一下未來的職業發展道路，確立一個適合自己的方向，然後在此基礎上去挑選新的工作職位。當你對前途感到徬徨的時候，可以求助職業諮詢顧問，或者去做一個職業素養測試，了解自己，準確定位。

3・跳槽要善始善終

　　人過留名，雁過留聲，離職也應該走得瀟灑，尤其是當你所換的工作仍屬本產業，或是仍然在原來的城市工作時，以下幾點提示或許有助於你從容離去。

　　管住舌頭。也許在離開原公司時你很想一吐為快，出一出長期以來積壓的怨氣，但明智的做法是管住自己的舌頭。不要在任何人面前抱怨自己在這裡受到了不公平的待遇，更不要公開批評主管，或刻意煽動其他員工離職。最忌諱的則是預測公司前景黯淡，仍然留在公司的人有誰願意聽到此類評論呢？

　　別隨便帶走原公司的「資源」。對於掌握原公司「商業機密」的人來說，這一點尤其重要。有的人事部門會在勞動契約中規定，掌握本公司商業機密的員工，在勞動契約解除後的一定期限內，不得再生產同類產品、經營同類業務或在有競爭關係的其他公司任職，或者自己生產、經營與原公司有競爭關係的同類產品，或經營同類業務。有的企業則會要求離職員工簽訂一份「競業避止」的協議。不要將這些規定和協議置之不理，違背它們也許會帶來法律上的糾紛。

　　所以，離職時不要拿走任何資料，甚至連名片夾也不要帶走，而只應拿走屬於自己私人的用品。

　　做好交接工作。把你的公務和客戶開出一份清單，把有關的文件信函清理分類，盡可能給你的接任者提供最大的便利。在可能的情況下，幫助

接任者熟悉工作，將手頭正在進行的各項工作交接清楚，不要提前或不負責地撂挑子。

退一進二，海闊天空

跳槽，常常不僅意味著工作單位的改變，許多人還會藉此「改行」，職業生涯中的「退一進二」策略便是針對這樣一些人而言的。「寧可收入減少，也要轉投他行。」這樣的建議也許並不討人喜歡。但在職場中發展就如同爬樹一樣，當發現自己所攀援的枝幹已經腐朽，或者它不能帶你到達希望的目標時，唯一可做的事就是退下來，換一個方向繼續爬。

有時候，產業轉換是不可避免的。世界經濟正在飛速發展，新的商業模式及新的職位不斷出現，同時也有許多職位遭到淘汰，誰也無法保證10 年之後自己不換工作。在這種情況下，一個人需要不斷掌握新的工作技能以適應新的工作機會，這其中當然要付出相應的代價，問題的關鍵是這一代價是多少，以及是否值得。

讓一個人放棄所熟悉甚至已有成就的領域而轉投他行確實不易，不但要從頭學起，從頭做起，而且還要承擔經濟上的損失和精神上的壓力。但如果將這些都看做是投資的話，整個事情就變得相對簡單：你並不是在換工作，而是在對一新領域進行投資。

轉換產業就像另選樹幹往上爬，還有一個退下來的過程。在這一過程中，收入的減少和職位的降低有時候很難避免，但只要再選的方向正確，這一現象將只是暫時的，超越舊有職位與薪水只是時間問題，所謂退一進二，即是此意。

當然，在舊「樹幹」上爬得越高的人，退下來轉新「樹幹」的難度也就越大。一個人不管在舊樹幹上爬得多高或多低，只要認為轉化方向是必

然的選擇，就千萬不能猶豫。等待、觀望的時間越長，所付出的代價也就越大。相反，越是及時做出反應，其相應代價的可控制程度也就越高。

不要為找工作而找工作。人們在求職時首先想的往往是找一份好工作，其實，找一個好的公司更為重要。好的公司往往會產生出真正好的工作，能夠為優秀人才提供更大的發展空間。所以，在轉換門庭之際，除了對新公司的產品、服務類型及發展趨勢進行考察外，還要盡量去那些具有一流人才、一流管理、社會形象好的企業中尋找工作。並非大公司才有更多的發展機會，大公司能給你提供的可能是完善的制度、完善的福利保障，以及比較優越的工作環境，但是論發展機會，中小公司可能更具優勢，因為中小公司具備很大的成長空間。

變個臉讓心情下班

許多人會不自覺地把工作的情緒裝在公文包中一起帶回家。所以進了門，當家人自你手中接過公文包，也就接收了各式各樣的工作情緒。

不幸的是，多半的時候，這些情緒都是令人不悅的。

而當家人被我們的工作情緒所影響時，就成了被遷怒的無辜受害者。你親愛的家人當然應該得到更好的待遇。但很多人會說，這道理我也懂，可是就是做不到，怎麼辦那是因為已忙昏頭的你，忘記該每天做「變臉」練習了。 從職場換到家中，物理情境改變，心理情境也需同步轉變。換句話說，身體下了班，心情也得下班。

讓心情下班的方法，請試試下面的變臉練習。

- ◉ 回家途中，聽聽輕鬆愉快的音樂，並且不再想公事；
- ◉ 到家時，先別急著進門，四處望望房子周圍及社區鄰里，看看今天有無不同以往的改變（門前的樹開花了，隔壁賣場正在進行低

價促銷……）；

⊙ 做幾個深呼吸，把工作壓力帶來的慌亂排除，以免不慎帶入家門；

⊙ 想想家人們今天的活動內容（另一半下午去看父母親，小孩今天
參加演講比賽……），一見面，你就知道該從哪個部分打開話匣
子了。

這樣變臉後，讓工作的歸工作，家庭的歸家庭，你就能兩相得意。

情場心想事成

　　愛情的悲劇有兩種：一是得不到，二是失去了。得不到，很多時候是我們沒有掌握得到的藝術；失去了，很多時候是我們不懂善待的方法。

不要怕，只要信

從前，英國有一個爵士，他一生情場得意，風流韻事無數。大家都知道他有一根特殊的手杖，他只要握緊手杖的頂端向一個女人注目，那個女人就意亂情迷，把持不住。他憑著這根手杖，幾乎戰無不勝，攻無不克。爵士在晚年時自己透露祕密，那不過是一根極其平常的手杖罷了，一點也沒有特別的地方。他知道女人都相信那個傳說，對它自動消除了心理的防線，而他一旦手杖在手，也就確實充滿了自信，增加了勝算。

心理作用能產生極大的力量，你如果確信那件事情必然發生，最後它果然發生；你如果確信某件事情可以辦成，你會最終辦成。有一次在戰場上，戰爭的情勢逆轉，指揮官下令撤退，軍隊依照他們平常所受的訓練在敵人的火力下快速運動。有一個士兵中彈倒地，血流不止。他對戰友說：「我不行了，我受傷了，我要死了。」他的戰友用十分堅定的語氣說：「你沒有受傷，你身上的血是從別人的傷口黏來的，你可以跑得比我更快。起來！我們趕快脫離戰場。補充彈藥，捲土重來。」

那位受傷的戰士竟一躍而起，比中彈以前更迅速敏捷，終於安全地撤離，最終躺在後方醫院裡接受療養，恢復健康。在戰場上這樣的奇蹟幾乎每天都會發生，每一個老兵都是證人。

在情場上，我們沒有必要學習那位英國爵士「風流韻事無數」，卻必須擁有他那根「特殊的手杖」—— 在面對我們所鍾情的她（他）時，我們要相信自己能征服對方。

讀懂女人心

有些男人為了獲得女性的芳心而處心積慮、機關用盡，這並不是本書

所提倡的方法。但在追求自己的終生幸福時，男人必須讀懂得女性的心，投其所好，方能提高勝算。

1‧多數女人希望別人誇她漂亮

人人都喜歡聽讚美的語言，女性在這方面表現得更為突出，她們會從人們的讚美恭維中得到被認同的快感。一個時常被人誇獎漂亮的女孩其自我感覺要比別人好些；相反如果一個從小就被人稱為醜小鴨的女孩，她的自尊心一定受到過傷害，長大後性格內向，有一種自卑感。懂得女性的心理，要想獲得被鍾愛的女孩的青睞，你就得經常誇她漂亮。古語曰：女為悅己者容。你的女友為了你在鏡子面前化妝半天，為了你每次約會都要換一身新裝，那麼你見到她難道不應該由衷地讚美她幾句嗎？

女人非常依賴於情愛，她永遠也不會嫌你的讚美太多。盡量讚美她吧！無論是她的容貌、髮型，還是衣著，請你對她說，她是你所見過的最完美的女孩，即使她明知你在恭維她，心裡也會美滋滋的。

2‧女人喜歡給人以小恩小惠

男女在贈送和接受禮品方面是有細微差別的。女人向男子贈送有價值的禮品，表示她樂意信賴他的意思。女人把禮物的價值看得比實際的價值更大，並樂意接受禮物。她首先把禮物看做是尊重的表示，或是獻殷勤。因此，女人既喜歡別人給她一些小紀念品，她也喜歡送給男友一件小禮物，首先把這看做是她的一片心意。如果其男友不把她送的小東西當回事，她一定會失望。聰明的男子在接受女的禮品時，一定不要忘了給她一個深情的吻。

3‧尊重並了解她

女人喜歡別人傾聽她，她希望自己的感情，即使是有些孩子氣的或是

不合理的，也能對男人起作用。她常常需要受到保護、關心、照顧，以便感覺到自己是女性。她希望別人尊重她，了解她。女人的內心很容易受到傷害。比如女孩花了一下午做了一頓豐盛的晚餐，等候男友一起享用，可其男友到了之後卻說他已經在外面吃過了，不想再吃了，這時女孩一定備感傷心。聰明的男人，則會對女孩辛勤的付出給予溫情的回報。

男友出差從外地給女友帶回一件她十分喜歡的小禮物，女孩會十分感激，說不定會給你一個真誠的熱吻。學會尊重女孩，注意了解女孩，你的愛情定會充滿溫馨！

4・與她的利益相一致

大多數女性都認為，一個與她有相同觀點或利益，並幫她達到某種目的男人，將是一個值得信賴的人。因此，她們對這樣的男人容易產生親近感，並把心交給他。 一般來說，得理不饒人的男性會使女性不悅。如果一個女同事沒有完成工作定額，你直接地批評她，一定得不到她的好感。你應該在工作和團體不受影響的前提下，多站在她的立場上想一想，盡量給她以方便：「好吧！既然你已經有了約會，我也不勉強你了，趁頭頭們還沒有回來，你趕快走吧！」這是一部分女性最喜歡聽的話，男性應有這種予人方便之心。

當你和她在一起時，經常把你和她說成「我們」，不知不覺中，她的心就會莫名其妙地傾向你了。 女性一般警戒心很強，如果你與她有同一目標，比如你們都對某個同事的行動不滿等，你就會很容易地被接受。

5・留意她微小的願望

女人一直以為男人是健忘的。因此，她若無意中脫口說出她感興趣的事情時，你卻始終記得牢牢的，當有一天你又向她提及此事，她定感動不

已。對女性來說，如果你對她某種微小的願望都能了解並盡最大可能去幫她實現，她一定感到你是最了解她的，是最可依賴的，因而對你更加親近。

6 · 向她吐露心事

女人愛男人的陽剛之氣，這話說得不錯，剛強和勇敢是男人的特徵。但男人在剛強和勇敢的前提下，也擁有情感和溫柔。

許多書上都談及一個奇怪的現象，女人愛上一個男人，往往是愛上他脆弱的一面。這個現象的深層原因可能是女人天生的母性所致。一個男人在他要好的女人面前，很容易流露自己的隱衷，而且是自然而然的，女人對這樣的男人通滿同情，甚至為之掬一把眼淚。常言道「男兒有淚不輕彈，只因不到傷心處」，男人是不會掉淚的。不到真情處，男人不會對女人吐露自己的隱衷。女人容易被這樣的男士征服。

7 · 注意她服飾的微小變化

對女性來說，如果有人發現她身上的微小變化，她就會有一種被認同的滿足感。女孩常常對男友不滿，其中最常見的是，當她從美髮廳出來，燙了一個新髮型，或新買了一件漂亮的衣服，興致勃勃地等待男友讚美的時候，她的男友卻好像視而不見的樣子。這時她可能生氣地說：「喂，你到底發現沒有，我是不是哪裡跟以前大不一樣了？」不然就跟你生悶氣，搞得你不知究竟哪裡得罪了她。

女人喜歡追求時髦，愛美是她們的天性。如果女友今天換了髮型或服飾，你稱讚她幾句，她定會十分開心。她認為你時刻把她掛在心上，時刻注視著她，她感到滿足了，而不會突然「狂風大作」，或獨自生悶氣了。細心的男人根本不用她提示，就會發覺女友身上的微小變化。這樣，你們

之間的感情就會十分融洽。

女追男，隔層紙

俗話說：男追女，隔座山；女追男，隔層紙。但這薄薄的一層紙，對於女孩來說，捅破的難度絲毫不亞於翻過一座「山」。女孩若想讓自己心儀的男孩拜倒在自己的石榴裙下，還是需要花一定心思。

1．把握機會

傳統的觀念，向來是男孩主動向女孩追求。但現代社會提倡男女平等，女孩若碰到你喜歡的男孩，同樣應該大膽追求，切莫錯過良機。

一般來說，機會如果沒有適時地把握住，待到時不再來，就後悔莫及了。如果你有緣碰到心目中的白馬王子，切莫錯過良機。比如在電梯中你有機會與同一個印象很好的人多次相遇，或是上班的路上幾次碰到同一個人，你可以主動與他搭話，儘管你們的交談十分簡單，但有了第一次的交談，說不定你就邁出了戀愛的第一步。所以當你發現一個自己喜歡的對象時，你必須悄悄地接近他，然後設法與之搭訕：

「我們以前好像見過，好面熟啊！」

「請幫個忙好嗎？」

諸如此類的話，你不必在乎有沒有意義，不妨都大膽地講出來。話題本身是引子，目的是進一步與他結識。

2．巧妙暗示

也許你不太習慣主動和一位陌生的男子交往，這時你可以採用另外一種形式，就是以巧妙的方法暗示對方，如果對方理解了你的意思，一定會

反過來主動與你交談的。

眼睛是心靈的窗口。給對方暗送一個秋波，一個神祕微笑，一副害羞的表情，都會引起異性的注意。如果他理解了你的用意，就會主動過來接近你，這樣你就成功了。

3‧打消顧慮，大膽追求

當你遇到一位自己喜歡的男子時，在什麼都沒有開始的時候，你要是認定人家不一定喜歡你，那就真的失去了。有的人剛開始就想「如果被拒絕了，那該怎麼辦？」「如果他很冷漠，那多尷尬？」其實，這些顧慮只能使你心神焦慮不安，並且使你失去一次又一次機會。

例如，你很想和一個自己喜歡的男子約會，但拿起電話就是不敢撥打。實際上，只要你勇敢地撥一次電話，事情可能就完全解決了，你也就從此掙脫了那種焦急如焚的心境。即使對方態度冷漠，也沒有什麼了不起。事實上，一般男子對於女孩子主動追他都會暗自欣喜，不會給你難堪。

4‧施展魅力，顯示個性

很多人以為男生只追求美麗的女孩子，事實不盡然。每個女性都有她獨特的風姿和魅力，這不一定全來自外表。或許，你還沒有發現自己迷人的地方，但對方已經察覺到了，並深深地愛上了你。

漂亮的外表是天生的，而高雅的氣質是可以培養的。儀態端莊、氣質高雅是女性吸引男性的永久魅力。

要做到儀態端莊，女性應注意的方面有很多，比如與男性握手時，不要太用力，應該輕柔；走路要昂首挺胸，腳尖先著地；說話應溫和、柔美；笑時要優雅等等，這些都是表現女人味的重點。如果女孩能做到這些，就

一定能吸引男性。

5・採取部分增強法

當他有了良好表現時，不必每次都獎勵他，偶爾誇讚一番，效果反而更好。有時偶爾失約一二次或是若即若離，都能使男人暈頭轉向，這樣刺激他一下，他就會乖乖地過來追求你了。

6・別讓他太放心

在和男友的關係到了一定程度後，可以適當減少與他接近的次數，或偶爾跟別的朋友一起看場電影，參加一次舞會，當然不能太頻繁。男友一旦發現這種情況，一定會茫然不解，高度緊張起來。為了不失去你，他會對你猛追不捨。這時你的目的已達到，就可放棄與別的朋友的各種活動了。

戀愛有時需要降降溫。不要一味勾著男友的脖子不停地說「我愛你」，而是應該經常興致勃勃地談些與他無關的事情；不再總是痴痴地凝視著他，而是對身邊的事物表現出極大的熱情。結果，被愛的人會被強烈的愛情燃燒起來了，現在輪到他痴痴地等電話，赴約會，沒完沒了地表達愛意了，這樣感情反而會升溫。

7・保留一點神祕感

太過於坦白對增進感情並無幫助，如果不停地表白彼此間的感覺，可能只是為了掩飾你們害怕分開，也就沒有了樂趣。保留一點個人的小祕密，令對方不時有新發現的餘地，更可以鞏固彼此的感情，因為，男人都認為這樣的女人更迷人。

戀人之間的吸引力來自對方的神祕感。談話時，突然視線投向遠方，做出陷入沉思的樣子，男人看到此種「神祕現象」會產生探明究竟的

慾望。

聰明女孩巧戀愛

在聰明女孩的戀愛寶典裡應有 8 個要點。

1‧當個「與眾不同的女人」

做個與眾不同的女人只是心態問題。你不需具備萬貫家財、傾國傾城之貌或天縱英明等才會對自己有此感受，只要有與眾不同的心態，一種要散發出的自信感與光芒，它表現在你微笑的方式、語氣、表情及呼吸（舒緩）、站相和步行姿態上。

2‧不要主動與冷冰冰的男人攀談

主動向男人搭訕，雖可以挑起一段本來不該有的戀情，促成兩人開始約會，但也可能使你在其間受到傷害。這是因為如果男人不主動採取行動，可能是對你不感興趣。

3‧別太快坦白自我，約會不是心理治療

毀滅男性感情的方式有許多種，給對方心理壓力與坦白自己一切隱私當然是其中之一。有些女人受到鼓吹開誠布公的心理學說和自助書籍影響，往往在最初幾次約會時即過分暴露自我，暢談過去的情史，自己的恩怨等 —— 只為急於與新男友建立關係。

4‧永遠比他先掛電話

別主動打電話給男人，除非偶爾必須回他們電話。當有男人打電話給你時，與他交談不可超過 10 分鐘，這麼做讓你顯得很忙，且不致讓你透

露太多私事或計畫，而比他先掛電話可勾起他對你的渴望。

5‧別答應他的臨時邀約

對他類似週四提出週末晚上約會的一類臨時邀約，要視情況不同而定，有時要加以回絕。

6‧永遠比他先結束約會

結束約會的一個好方法是意興闌珊時看看手錶，告訴他「我真的該回去了，明天還有好多事要做」（別透露要做什麼事，這與他不相干）。

當兩人情投意合時，結束約會並非易事，但卻有必要，因為如此才能讓他更渴求，而不是感到煩膩。

7‧第一次約會時堅守防線

男人在第一次約會時便希望攻占所有堡壘，但讓他放慢攻勢是女人的責任。第一次約會時以讓他牽你的手為限，此舉可使你在他心目中保持神聖地位，如果兩人持續交往，他一定會愛上你的靈魂、你的人格而非只是你的身體。

8‧不要企圖改變他

假設你遇見一個條件很好的男人，但是他有些方面與你期望的不同，別試著改變他，因為江山易改，本性難移。你應該包容他的某些缺點，不然就換個男朋友。

求愛有學問

在現實生活中，異性之間的友誼和愛情有時是十分模糊的，很容易讓

人誤解。因為有的愛非常羞澀，掩藏得非常深；而有的愛則是無意識的，儘管已深深地被對方所吸引，但仍不覺這是在愛。因為人的感情是十分複雜的，兄長式的愛，姐姐式的關懷，妹妹式的依賴和弟弟式的信任，這些包含著複雜感情成分的交織，又往往很容易給人以模棱兩可的感覺，而對於尚沒有意中人的男女來說，對此又非常敏感，對感情信號的接收系統往往傾向於「愛情」這一邊，因而時常會導致錯誤的理解。

還有一種情況可以算作是「中間地帶」，既有友誼的成分，也有愛的成分；既可以停留在友誼的層面，也可以上升為愛情的關係。當事人尚猶疑不定，不知道停止還是前進，因而在表現上、言談間很朦朧，讓你難以掌握，很多男女往往處在這「中間地帶」而感到很迷茫。

區分友誼或愛情的辦法是，當你很明顯地感到對方是把你視作普通的朋友時，你就不要有非分之想，可把兩人的關係圈定在友誼層面上。當你感覺是「中間地帶」，即已分不出是友誼還是愛情時，抑或友誼與愛情參半時，就必須採用試探的辦法，探明他（她）對你是友誼還是愛情。

1．語言試探

這是常用的手法，也是最直接的辦法，因為人們相處最方便、機會最多的工具就是語言。試探對方對你是否有意的語言很多，可以直接發問，可以一語雙關，或借題發揮等等。以下舉幾個例子：

(1) 兩人走到一個鮮花攤前，你（男）說：「這玫瑰真漂亮，我買一枝送給你好嗎？」她頷首同意，你就買一枝送給她，並說：「你如果喜歡這種花，我以後會經常送一束給你，如何？」她如果沒有拒絕，說明對你有意。

(2) 兩人聊天談到對象、選擇時，問：「你心目中的丈夫（妻子）是什麼樣的？」如果她（他）對你有意，描繪的「形象」肯定是以你為「模板」的，你心裡就該有譜了。

(3) 兩人在談及人品、性格等話題時，你借題發揮說：「誰要是娶（嫁）了你，肯定很幸福。」看他（她）如何回答，就可判斷他（她）對你是否有意。他（她）如果說：「誰要是娶了（嫁）了我，肯定後悔。不過，你別擔心，你對我很了解，我絕不會讓你難堪的。」那麼，你就沒門了，趕緊刹車或再努力表現等候時機成熟。

2・形體「語言」試探

所謂「形體」語言試探，就是運用眼、身體、面部表情來傳達你的訊息，看得到什麼反應。這種表達方式比較委婉、隱祕，還可免除尷尬。比如，用肩膀輕輕撞擊一下對方，如果對方很溫柔地看你一眼，羞澀一笑，則說明他（她）接受了你這略帶親暱的舉動，也表明他（她）對你有意，鼓勵你繼續與他（她）親暱下去；如果他（她）無任何反應，很淡漠，則等於告訴你要知難而退。再如，透過「眉目」傳情試探對方的反應，用溫柔的目光注視對方目光片刻，如果他（她）回敬相同的目光，說明他（她）對你有意；如果他（她）不予理睬，眼光很「冷」，甚至開玩笑說：「你怎麼看人色迷迷的」，那麼，你就沒戲了。

3・借助物品試探

在節假日（如元旦春節）或對方的生日時，選擇一些小禮物送給對方。小禮物要精緻但不要貴重，要有寓意，如賀卡之類，讓對方「懂」你心事即可，看他（她）如何反應。比如，新年賀卡，如果他（她）回寄給你很有禮貌的賀卡，選擇很朋友式的賀詞，則說明他（她）對你無「意」；如果他（她）也同樣回寄帶有明顯情愛寓意的賀卡，你就可以開始進攻了。

4‧委託他人試探

這也是常用的辦法。找一個信得過而與對方又很熟悉的人，側面去了解他（她）的意思，這「第三者」可以直截了當地問他（她），因為身為中間人，表達的只是他中間人的意思，你似乎還「蒙在鼓裡」，即使對方無「意」，你也不會難堪。

5‧「騷擾式」試探

比如頻繁地邀他（她）看電影、聽音樂會，或經常給他（她）寫信，如果他（她）第一次接受或回信，第二、三次以後就找藉口拒絕或不再覆信，那你就不要再作指望了。

當你確信對方對你有「意」時，有「情」的你就該表達愛意了。雖說這已是很簡單、水到渠成的事，但表達愛意也應有些技巧，開好頭，為日後浪漫絢麗的愛戀之路拓開一個令對方永生難忘的起點，加速感情的昇華。

求愛的技巧最忌俗套、直白，諸如「我愛你」、「你願意嫁（娶）給我嗎？」之類。含蓄藝術的求愛方式，則是雋永深長的。

1‧選擇好時機和場所

在雙方情緒好的時候，選擇較有浪漫氛圍的場所，比如輕歌曼舞的咖啡廳、空曠遼闊的草原、登高望遠的山巔、泉水叮咚的林野田園等等，盡量在一些富有詩情畫意的地方，有利於調節雙方的情緒，增強感染力。

2‧態度要熱切而堅決

要讓對方感覺到你的求愛是積蓄在心中已久的「火山」迸發，雖然不用言語來表達山盟海誓，但也要讓對方感到你真切的愛慕和急切的盼望，

這對還略帶猶疑的對方來說，往往有一定的「催化」作用，幫助他（她）下定接受你的決心，打消尚存的一絲猶疑。

3．借物言情

不用直接示愛，借物言情，往往令人終生回味。如卡爾·馬克思（Karl Marx）當年向燕妮求愛時，他說：「我愛上了一個人，決定向她求婚。」燕妮急切地問：「她是誰？」馬克思沒有直接回答，而是遞給她一個小方盒，說：「我離開後，你打開一看就知道了。」馬克思走後，燕妮打開一看，盒子裡面只有一面小鏡子，鏡子中映出的正是自己的面容。

4．一語雙關

這是含蓄示愛的慣例。比如農村女孩瑤瑤與她青梅竹馬的鄰居大明互相愛慕，但苦於一直沒機會表達，一天，大明搶著幫瑤瑤挑水，瑤瑤撒嬌地說：「好，讓你挑，你幫我挑一輩子。」值得注意的是一語雙關一定要準確、易懂，不能模棱兩可，讓人產生歧義。

另外，求愛時還要注意以下兩個問題。

1．把臉皮放厚些

在戀愛中往往會遇到這種情形，你曾天天在夢裡唸著的她如今就在你的面前，你卻不敢向她表白。這不外乎是人的自卑在作怪，生怕自己「落花有意」，而她卻「流水無情」。

其實，每個人都有愛與被愛的權利，向自己所愛的人表露愛情，不是醜事，更不是壞事。

當然，「厚臉皮」並不是不講策略，當你愛上一位女孩或是一個男孩，又不知道對方是否也愛上了自己時，先不要輕易地表露你的愛，而應該透

163

過觀察了解，弄明白對方對你是否「有意思」，其方法請參見前面的有關內容。

當你發現對方不愛你，最好別魯莽地求愛，因為那樣求愛可能遭到拒絕，給你的心靈造成創傷。若對方對你也有「意思」，這時，你求愛的時機就成熟了，你可以把臉皮放厚些，大膽地向她表露你的愛情。

2・別指望一次就成功

想一出手就抱得美人歸，是不太實際的想法。一次不成，下次再來，二次不成，還有第三次。這話說的正是說服女人的訣竅。也就是說第一次被她的一聲「不」所拒絕之後，再加一次。也許，她還會說一聲「不」的，別灰心，若你再問她：「真的不嗎？」或許她就變了：「你猜啊！」而且還會含情脈脈地望著你笑呢。

大多數女性在被人好意邀請時，都會被對方的虔誠所感動，因而不好意思拒絕。如果真要拒絕的話，也會用緩和的口氣來表示，「我不知道這樣拒絕會不會使你感到難堪？」

因此，第一次被回絕了，請繼續努力。第二次若不成，相信第三次、第四次一定會成功。

巴斯德是法國著名的化學家，他年輕時看上了校長的女兒瑪麗小姐，但他不知道瑪麗小姐是否愛他。於是，他鼓起勇氣，寫了一封求婚信給他未來的岳父，介紹自己的財產、健康、工作等情況，以及願把一生獻給化學研究事業的決心。接著他又給未來的岳母寫了一封信，進一步介紹自己的情況以及更進一步地表達自己對瑪麗小姐的情意。緊接著他又給瑪麗小姐寫了一封簡短而懇切的求婚信：「我只祈求你一點，不要過於匆忙地下判斷。你知道，你可能錯了。時間會告訴你，在我矜持、靦腆的外表下，還有一顆充滿熱情的向著你的心。」

巴斯德接二連三的求婚信，終於感動了瑪麗小姐。為了科學，他有著頑強獻身的精神，為了愛情，他是如此的忠實坦誠。這樣的好青年到哪裡去找呢？在父母的支持下，瑪麗小姐欣然答應嫁給了他。

如何拒絕別人的求愛

如果愛你的人正是你所愛的人時，被愛是一種幸福。但是，假如愛你的人並不是你的意中人，或者你一點也不喜歡他（她），你就不會感覺被愛是一種幸福了，你可能會產生反感甚至是痛苦，這份你並不需要的愛就成了你的精神負擔。

別人愛你，向你求愛，他（她）並沒有錯；你不歡迎，你拒絕他（她）的愛，你也沒錯。最關鍵的是看你怎樣拒絕，如果拒絕得恰到好處，對雙方都是一種解脫，也可以免去許多麻煩。如果不講方式，不能恰到好處地拒絕別人求愛，你就可能犯錯誤，不但傷害他人，說不定也危害自己。

初次交朋友，你也許曾經有過這樣的左右為難，因為她或他的條件實在讓人愛不起來。但是，由於是你的上司介紹的，或者是上司的子女等原因，使你在拒絕上產生了猶豫，雖然每次見面都會使你感到不舒服、不愉快，你一想到對方的身分、上司的威嚴，屢次想謝絕卻又不好出口。有時候，也許你為了顧全對方的面子，而難以開口說個「不」字，或者懾於對方的威嚴，你不知所措，你就會被這份多餘的愛折磨得痛苦不堪，不知該如何去做。生活中處在這種矛盾中的人太多了，有些人遇到這些情況時不知該如何拒絕，因處理不當，造成了很不好的後果。

怎樣對愛你的人說出你的不愛，並在不傷害對方的情況下，讓他接受這個事實呢？

拒絕求愛的方法有多種，比如從形式上，可以用書信，可以口頭交

談，也可以委託別人。但不管用什麼樣的方法，一定要做到恰到好處。以下幾點建議，可供你參考。

1‧直言相告，以免誤會

你若已有意中人，又遇求愛者，那麼就直接明確地告訴對方，你已有所愛之人，請他另選別人，而且一定要表明你很愛自己的戀人。但此時，切忌向求愛者炫耀自己戀人的優點、長處，以免傷害對方的自尊心。

2‧講明情況，好言相勸

倘若你認為自己年齡尚小，不想考慮個人戀愛問題，那就講明情況，好言相告對方。

3‧婉言謝絕

倘若你不喜歡求愛者，根本沒有與其建立愛情的基礎，可以在尊重對方的基礎上，婉言謝絕。對於那些自尊心較強的男性和羞澀心理較重的女性，適合委婉、間接地拒絕。因為有這類心理的人，往往是克服了極大的心理障礙，鼓足勇氣才說出自己的感情，一旦遇到斷然的拒絕，很容易感覺受傷害，甚至痛不欲生，或者採取極端的手段以平衡自己的感情創傷。因此，拒絕他們的愛，態度一定要真誠，言語也要十分小心。你可以告訴他（她）你的感受，讓他（她）明白你只把他（她）當朋友，當同事或者當兄妹看待，你希望你們的關係能保持在這一層面上，你不願意傷害他（她），也不會對別人說出你們的祕密。

你不妨說：「我覺得我們的性格差異太大，恐怕不合適。」

「你是個可愛的女孩，許多人喜歡你，你一定會找到更合適的人。」

「你是個很好的男人，我很尊重你，我們能永遠當朋友嗎？」

「我父母不希望我這麼早談戀愛，我不想傷他們的心。」

如果這些自尊和羞澀感都挺重的人沒有直接示愛，只是用言行含蓄地暗示他們的感情，那麼，你也可以採取同樣的辦法，用暗含拒絕的語言，用適當的冷漠或疏遠來讓他（她）明白你的心思。

要記住，拒絕別人千萬不要直接指出，或攻擊對方的缺點或弱點，因為你覺得是缺點或弱點的東西，對他或某些人也許並不認為是缺點。所以，不能以一種「對方不如自己」的優越感來拒絕對方。特別是一些條件優越的女青年，更不能認為別人求愛是「癩蛤蟆想吃天鵝肉」一推了之，或不屑一顧，態度生硬，讓人難以接受。

4‧冷漠、果斷

如求愛者是那種道德敗壞或違法亂紀的人，你的態度一定要果斷。拒絕信要冷漠，對這類人也沒有必要斥責，只需寥寥數語，表明態度即可，但措詞語氣要嚴謹，不使對方產生「尚有餘地」的想法。

對嫉妒心理極強的人，態度不必太委婉，可以明確地告訴他（她），你不愛他（她），你和他（她）沒有可能，這樣可以防止他（她）猜忌別人。如果你另有所愛，最好不讓他（她）知道，否則可能加劇他（她）的妒恨心理，甚至被激怒而採取極端的報復行為。

另外，對方在你回絕後，如果還固執地纏住你，那麼你首先要仔細檢查一下自己的態度是否明確和堅決，對方是否產生了誤解；其次可以向公司匯報，透過雙方主管或公司出面勸說；如果對方威脅你，那麼你不要怕，要及時向主管匯報，透過公司做調解。

辦公室戀愛是顆地雷

十步之內，必有芳草。雖然上班一族生活圈子狹窄，容易跟同事日久生情，但從多方面考慮，辦公室戀愛還是絕對要避免。

不是怕被同事取笑，那是小事而已。熱戀中的戀人，恨不得馬上公開關係，任由人家指指點點，將自己的甜蜜分享出去。

辦公室內有太多的利益關係，容易讓愛情滲入雜質。情侶一起工作會引來很多不便、尷尬，大家又會因工作上的意見分歧而影響感情，公私不分，徒生枝節。

日見夜見表面上是好事，實則處處被人監視，一舉一動都非常不自然。有時候，男人不是故意吃其他女同事豆腐，但有時輕鬆一點的談話，比如讚美女同事的新髮型，可以是很不錯的人際潤滑劑，但被女朋友看見了，一場酸風醋雨就會來臨。

最大的壞處就是一旦分手就非常尷尬。男人當然希望再見亦是朋友，但人與人之間的緣分不能一廂情願或一概而論，分手後的情侶最好永遠沒機會碰頭。跟同事談戀愛，分手後仍然被迫見面，是很不人道的一件事。如果有人事後到處嚷嚷，說壞話，那就會影響自己的飯碗。

如果真的那樣不幸，男女同事一見鍾情，深深相愛，最好有一方願意做出犧牲，轉職其他公司。如果值得自己去做，亦無理由委屈對方。

辦公室始終是工作的地方，常常以情侶姿態出出入人，會給上司一個不專心事業的錯覺。

工作和愛情，應該是井水和河水，最好別攪在一起。

約會的 7 條規則

當「窗戶紙」被捅破後，以戀人身分約會的機會終於到了，別以為雙方的關係已經明了，以後就是花前月下、卿卿我我、如膠似漆的日子到了。其實不然，嚴格地說，「約會」還是處在「考察期」，離明確戀人關係還有一段距離。你有可能成為對方明確的未婚夫（妻），也可能被「淘汰出局」。

在約會中，雙方需注意一些細節，因為這是婚前的「自我形象塑造期」。

1・時間規則

一定要嚴格遵守約定時間。一般來說，男士應該要稍稍提前一點到達。實在有事，遲到最多不超過 5 分鐘，並且要道歉，說明原因。有些女性喜歡故意遲到，一定要男方先到才感覺有面子。如果每次約會都這樣，會降低你在對方心目中的形象。

選擇什麼時間約會並不重要，重要的是雙方一定要商量好，不要在時間上單方面強調自己的要求，要考慮到對方的工作、生活時間安排，這也是尊重對方的表現。如果是晚上約會，一定不要把時間拖得太晚，剛開始約會時，晚上以不超過 10 點鐘為宜。

2・地點規則

熟人較少的公共場所比較適宜，如影劇院、歌舞廳、咖啡廳、公園、保齡球館等場所，氣氛比較活躍，又相對獨立，比較適宜約會。

選擇地點要記住五點：自己常去的地方；有電話聯繫的地方；要注意避開手機的盲區；輕鬆愉快、便於等候（有明顯的標幟物）的地方；交通方便的地方。

選擇的地點要有特色性，普通的場所不能營造有利的氣氛。如果是已經多次約會，還要注意不要選擇已去過的地方，除非對方對那個地方情有獨鍾。

前幾次約會還要注意選擇相對清靜的地方，這有利於相互談話、交流，而免受環境噪音的影響。

在初期約會尚未確定關係前，男方不能輕率邀請女士上自己家，更不能邀請她去單獨居住的住所約會，除非她主動要求，以免被她疑心你有什麼不良企圖。女士也不能貿然接受上述邀請，如果男士提出來最好婉言拒絕，以備對方居心叵測。同時，女士更不能邀請男方到自己單獨居住的住所，以免對方誤解為你有所暗示，而採取大膽行動。

3．活動規則

相互交談是約會的主要目的，但達到這一目的方式是多種多樣的，因此安排好約會的活動至關重要，在豐富多彩、趣意橫生的活動中達到了解對方的目的。

活動內容可以有多種選擇。

(1) 郊遊：那是很浪漫、充滿情調的約會，雙雙投入到大自然中，在自然風光中陶醉，最易生情。

(2) 影劇院或音樂廳：不受天氣、氣候影響，費用相對低廉。雙方還可以透過觀看電影、戲劇、舞蹈、聽音樂來了解對方的性情愛好、對人生的一些觀點，還可以在輕鬆愉悅中度過美好時光。

(3) 體育活動：觀看體育比賽特別是足球，可以讓人充分發洩自己的情緒，藉此可以窺探對方的個性，是深沉、穩重，還是外向直白，是細膩多情還是粗獷暴躁，都會有所表露。另外，還可以兩人一起打打保齡球、網球、高爾夫球、溜冰、游泳等，提高約會情趣。

(4) 唱歌跳舞：到卡拉 OK 廳唱唱歌、跳跳舞，既可顯露自己能歌善舞的特長，又有纏綿起舞的機會，更能增進親近的機會。

(5) 找點童趣的活動：比如到動物園去逛逛，在大雪天裡堆堆雪人、打打雪仗，這些帶有童趣的活動，可以使雙方無拘無束地開懷大笑、蹦蹦跳跳，顯露平時掩飾下的天性。

(6) 參加一方的朋友聚會：在徵得對方許可的前提下，可以帶他（她）參加自己朋友圈子的聚會，喝喝酒，講講笑話，「放肆」一下，既可以讓他（她）了解你交朋結友的狀況和處世態度，又可以拉近你與他（她）的距離，因為他（她）能參加你的朋友圈聚會，就說明他（她）又與你走近了一步。

4 · 禮節出規則

雖然雙方表明了相戀的態度，但並沒有明確關係，因此，約會中雖然不必像一般人那樣禮貌有加，但必要的禮節還是需要的，不然，會給對方留下一個缺少修養、不懂禮節的粗俗之人的形象。

(1) 衣著打扮要整潔。這不僅是體現你的外表美，也是表明你對對方的重視，表明你性格中認真的特點。如果不修邊幅、衣衫不整，不僅讓對方產生厭惡感，還會讓她（他）感覺你對他（她）不重視，視約會如兒戲。

(2) 養足精神。在約會前要休息好，養足精神，不要兩人在影劇院或音樂廳時，你呼呼大睡，或者在與對方說話時哈欠連天，那是極不禮貌的，會傷害對方自尊心。

(3) 謙讓風度。特別是男士要表現出紳士風度，如讓女方先上車、先入坐，點菜時先徵求女方意見，吸菸時也要先徵求一下女方的意見。女士也不要拿「女皇」架勢，被禮讓、徵求意見時，應該說聲「謝謝」或表示謙讓。

(4) 付錢。購票、餐費等費用，一般來說應是誰邀請誰付錢，買電影

票、門票之類的還好處理，可能會由提出約會方先買好。餐費比較複雜，因為雙方都在場。傳統習慣是由男方付，如果女方要求付錢，男方也不應該太堅持，不然對方會認為你太大男人，甚至打腫臉充胖子。

5·談話規則

說話一是要口語化，不要引經據典，故作高深，特別是對方比你的學歷低時。說話速度要適中，太快讓對方聽不明白，太慢顯得有氣無力。聲音應不大不小，不要高聲喊叫。語氣應多點徵詢式的疑問語氣，不要說武斷的話。

話題不能只圍繞自己，要選擇兩人都有興趣、且非專業性的話題。不能「一言堂」，作「講演」，而讓對方當聽眾。當對方不愛說話時，應提點令他（她）感興趣的問題，「逼迫」他（她）談下去。不要用「審問式」、「查戶口」式的談話，發現對方不願回答的問題，應立即轉移話題。

6·行為規則

此「行為」主要是指你對對方的親近程度。

不能操之過急，急於親近對方的身體。如果原來感情比較融洽，只是礙於沒有捅破「窗戶紙」而沒有親近的話，正式約會時最好不要有太親近的行動。如果雙方在正式約會前沒有情感基礎（特別經他人或媒介認識的），在頭幾次約會時不要有親暱的舉止，最多只能是藉機牽牽手、攬攬腰。不然，男性有過急行為，女方就會認為「他的目的就是這個」。如果女方首先表示親暱要求，男方會認為「她在這方面是不是很隨便」。因此，當戀愛關係沒進展到一定程度，沒有合適的氛圍和情感爆發時，千萬不要急於有過分親暱的舉動。

7·專一規則

生活中常常有這種情況，有的人同時與兩個甚至更多的異性約會，其中有的純粹是以戀愛為名，行玩弄異性之實，有的則是為了便於比較選擇，最後確定想要的「對象」。前者姑且不論，後者也是不被接受的。

「腳踩兩條船」的最後結局，往往是「竹籃打水一場空」，而且會給你留下一個惡名聲，對今後交異性朋友極為不利。必須遵守專一原則，當發現對方不合適時，再去與別的異性約會還來得及。同時與多個異性約會，弄不好還是會露出馬腳，還會比較來比較去不知誰更好，左右為難，難以取捨，把自己拉進十分難堪的境地。

為女友巧解情緒

女孩大都心細如針，一不小心就會得罪了她，而自己還不知道錯在哪裡。她只是默默地生氣，你卻不知問題的根本在哪而無從安慰。這時，有3個應對方法可以化解這場小小的「危機」。事實上，你會發現，女友的臉多雲轉晴之後，你們的感情會比先前更進一步。

1·冷處理

你無意中誇了某人的女友溫柔可人，她便板起了臉，你急著辯解，只會越描越黑，最後演變成「此地無銀三百兩」。

這時，你不必多解釋，讓她自己從壞情緒中走出來。你只需要用行動證明你在乎她，並且注意不要再論及這種話題。

2·熱處理

「冷處理」失效了，看來「解鈴」的任務只能由你進行，但是你連她生

氣的原因也不一定知道。

這時，只有運用「熱處理」。用話刺激她，激怒她，讓她說出心中的委屈。這樣，一則讓她憋在心中的怨氣發洩一些，二則可以讓你知道問題的根源在哪而「對症下藥」。你可以說：「你怎麼這麼小心眼？」或者「常聽人家說女孩子難侍候，看來是真的。」

3‧笑處理

笑處理即幽默處理。她為一點小事生悶氣，你可以笑著對她說：「說說話吧！別把嘴巴憋臭了。」她會「噗哧」一笑，怒氣全消。

小張與女友逛公園，對面走來一個漂亮的女孩，小張多看了幾眼，然後又回頭看了幾眼。女友這時當然生氣了，但又不好意思說出生氣的原因。小張知道自己「犯了錯誤」，對女友說：「真奇怪，這個女孩這麼像你，是不是你姊姊？」那麼漂亮的女孩與自己相像，那麼年輕的女孩是自己的姊姊？女友明知道小張在撒謊，緊繃的臉也忍不住為他的幽默而笑開了花。

不要胡亂結婚

很多女人以為，結婚是萬能的：工作不如意，結婚啦！經濟不景氣，結婚啦！生活無聊，結婚啦！30 歲快到了，結婚啦！

結果當然是自討苦吃，活得比婚前更慘烈。以前是自己顧自己，如今是無論如何都必須將兩個人的問題承擔下來。

別以為女性才會為婚姻大事而作繭自縛，很多男人也有同樣的盲點，以為結婚就能解決一切問題：想結束漂泊不定的感情生活，結婚啦！想專心發展事業，結婚啦！想有人煮飯洗衣做家事，結婚啦！ 30 歲應該成家

立業，結婚啦！

一張結婚證書並不會改變一個人的性格，如果婚前花心，婚後感情生活會依舊波濤起伏。

一張結婚證書並不代表你能安枕無憂發展事業，背著養家糊口一輩子的責任，代表著你必須放棄單身時能自我中心，隨心所欲的生活。

一張結婚證書並不保證你的老婆是個進得了廚房、出得廳堂的「阿信」，相反你可能會多了一個三不五時叫你幫忙做家事兼買三餐的「女王」。

婚後背著一生兒女債，做了半世老婆奴，問題愈來愈多，求生不得求死不能 —— 從此，被裁員失業不是自己的事。你不吃飯，妻兒還是要吃的！

單身好還是結婚好不是這裡的討論焦點，總之各有所好各適其式就是了，關鍵是，請尊重婚姻是一件神聖的事，一項終生承擔的責任。千萬別嬉戲人生，自私地以為結婚就可以將自己的問題轉嫁到對方身上。

胡亂地結婚，不會解決現有問題，只會製造更多問題。

不要隨便同居

在兩性關係日益開放的今天，同居對女人來說仍是極其不利的。從表面上看，同居似乎對男人有「利」，實則不然。

你以為同居就不用負責任了嗎？一個女人以為自己上了岸，有了靠山，理所當然會鬆懈。朝夕相處，你總會發現對方的缺點或不漂亮的一面。

你以為同居就代表自己不受困，可以像單身一樣自由嗎？錯了，對方

名義上是女友，實則是在履行太太的種種權利和義務。有人代替你做家事的同時，你也要接受有人在意你跟異性通電話、抱怨你下班不立刻回家、囉囉嗦嗦你這不講究那不衛生。

你以為同居就代表經濟可以保持獨立嗎？很多女人都有「共有情結」，覺得做什麼都共有，才能代表愛是永恆。跟你同居的女人，一樣要求帳戶共有、房屋共有，絕對不會跟你客氣。

你以為同居就代表分手不用辦離婚，手續較簡單嗎？除非你是住進女友的家，一旦分手拿個皮箱就走。如果是女友人住你家，而提出分手的一方是你，你能那麼容易請對方離場嗎？

你以為同居就代表分手不必付贍養費嗎？在外國，同居兩年就等同有合法夫妻地位，對方一樣可以跟你分財產。同居前最好先盤算清楚。

同居可以省租金省水電費，這倒是真的。如果你的最大理由是經濟，那也無話可說。很多人是為了房子而結婚，為了錢而結婚，見怪不怪。

既然同居跟結婚差別不大，那麼依舊是保持不同住的戀人關係，依舊是名正言順結婚去。男人如此，女人亦如此。

對愛情的 12 處硬傷

影視與文學作品為了煽情，往往給愛情下了各種想當然的定義。當然，此處並沒有貶低神聖愛情的意思，但有必要對人們對愛情的 12 處硬傷加以澄清。

1・人一生中只能經歷一次真正的愛情

這種看法極其錯誤。如果一個男人或女人能夠愛別人，他或她就有能力戀愛多次，並且愛上許多人。這就是為什麼寡婦和鰥夫還能有幸福的婚

姻。愛情有許多種，就像父母愛他們所有的孩子，並不只愛一個。

2‧戀愛時愛情吸引了你的全部注意力和思想

這種看法也是極其錯誤。愛情能擴大你的能力，增加你的驅動力和注意力，它能激發想像力，使它們更熱切地去實現目標。常言道：「男女搭配，做事不累」，便是這個道理。

3‧他或她永遠也不會利用你

這種看法極其錯誤。愛情常常是和利用連繫在一起的。一個男人可以愛一個女人，然後他利用愛情，讓她把他的利益放在第一位，而讓她自己願望或職業服從於他。

4‧婦女的愛情需求與男人的不同

這種看法極其錯誤。男人和女人都需要別人的愛、讚美和愛情保證。

5‧男人對真正的愛情的接受能力比女人強

這種看法極其錯誤。研究表明，女人對愛情的接受能力遠遠大於男人。

6‧每個人都有戀愛的能力

這種看法極其錯誤。有的人不會愛，有的人有根深蒂固的情感障礙使他們無法愛人。有的則過於以自我為中心，而無法付出愛情。

7‧愛情的對方面是仇恨

這種看法極其錯誤。如果愛情有相反面的話，那麼最為可能的就是冷漠。實際上，愛情和仇恨是密切相關的，對自己所愛的人偶爾產生剎那間

的仇恨是十分正常的。

8·大多數男人所愛的人身上，都有他們父母的影子

這種看法極其錯誤。我們常常相信這一點，但是研究證明，男人和女人常常會尋求一個具備他們母親身上最好特質的配偶。

9·男人對性愛比對愛情更感興趣

這種看法極其錯誤。針對 4,000 多名男性進行的一項調查顯示，有三分之一以上的人認為愛情是生活中最重要的事情，而另外三分之一的人認為愛情能使性生活更加美好。

10·當你戀愛的時候，你就會完全了解你所愛的人

這種看法極其錯誤。你愛得越深，你對所愛的人的性格和性情的判斷就越糟。俗話說「愛情是盲目的」，這其間包含了許多真理。

11·男人在處理嚴肅的愛情問題上比女人強

這種看法極其錯誤。婦女看來在處理愛情的失意上要比男人強得多。因為愛情問題受挫而自殺的男人是女人的三倍。

12·只要等待就一定能找到夢想中的伴侶

這種看法極其錯誤。極少的男人和女人能找到他們夢想中的伴侶。我們與之戀愛的人常常和我們理想中的丈夫和妻子完全不同。

追求完美的你完美嗎

從前，有個英俊聰明的男孩，一心想找一個完美的妻子。他找呀找，

找了整整 40 年也沒找到。這個年輕人變成了一個老頭，還在不停地尋找一個完美的女人。

有人問他：「老先生，這麼多年了，你還沒有找到一個稱心如意的？」

老頭說：「找到過一個。」

「那你為何不娶她？」

「唉，那女人要找一個完美的男人。」老頭惋惜地說。

當然，這是一則笑話。事實上，世上根本沒有完美的人。在你苦心去追求那所謂的完美，不妨自己問自己：我完美嗎？

保持本色

美國北卡羅萊納州的伊迪斯・阿雷德太太講述了她建立自信心的經過。

「我從小就特別的敏感且靦腆，」她說，「我的身體一直太胖，而我的臉使我看起來比實際上還胖得多。我又有一個很古板的母親，她認為穿漂亮的衣服是一件很愚蠢的事情，並且總是照她的這個想法來幫我穿衣服。所以我從來不和其他孩子一起從事戶外活動，甚至不上體育課，我覺得我跟其他的人都不一樣，完全不討人喜歡。」

「長大之後，我嫁給一個比我年長好幾歲的男人，可是我並沒有改變。我丈夫一家人都很好，也充滿了自信。我盡最大的努力要像他們一樣，可是我辦不到。他們為了使我開朗而做的每一件事情，都只是令我更加退縮到我自己建造的那個硬殼裡去。我變得緊張不安，躲開了所有的朋友，甚至我害怕聽到門鈴響。我知道我是一個失敗者，又怕我的丈夫會發現這一點，所以在每次我們出現在公共場合的時候，我都假裝很開心。結

果又常常做得太過，事後自己會為此而難過好幾天。最後，這種失敗的苦悶使我覺得再也沒有理由活下去了，我開始想自殺。」

　　然而，伊迪斯‧阿雷德太太最終卻從這種壓抑中解脫了出來。是什麼事情改變了這個不快樂的女人的生活呢？只是一句隨口說出的話。「隨口說的一句話，」阿雷德太太繼續寫道，「改變了我的整個生活。有一天，我的婆婆正在談她怎麼教養她的幾個孩子，她說：『不管事情怎麼樣，我總會要求他們保持本色。』『保持本色』，就是這句話！在那一剎那之間，才發現我之所以那麼苦惱，就是因為我一直在試著讓自己適合於一個並不適合我的模式。」

　　「在一夜之間我整個地改變了，我開始保持本色，我觀察自己的個性，試著找出我究竟是怎樣的人。發掘我的優點，盡力去學習色彩和服裝的搭配，盡量依照適合我的方式去穿衣服。主動地去交朋友，還參加了一個社團，這是一個很小的社團。一開始，他們請我參加活動，我嚇壞了，可是我每一次發言，就增加一點勇氣。儘管從原先的硬殼中解脫出來花了很長一段時間，可是如今我所得到的快樂卻是我從來沒有想過的。在教育我自己的孩子時，我總是把我從痛苦的經驗中所學到的經驗教給他們：『不管事情怎麼樣，要保持自己的本色。』」

　　「保持本色，像歷史一樣的古老，」詹姆斯‧高登‧季爾基博士說，「像人生一樣的普遍。」不願意保持本色，是很多精神和心理問題的潛在原因。安吉羅‧帕屈在幼兒教育方面，曾寫過十三本書和數以千計的文章，他說：「沒有人比那些想成為其他人和除了自己以外的其他東西的人更痛苦的了。」

　　你是這個世界上的獨一無二，從前沒有過，以後也不會再有，從開天闢地一直到現在，沒有任何人完全跟你一樣，而且將來直到永遠、永遠，也不可能再有一個完全完全像你的人。新的遺傳學告訴我們，你之所以為

你，必是由於你父親的二十四個染色體和你母親的二十四個染色體所具有的遺傳訊息組合的結果，即便同是這兩對染色體群，也從來不會產生相同的組合。我們就是這樣被「既可怕又奇妙的基因造成的。」

我們應該慶幸我們是這樣的一個唯一，應該盡量利用大自然所賦予自己的獨特的一切。也就是說，歸根結蒂，你只能唱你自己的歌，你只能畫你自己的畫，你只能做一個由你的經驗、你的環境、你的家庭，最重要的是，由你自己獨特選擇所造成的你，不論好壞，你都得自己創造一個自己的小花園，你都得在生命的交響樂中演奏你自己的樂器。

愛默生在他的散文《自恃》中寫道：「每個人在受教育的過程當中，都會有一段時間確信：嫉妒是愚昧的，模仿只會毀了自己；每個人的好與壞都是自身的一部分；縱使宇宙間充滿了美好的東西，但如果不努力你什麼也得不到；你內在的力量是獨一無二的，只有你知道自己能做什麼，但除非你真的去做，否則連你也不知道自己真的能做什麼。」

女人如此，男人亦然。

家庭不是自我犧牲

有位非常漂亮的女演員問：「我與他初戀時，他愛我愛得如火如荼。在我們的關係中，我對他百依百順，並犧牲了我本可更加輝煌的事業。我為他放棄了很多，也為他犧牲了這麼多，可他不但不感動，反而拋棄了我，這是為什麼？」

把愛的操縱權拱手交到戀人手裡，讓別人決定自己的命運，這就好比奴隸主與奴隸的關係，誰會對自己的奴隸有所愛呢，即使是一個極忠誠的奴隸，也不過是一件稱心的「東西」而已。喪失了人最亮麗的尊嚴和人格光輝，也就丟失了你本來最吸引人的魅力，當然也就不能打動另一顆心，

使兩顆心產生愛的撞擊並凝成一顆心。真是不值。

　　反之，男人要求女性為自己犧牲，並心安理得地接受這種犧牲，不但是自私的極端利己主義，也是對女性的侮辱，對自己的侮辱，同時，也是對人間最神聖的關係的侮辱，是一種愚蠢而野蠻的生存狀態。

　　問題不在於性別，而在於對人的認識和尊重，這是一個直接關係生命價值的問題。家是私人生存的空間，應該是一個最具人情味、最富於愛的地方，也是一個最能實現人的自我、最能展示個性魅力的地方。它雖然不是人類社會必須存在的一種方式，但是，當社會不能充分地為個體提供完整的存在空間時，也就是說，家的對個體實現和發展的作用不能為社會所取代時，家是上天給予我們每一個人愛的禮物。

　　也就是因為家對個人有如此重大的意義，幾千年的封建文化對家的所有方面都進行了無情的扭曲和控制，都是這種封建文化的惡果。它不僅僅針對女人，而且也針對所有的人，是對人性的閹割。

　　只有當我們從這樣的角度來了解關於家的問題時，才能真正享受我們自己的家。

家的味道

　　女作家王安憶在其長篇著作《長恨歌》中，這樣形容女主角的美：她的美是家常的那種，宜室宜宅，很平易，而不像寥若星辰的冰雪美人那樣的高不可攀。在實際生活中，我們大都傾向前者的這種美。人尚且如此，何況居室呢？

　　許多人家在設計裝潢時，在地面上鋪大理石或其他高級質感的瓷磚，這樣還嫌不夠，他們用護牆板把居室四周嚴密地包圍起來，千篇一律毫無特點。在飯店，面帶微笑的服務人員總是要提醒我們賓至如歸，就像自己

在家中一樣隨興。但現在則完全反過來了，我們回家就如同一腳踏進了飯店的客房，叫我們如何能怡然自得？又如何能使勞頓的身心得到休整呢？

初學英語的時候，我們常常搞不懂家的幾種說法，即 HOME 和 HOUSE 各有什麼不同。後來才知道，前者是指抽象、無形的家，後者是指具體有形的家，而我們中文所說的家則包含了其中的全部含義。

似乎，我們對幸福之家的憧憬已在那首膾炙人口的英文歌〈可愛的家〉中描寫得淋漓盡致，所以最後作者無限感慨地說：There is no place like home（世上沒有什麼地方能比得上家）！但有誰又能想到，歌詞的曲作者原是一個流離失所的窮光蛋呢。令人悲哀的是，理想與實際的差距就是這樣大。但也許只有當我們得不到家或者失去了家的時候，才能更深刻地感受到家對我們人生的真實含義。

一個朋友突然於近日離了婚，理由很簡單：妻子很少做飯，即使有時間，她似乎也對做飯沒有多大的興趣，她怕油煙破壞了髮質和皮膚，偶爾下廚時，便包頭包臉還要戴塑膠或橡皮手套，那樣子像在硝煙瀰漫的戰場上如臨大敵。朋友的觀點是：一個女人要想抓住男人，就得先抓住男人的胃。其實他並不是那種貪圖口腹之慾的人，相反，他在外面應酬不斷，常和一群素不相識的或者貌合神離的人廢話連篇，再美味的食品也味同嚼蠟；而他在和三五好友共聚一堂的時候，彼此的言語聲聲入耳，雖然只有幾樣小菜，幾杯濁酒，但是他也覺得自己吃得津津有味。他的老婆在一家著名的服飾公司任職，年紀輕輕便已爬上高位，為了保住勝利成果，她必須更加拚命地向上求進。兩人的經濟都不乏實力，但他們常常沒有時間在家裡共享一頓可口的家常飯。通常都是他回來得早一些，走到樓梯間時，就有別人家的飯香絲絲縷縷地飄入他的鼻孔，還不時伴隨著鍋碗瓢盆的碰撞聲，炒菜下鍋的嘶啦嘶啦聲。對他而言，這真是一曲美妙的交響樂，他說：這就是家的味道。但自己家呢？十天有九天是清鍋冷灶，沒有任何的

溫馨感。久而久之，他覺得這個家已經名存實亡。在聽到那首薩克斯獨奏〈回家〉時，他不由得淚流滿面。

從這麼一個家的離散上，顯示的不正是我們在家的觀念上的扭曲和可憐，以及我們正在為此所付出的代價嗎？

不妨演點「戲」

有人說：「不說謊是美德。」這也就是說，誠實是一個人立身處世的基本條件，也是進德修業的不二法門；只有誠實，才能培養高尚的人格，得到眾人的信任。

但說話是人與人之間最佳的溝通工具，為了使彼此能有完美的溝通，能在和諧的氣氛下互動，便不能「直言不諱」地將心中的話一一說出，還必須靈活運用說話的技巧。

比如：做丈夫的對妻子說：「你已變老了！」就事實而論，妻子當然已無年輕時代那般美麗，臉上也多了些皺紋，然而自信還未到「老伴兒」的程度。此時丈夫一句「玩笑」的話，便在無形中刺傷了她。同樣的，如果作妻子的對丈夫說：「你啊，就這種樣子，永遠熬不出頭！」即使是以開玩笑的口吻說出，但在說者無心『，聽者有意的情形下，往往也會造成生活上的摩擦。

常聽人說「夫妻之間應坦誠相待，有話直說。」這種說法值得探討。即使是夫妻，在言談間仍需要演技的參與，時而誇獎，時而客套，方能避免發生不愉快的衝突。說話是一門深奧的學問，不單在人與人之間如此，在夫妻之間亦如此，且更需巧妙地運用和「演技」，才能婉轉和諧地表達彼此的情感與意念。

照顧愛情，就像照顧熱帶魚

一位男士有天晚飯後正在家中看電視，結婚三年的太太不知在一旁嘮叨些什麼，他專注地盯著電視，沒去理會。

這時太太突然一下站了起來，開始在客廳裡翻箱倒櫃找東西，找著找著，逼進了他身旁，甚至把他坐著的沙發墊也給翻了過來。

這下他實在忍不住，便開口問：「你到底在找什麼？」

她說：「我在找我們感情中的浪漫，好久沒看到了，你知道它在哪裡嗎？」

這個回答既幽默又令人心疼，也道出了許多老夫老妻心中的無奈。

在一起久了，感情的確穩定下來，但風味似乎也由濃烈轉為清淡，原先的熱情不在，猛一回首，才驚覺自己手中一路捧著的愛情早已如風乾的玫瑰，變味走調多時。

這陣子演藝圈不時傳出消息，許多愛情長跑多年的銀色情侶紛紛宣布分手，而普普通通的你我，也聽到周圍朋友分分離離的訊息此起彼落，不禁讓人擔心起來，愛情是否真是無常。

有回在KTV，就曾經看到一位結婚十數載的好友抓著麥克風大唱：「太陽下山明早依舊爬上來，花兒謝了明年還是一樣的開，我的浪漫小鳥一樣不回來！」

聽來令人唏噓，不知你是否也有同樣的感嘆？

其實對待愛情，就應該如同照顧魚缸中的熱帶魚，必須常常換水，以保新鮮，這樣五顏六色的熱帶魚才能自在順心地搖擺出絢爛的生命力。

所以，愛情是需要保鮮的。

美國心理學家安吉莉絲有個不錯的建議，她把它稱為「親密大補

貼」。內容是這樣的：三乘三處方，亦即一天三次，一次三分鐘，主動對另一半表達你的愛意。

每天的三次分別是在什麼時間進行比較好呢？不妨試試早上下床前、白天上班時以及晚上就寢前。

早上睜開眼，先別急著下床，可以抱抱另一半，享受跟心愛的人一起睡醒的溫暖；還有，在白天找個時間通個三分鐘電話，告訴對方你正想著他；另外，晚上臨睡前，更該花些時間相互表達濃情蜜意。

這個做法非常合乎快樂的原則，因為快樂感不能一曝十寒，而是得源自於隨時產生的小小成就感累加後的效應。

把你的愛情當成魚缸中的熱帶魚，使用三乘三「親密大補貼」來細心照料，你會發現，你的愛情將能永保新鮮、躍動不已。

親愛的，我的世界只有你

在與另一半進行愛情保鮮計畫時，首要之務是你得全神貫注。

把別的事全都忘掉，此時全世界都消失無蹤，只剩下親愛的他，把你全部的注意力都放在對方身上，專心與他為伴。

重要的不是你說了些什麼，而是你怎麼說。在親密示愛的時刻，這個道理就更為要緊。愛意的傳達，光靠「談」情「說」愛是不夠的，雖然說話的內容得推敲思索，然而說不出來的部分才更是重點。

這意思是說，在感情中，「感」覺和「情」緒是關鍵。

因此，如果你嘴裡說「正在想你，覺得很溫暖」，但心裡卻想著「等下開會，一定會被老闆罵得很慘」，這種人到心不到的表現以及心不在焉的情緒狀態，就連自己都無法感動，又如何能期望另一半感覺到愛意呢？

而當全神貫注時，我們傳達了一份「我重視你，我在乎你」的意念，這份用心會讓對方覺得備受尊重，而且能滿足對方心中渴望被尊重的情緒需求。

而愛情，不就是建築在被珍視的感覺上嗎？

所以唯有專心當下，讓自己沉浸在愛的情緒中，你才能因真正有感而發，使另一半動容，確實達到愛情保鮮的目的（否則弄巧成拙，還不如不做）。

接下來給你幾個有助於你全神貫注的建議：

- ◉ 開口前先深呼吸幾下，讓腦中意念及情緒充分轉換；
- ◉ 在聽對方說話時，跟著他的話去想像；
- ◉ 千萬別打斷對方，微笑鼓勵他把話說完；
- ◉ 對方欲言又止時，告訴他：「親愛的，我在聽，請說。」

只要掌握這些原則，全神貫注就一點也不難。更何況如果你還記得的話，三乘三的愛情保鮮計畫一次只需三分鐘。維持三分鐘的專注，絕對是輕而易舉的。

毛手毛腳，傳達情意

愛情保鮮計畫的第二個原則是，常常展現濃情蜜意。

這裡所指的，是肢體上的親密感。也就是說，在每日三乘三愛情保鮮時刻，別忘了動動口、動動手，用你的身體來傳達愛意。

最佳的示愛肢體語言，我相信你一定也清楚，包括了熱情擁抱、輕摸臉頰、牽手、摟腰以及親吻等等（除此之外，你還想得到什麼獨門的做法嗎？）

仔細想想，上述的這些肢體動作都可說是愛意的接觸，而這也的確是關鍵所在，因為身體的接觸，會產生不可思議的巨大力量。

看到這裡，恐怕你心裡早已冒出了些許微弱的聲音：可是，卿卿我我這一套，根本不合乎傳統習俗，更何況是老夫老妻了，還這麼噁心肉麻做什麼？

為了要確定你不會就此打退堂鼓，而忽視了這個重要的原則，我們先來了解兩個相關的研究。

英國的一家醫院曾進行一個實驗，要求醫生在手術前探視病人時，要握著病人的手進行諮詢。結果他們發現，有被握手接觸的病人，比沒有被碰觸到的病人的復原速度竟快了三倍。

另一個研究則是與嬰兒有關，心理學家們發現，不常被成人抱的小嬰兒的猝死率，遠高於時常被抱的小嬰兒。

也就是說，抱不抱有差別，摸不摸有關係。

這是因為，當你以關懷的態度用身體接觸別人時，彼此在心理上都會產生變化，壓力因素降低，神經系統舒緩，甚至免疫功能也跟著增強。

而透過碰觸、擁抱和親吻，我們可以強烈地傳遞及接收愛的感覺，能夠強化言語的情感，讓愛情保鮮計畫收到事半功倍的效果。

甚至，有時不需言語，只要溫柔的擁抱對方，讓彼此的身體及心理一起感到溫暖，愛意就充分展現無遺。

身體的距離，往往也反映出心理的距離。許多老夫老妻就是羞於親吻或是忽略碰觸，才導致兩人漸行漸遠。

請千萬別低估了身體接觸的重要性，為了要經營更濃情蜜意的愛情，請你對另一半毛手毛腳，毫無保留地展示心中愛意。

請聽我談情說愛

最後一個愛情保鮮的原則是：表達讚賞和感激。

在每天三次，每次三分鐘的親密時刻，你需要把握機會，告訴另一半你對他有多麼欣賞、多麼感激。

對了，就是要你繼續談情說愛。

如果你在這方面的功力有些減退。沒問題，以下我們就詳細來推敲一下開場白該怎麼說吧！

1·「我喜歡你的……」、「我欣賞你的……」

例如：「你知道嗎，我一直很喜歡你的大方，不論是對朋友、家人，甚至於是我的家人，你都願意伸出援手，而且出手十分慷慨，我很欣賞你這份不計較的瀟灑。」

要不：「老婆，我最喜歡你的細心。這件外套什麼時候掉了扣子我都渾然不知，幸虧你細心體貼，悶不吭聲地把它縫好，沒有你我還真不知道該怎麼辦呢？」

或者：「老公，我很喜歡被你愛的感覺……」

2·「謝謝你……」

告訴他你的感激：「老公，謝謝你這麼專心地聽我發牢騷，其實都是些要可有可無的小事，你卻能把我的感覺當一回事，聽了這麼久，讓我覺得很受重視，心情也好多了……」

要不：「親愛的，謝謝你剛剛在朋友面前支持我的意見，你從來都不在人前讓我難堪，真是善體人意，讓我更加愛你。」

189

3・「對不起……」

趁機化解一些小誤會。「老婆,對不起喔,我今天早上在車上因為上班快遲到,而一時心急,對你說話大聲了些,真是抱歉……」

4・「我愛你身體的……」

此外,對另一半也該以貌取人:「親愛的,你的眼睛一直很迷人,我最愛看著你的眼睛……」「老公,你知道我最愛你厚實的胸膛,讓我很有安全感……」

這下子,你的調情功力應該恢復了吧!

時常表達讚賞及感激,是愛情最好的調味劑,應該讓它永遠不會平淡無味。

別讓愛成為一種傷害

在這個世界上,最偉大的莫過於愛;但愛也要有個度,超過這個度,愛就有可能變成一種傷害。

天鵝湖中有一個小島,島上住著一位老漁翁和他的妻子。平時,漁翁乘船捕魚,妻子則在島上面養雞餵鴨,除了買些日常用品,他們很少與外界往來。

有一年秋天,一群天鵝來到島上,牠們是從遙遠的北方飛來,準備去南方過冬的。老夫婦見到這群天外來客,非常高興,因為他們在這裡住了那麼多年,還沒誰來拜訪過。

漁翁夫婦為了表達他們的喜悅,拿出餵雞的飼料和捕來的小魚招待天鵝,於是這群天鵝跟這對夫婦熟悉起來,在島上,牠們不僅敢大搖大擺地

走來走去，而且在老漁翁捕魚時，牠們還隨船而行，嬉戲左右。

冬天來了，這群天鵝竟然沒有繼續南飛，牠們白天在湖上覓食，晚上在小島上棲息。湖面封凍，牠們無法獲得食物，老夫婦就敞開茅屋讓牠們進屋取暖，並且給牠們餵食，這種關懷一直延續到春天來臨，湖面解凍。

日復一日，年復一年，每年冬天，這對老夫婦都這樣奉獻著他們的愛心。有一年，他們老了，離開了小島，天鵝也從此消失了，不過牠們不是飛向南方，而是在第二年湖面封凍期間餓死的。

放飛你的伴侶，在不可知的未來，你的愛也許會變成一種傷害。

缺口的碗與墊腳的石

女人和丈夫離婚了，堅決而俐落，理由卻簡單得讓人瞠目。她說：「我與他結婚 5 年了，每次吃飯，他都把那個破了邊的碗留給我，我不明白，我為什麼總是要用那個碗呢？」

僅僅是為了一個邊緣有點缺口的碗，就讓她付出如此大的代價，值得嗎？這讓我想起一個故事：一個女人和一個男人去辦離婚手續，經過一條小河，女人過不去。男人說，等等我們就不是夫妻了，那邊有一塊石頭，我去搬過來，你踩著過去吧！男人搬著石頭蹣跚著回來，女人流了淚，撲進了他的懷裡。

一個破了邊的碗，男人或許感覺不出什麼，女人不僅會認為它不完整，而且，還會因此衍生出許多看似荒誕又不切實際的想法。在她看來，一個男人會將一個破碗留給她，就會將所有殘缺不全的東西也留給她，最後甚至把一個破碎的家庭留給她。她會固執地認為，一個連細微之處都不懂得憐惜和關愛自己的男人，怎麼會全身心地給予她愛的真誠與博大呢？

　　女人是哪些在意一些細膩、微小的東西，金錢、權勢對她們來說有時真算不了什麼，她們更多注意的是一些內在甚至無形的東西。一件小掛飾，一束鮮花，一句平淡至極的「我愛你」都能催開女人臉上的笑靨，讓她們感受到無以比擬的欣慰和幸福；女人們是挑剔的專家，喜歡將男人置於自己的眼目之下，從其舉手投足中窺測自己在其心中的地位與份量。這種情形並不因為介入了婚姻而倏然消失，如同鮮花和美麗的服飾一樣，女人將一直追隨其到生命的最後時分。

　　女人可以為了一塊墊腳的石頭而不離婚，那麼為了一隻破碗離婚也就不新奇了。那豈止是一隻碗，分明是一個男人枯萎僵固的心靈，一個連妻子眼裡閃現的哀怨和感傷都熟視無睹的人，又怎麼能感受到她內心的歡欣與愉悅呢？要知道，女性是最容易以小見大的，她們需要的是那些充滿甜蜜感的、帶有溫馨意味的細節，以便讓她們有足夠的時間和情感來回味這些幸福。

　　所以，一個男性在誇獎女性時，如不多加注意，常會招致誤會，甚至惹人厭煩，而無法將自己的意思完全傳達給對方。而在面對異性時，用較抽象的、模棱兩可的讚美較能收效，因為語辭本身含有多種層面的解釋，能使對方不自覺地往好的方面解釋，例如你說「你的眼睛很漂亮」這樣具體的讚美，如果對方真有雙漂亮的眼睛，她頂多認為這是理所當然的，若不是這樣，反而被認為是一種諷刺。所以，倒不如告訴她「你的氣質很好」，這樣更能使對方高興。

　　有一位被女人們稱為情聖的男士最推崇的一句女性讚美：「你好像剛洗過的手帕。」它真正代表的含義根本無法確定，但是聽到這句話的人，往往會想到自己的優點，然後自然而然地認為這優點就像「剛洗過的手帕」那樣好——雖然他們並不知道剛洗過的手帕是什麼情形，奇怪的是，幾乎所有的女性都據此認為他的話是那樣的令人感動。

怎樣對待沉默寡言的丈夫

某電臺的心靈熱線中，一位苦惱的女士這樣向主持人訴說：「我的丈夫確實不錯，為人善良，一表人才，工作認真，菸酒不沾，人家都說我找到了一個稱心的人。可我還真有一點後悔，怎麼就會找了這樣一個人。我們從戀人變成夫妻，他的話也就越來越少了；兩人在一起時，總是我的嘴巴說個不停，他難得說上一句。親熱時，他把我抱得緊緊的，可照樣一言不發，我讓他說點什麼，他竟說：『叫我講什麼呢？』寂寞的時候，我真羨慕吵吵鬧鬧的夫妻，我也試著找碴激他吵架，可他還是一聲不響，真是找到一根木頭做丈夫了。」

也許有人會說男人閒話還是少一點好，天天嘮嘮叨叨的像啥；也可能有人認為，男人就是這種樣子，戀愛時說不盡的甜言蜜語，妻子一到手就安心得連話也不願多講了。

電臺的主持人認為有必要先探討一下男子為何會沉默寡言。

男女相比，女性的感情色彩較重，芝麻綠豆事也放不下，總想吐露出來，還喜歡發表生活中的各種感受。而男性感情深沉，對事物的觀察也比較「粗心」，喜歡用自己的行為而不是表述來體現個人的力量與價值。就此而言，有些男性將某種情境裡的獨處當成一種休息，甚至是一種享受，這在心理學上被稱為「孤獨的需要」。另外，男性又是「冷酷」的，在工作中，男性往往重擔在肩，對雞毛蒜皮的事很少放在心上，也很少注意理解女性的感情需求。男性中不少人工作壓力越重，越容易將家庭當成求得平靜、舒適的「安樂窩」，深沉執著過了頭，就變得沉默寡言。

這種沉默對丈夫是享受，對妻子卻成了折磨。那麼如何扭轉這種局面呢？該主持人建議這類女士不如這樣做。

情場心想事成

1‧別整日埋怨丈夫

生活非常奇怪，丈夫喜歡在外面控制指揮別人，妻子則喜歡在家中控制指揮丈夫。有的妻子見丈夫一回到家，不是甜甜蜜蜜地說幾句溫言暖語，而是把準備了一天的牢騷不滿像連珠炮似的倒出來，丈夫一進家門就進入灰色的情緒環境中。面對妻子每天沒完沒了的抱怨，丈夫慢慢學會了用少說話來求得安靜。

2‧在生活中增加遊戲性談話

輕易地把丈夫婚前的甜言蜜語和婚後沉默寡言當成婚姻的詭計是不公正的，婚後的男人也需要感情交流，只不過婚後男人身上的擔子感覺更重了，常常會為了事業而「忽略」妻子。這時，如果妻子在共處時能主動開開玩笑，說說彼此都感興趣的趣聞軼事，是可以啟發丈夫的談話興趣的。

3‧用沉默後發制人

任何家庭都有其獨特的角色分配，勤快能幹的妻子也會在更勤快能幹丈夫的「威懾」下變得懶惰無能，這是丈夫培養出來的。同樣，妻子整天嘰嘰喳喳、喋喋不休，丈夫必然因為「相形見絀」而變得沉默不語。聰明的妻子不妨這樣試試，在閒聊時，一改嘴巴不停的習慣，也學著沉默起來。丈夫對這種氛圍的突變，會引起一連串的心理變化，開始感到不安，他不知道妻子在想什麼，甚至會擔心有什麼未知的事即將發生，平時吵鬧的妻子突然沉默成為一個強烈的刺激。這時丈夫當然會感到好奇，甚至「沒話找話講」。在這當下，妻子對丈夫的短暫的多情和善言行為應給予鼓勵。「你變得如此愛講話，真令人想不到。」這種簡單的鼓勵也可能成為開啟伴侶言語大門的鑰匙。當然以後，你要盡量少嘮叨，讓他在講話中占有上風，不然剛學會的「本領」可能會失去。

怎樣對待丈夫的喜新厭舊

　　有些女性在戀愛心理上有一大困惑：未婚的年輕女孩多為如何長久保持吸引男性的魅力而煩惱；已婚女子則多因丈夫有可能見異思遷而煩惱。她們都在詢問：對待男性的情愛策略到底是什麼。

　　相傳古烈治是一位西方國家元首，一日他偕同夫人科尼基參觀一家養雞舍，夫人問主人說：公雞多久會對母雞盡一次丈夫的職責？答：時時盡責，一天十多次。夫人說，請轉告總統。總統聽罷問：「每次都在同一母雞上盡責嗎？」答：次次更換伴侶。總統說，請把結論轉告夫人。後來心理學把雄性的見異思遷傾向稱為「古烈治效應」。這一效應在任何哺乳動物身上都被實驗證明了。人為高等動物，不可避免地殘留著這一效應的痕跡。但人有良知、有道德，靠這些東西才使人最終脫離了動物界。

　　心理學認為：同一強度的刺激重複呈現，其刺激強度就會呈遞減趨勢。由此推斷：第一次出現在男性面前的迷人女子，比起反覆出現在男性面前的女子更具有魅力。男性在心理上有喜新厭舊的傾向也不是什麼人格缺陷，而是有著深刻的生理的、心理的基礎。那麼女性的戀愛策略，則該是當你發現某個你也有好感的男士傳來愛的訊息時，不要急於回應，不讓他輕易實現願望，在男性看來最明智最具魅力的女人是讓他想要，又得不到的女人。

　　戀愛終究要從相識到結婚，婚後女性神祕的面紗終究要被揭開，當一切重複呈現後，男人仍可能見異思遷怎麼辦？有幾個重點，一是努力保持自己的高尚品德和人格的獨立，就是說外在的軀殼雖不再神祕了，但人的心靈美卻像涓涓細流源遠流長。一般男子婚後更注意妻子的內在特質，如她的文雅、羞澀、含蓄、溫柔、體貼、通情達理、忍讓、勤儉、女人味等，如果認為結了婚就萬事大吉，就可以一切都本能化，那必定很快就失

去魅力，讓人反感。另外，要保持自己的空間和時間。終日廝守的夫妻有時也需要一些距離感和危機感，「距離感」導致「久別勝新婚」；「危機感」也會導致「越怕失去越加小心和珍惜。「男人不是喜歡「新」嗎？那你為什麼不千變萬化地吸引著他呢？

怎樣對待愛吃醋的妻子

　　古時一婦人得知丈夫另尋新歡，賦詩一首送丈夫：「恭賀郎君又有她，儂今洗手不當家；開門七事都交付，柴米油鹽醬與茶。」細心的讀者可能會發現，該婦人的「開門七事」其實並沒有完全交出來，她留下了「醋」。

　　社會雖然已跨進了 2000 年代，但當丈夫和異性交往時，妻子心中仍覺得酸溜溜的，像喝了醋一樣。當然，淡淡的醋味能增加夫妻的感情，但凡事有個「度」，醋勁太強，就會破壞家庭的安謐。這正如菜中放少許醋能殺菌、保鮮、增味，但放多了就難以下口了。有些妻子總希望自己的丈夫堅守「男女授受不親」的禮教，她們一有懷疑便盯梢、跟蹤丈夫；或聽信流言蜚語無端誤會丈夫的社交狀態；或不准丈夫與異性接近限制其社交；或捕風捉影疑神疑鬼亂猜疑。有的妻子見丈夫與異性談笑，便當場歇斯底里，誹謗侮辱女方；或回家後對丈夫大發雷霆，沒完沒了。遇上這樣的妻子確實令人頭痛，但倘若遇上了，丈夫怎樣正確對待呢？

1·忠於妻子

　　丈夫對愛情的忠貞行為，是消除妻子猜疑的最有效的「靈丹妙藥」。妻子愛「吃醋」，對丈夫有些不放心，是妻子對丈夫愛的表示。因此，丈夫一定要注意用自己的行動，加強妻子對自己的信任，要檢點自己的作風，不可背著妻子做任何對不起妻子的事。丈夫心中只有妻子，永遠忠於

自己的愛情，丈夫的純真舉動，遲早會消除妻子心頭的一切疑雲，妻子當然也就不再「吃醋」了。

2・消除誤會

有的妻子對丈夫的猜疑，沒有能及時地消除，使誤會真的釀成了「醋」。所以，身為丈夫應細心觀察妻子，了解妻子「吃醋」的原因。

3・不避妻子

丈夫參加社交活動本是正常的事，與異性接觸應大大方方。越是隱蔽，妻子就越懷疑；越是不讓妻子知道，妻子就越是認定其中有鬼。身為丈夫，若有可能，盡量讓妻子陪自己一起參加社交活動，讓妻子對自己的社會關係和行為有正確的認知。同時，在結交異性朋友時，最好也讓妻子知道，請她們來家中作客，與妻子也交個朋友，那就更好了。

4・講明危害

愛「吃醋」的妻子，把丈夫看得緊緊的，時時拴在自己身邊，這不僅使丈夫困在家庭小圈子裡，生活單調乏味，而且也妨礙了丈夫的正常工作和社交。同時由於憑空編造莫須有的「第三者」，往往會傷害他人，造成嚴重的後果。妻子愛「吃醋」，雖然是以愛丈夫為出發點，卻會傷害丈夫和夫妻間的感情。因此，妻子莫把愛「吃醋」視為「小事」。事實上，由於丈夫不堪妻子的猜疑，與妻子離婚的悲劇，生活中並不少見。這就告誡愛「吃醋」的妻子，要真正認知到猜疑、嫉妒的危害，從而自覺改正，否則難免危及愛情。

5・正確理解

妻子愛「吃醋」確實給丈夫帶來一些苦頭，丈夫也應從積極角度考

慮，畢竟她這樣做是真心愛丈夫，害怕失去丈夫。從這個角度去看待妻子，火氣就會消失，丈夫就能冷靜下來，認真幫助妻子克服這個缺點。只要丈夫心懷坦蕩光明磊落，多數妻子會化猜疑為信任，矢志不渝忠於愛情，夫妻關係會更加親密無間。

怎樣對待愛嘮叨的妻子

根據日本著名心理學家新森建二研究測定，在婦女中大約有一半以上的人對丈夫說話時愛嘮叨。

婦女愛嘮叨是由其特殊的生理特點決定的。妻子愛嘮叨雖然會給丈夫帶來一些厭煩情緒，但對妻子本人卻有很多好處。現代醫學證明，長期憂鬱使人神經衰弱，內分泌系統紊亂，重則還可導致精神失常，甚至引發高血壓及其他心血管疾病。而透過嘮叨宣洩屬於心理治療中的一種方法，所以是一種特殊的「健身」法。那麼，面對愛嘮叨的妻子，丈夫應怎麼辦呢？

1・要認真傾聽妻子的談話

有關專家認為，丈夫不認真聽妻子講話：常常容易激怒妻子，妻子對丈夫無休止的埋怨與責難也就不可避免。所以，遇到妻子嘮叨時，應該盡量克制自己，聽妻子把話說完，千萬不要流露出厭煩情緒。

2・對妻子的辛苦應該給予充分的肯定和讚賞

妻子既要照顧孩子，又要操持家事，有的還要上班，工作和家事負擔是很重的。丈夫除應幫助妻子處理一些家事，除此之外，還應對妻子的辛苦給予充分的肯定。給予妻子這種心理上的滿足和安慰，就可以大大抵消

妻子的怨氣，妻子對丈夫的埋怨和責難也就會隨之減少。

3·保持心平氣和

遇到妻子嘮叨不休時，不要大動肝火，更不能火上澆油，使妻子傷心動氣。最好的辦法是心平氣和地和妻子講一講，請妻子不要再說了。待事情過後，氣氛緩和後再和妻子講明，她沒完沒了的嘮叨給你帶來的苦惱。

怎樣對待不善交際的伴侶

妻子性格內向不善交際，常常會使客人們感到尷尬，誤以為女主人不那麼歡迎他們。

其實，不善交際的何止是女人？在男性的隊伍中也大有人在。而且很奇怪，就像「月老」故意安排了似的，在一對夫妻中，常常是如果男的善於交際，女的就不愛說話；如果女的善於交際，男的就是「老實人」，這就常常在夫妻之間引起了不協調，或者產生埋怨情緒。人世間各人有各人的脾氣和性格，有的人喜歡在大庭廣眾之前出頭露面，有的人卻盡量避免參加社會活動；有的人很會交朋友，和生人也容易混熟，有的人卻很不善交際，即使是親戚、朋友、熟人登門拜訪，也會感到拘束，甚至不知道怎樣交涉才好。所以，實在不可強求人人都一樣。

不過，從現代社會發展和生活方式的變化情況看，人與人之間的往來和聯繫將會更加頻繁和加重，社交也逐漸成為人們生活中的一個重要內容。現在在大城市，社交活動成為人們極為重要的事，而且常常是由夫妻兩人一齊參加的。夫妻雙方中任何一方會不會交際，都不能處理好各方面的關係和往來，常常直接影響到另一方。在美國，會不會交際就更為人們所重視了。據說一位夫人、太太，如果不善於交際，不會招待朋友，就很

可能導致她與丈夫的婚姻發生變故。在我們的國家裡當然還不至於到這麼嚴重的地步，不過不善於交際畢竟是個不足和缺憾。

假如你的伴侶不善於交際，首先是不要去責怪和埋怨，而是仔細地觀察和分析，找出伴侶不善於交際的原因。確實，只要仔細看看我們的周圍，許多不善交際的人大都事出有因。這些人或者是在某種環境中，或者只是在某些特定的人面前不愛露面，不愛說話，而在另一些環境和另一些人面前，可能就不是這樣了。在這些特定的環境、特定的人面前，他們往往自己感到「不如人」（在職業、地位、學識等方面），因自卑感作祟而盡量避免這類社交活動。假如是這樣的話，當你了解到伴侶不善交際的原因若是自卑感作祟，就能對症下藥設法幫助伴侶，解除不必要的思想顧慮，使之充滿自信，這樣在社交中就不會因為自覺「矮人三分」、「低人一截」而不自在了。其實，任何人都是平等的，是不需要自卑的，何況人各有長短，在某些方面你不如別人，而在另一些方面，別人未必比得上你，在朋友、同事、親戚之間，因為自己擁有某些專長而瞧不起人的畢竟不多，所以我們每個人是不需要自卑的。

也有一些人不善交際卻是性格內向所致。但是，不論是何原因，要想改變伴侶不善交際的弱點，關鍵在於自己善於慢慢地「鍛鍊」和「改造」對方，也可以先讓對方參加一些熟人範圍的社交活動，再逐步多接觸各方面的人，而且要多加鼓勵，使之漸漸地「大起膽來」，切不可採取責備、譏笑的態度，更不應該當著客人的面取笑、奚落自己的伴侶，因為那只會使自己的伴侶越發不敢說話、會客了。

社交是人們社會生活中不可缺少的內容，願你的伴侶學會社交、善於社交。

吵架時不要傷害感情

俗話說：勺子沒有不碰鍋邊的。恩愛夫妻也一樣，兩人共處的時間長了，難免會遇到不快的事，夫妻間總有相互頂撞的時候。如果你不想損傷對方的自尊心，你就必須學會說：「很抱歉！」「對不起！」「原諒我吧！」一類禮貌用語。

在日常生活中，我們有時會遇到這樣的情形：一些夫婦動輒發怒，事後又不分析原因，不設法解決。對此，許多夫婦頗有微詞，並稱之為婚姻上的「慢性自殺」。而他們則認為，一味地忍耐，不發生任何口角和衝突，夫妻關係就會好。這樣表面看似乎平靜了，實則已走向了另一個極端。回頭看看他們的兩人世界，關係的確「好」，但他們之間卻不會溫暖和體貼，不會經常有愛情的火花迸發。因為他們忽略了這樣一個事實，所有的家庭都會存在著一定程度的矛盾，你的配偶也許不會每時每刻都對你充滿柔情蜜意，但彼此希望滿足某些要求是合理的 —— 只要這些要求不苛刻就行。正確的做法應該是，既認知到偶爾的生氣和衝突是一種正常現象，又要注意保護你應該具有「權利」。

夫妻吵架無輸贏之分，誰是誰非不可能明明白白。有時只不過是做某一個「選擇」，而這個「選擇」往往來自一方的讓步。

懂得了吵架的藝術，夫妻就能雖吵猶親，愛情的紐帶也將越來越緊。怎樣才能做到這一點呢？

1・允許對方偶爾生氣

如果你認知到彼此愛慕的一對夫婦，也不免會有嫉妒、煩惱和生氣等事情發生的話，那麼當這些情緒來臨時，你就不會驚惶失措，因為這並不意味著他或她已經「沒有感情」了。也許你的伴侶是因為上司對其責怪的緣故而情緒低落，沒有向你表示纏綿之情，但即使這暫時的不快不是你的

過錯，你也應該問：「親愛的，我做了什麼事惹你生氣了嗎？」如果回答是否定的，你可以再問：「那麼，我能為你分憂嗎？」如果對方不需要，你就不必打擾。要知道，這些問候是你給予伴侶最好的安慰。

2・努力理解對方的觀點

我們時常可以看到，夫妻之間一旦產生了意見分歧，雙方都只顧強調自己的道理，而不注意聽取對方的道理，這是使矛盾激化的常見原因。這時，你應冷靜下來，思考對方的意見，若發現對方的觀點正確，你就應放棄你個人的意見，「在真理面前人人平等」，這樣，矛盾自然不會激化。

3・心平氣和地闡述個人的意見

耐心聽取對方意見後，如果仍然認為有必要把自己的觀點講清楚，以說服對方，則闡述時一定要心平氣和，盡量放慢語速、和緩語調，把自己的道理講清楚，即「曉之以理，動之以情」，不可把自己的觀點強加給對方，否則對方會產生反感，聽不進你的意見。

4・以冷對熱

以冷對熱的關鍵，就是你吵我不怒。在一方感情激動、控制不住自己的時候，任他發火，任他暴跳如雷，不去理睬他。「一隻巴掌拍不響。」一個人吵，就吵不起來，等他情緒平和以後，再和他慢慢說理，他就容易接受。

5・說話要有分寸

即使忍不住爭吵，說話也要有分寸，不能說絕情話，不能譏笑對方的某些缺陷，或揭對方的「傷疤」。更不能在一時氣憤之下，破口大罵，不計後果。比如有的人吵架時言語不留餘地：「你是不是問得太多了」、「我

要你怎麼做就怎麼做」、「你受不了可以滾」等等，這類話咄咄逼人，很容易引發更大的衝突。

6・直接表達自己的期望

如果一方想表達自己某種強烈願望，最好直說「我想……」。比如妻子責怪丈夫好久未帶自己上餐館，她就不妨直說：「我想今晚到外面吃飯。」而不要說：「你看老闆每週至少帶妻子上一次飯店，而你呢？」

7・就事論事

為了那件事吵，談清這件事就行了，不要「翻舊帳」，上綱上線，也不要無限擴大，將陳穀子爛芝麻一股腦翻出來，把一場架吵成幾場架，攪成一鍋粥，這是極不明智的做法。

8・不要以辱罵代替說理，更不能動用武力

夫妻之間之所以發生爭吵，主要是因為一方的觀點沒能說服對方。因此，要想使爭吵得到解決，唯一的辦法是都冷靜下來透過充分說理，使雙方的觀點達到一致。如果一方只求個人的一時痛快，採取簡單、粗暴的辦法，甚至不惜用辱罵、毆打的手段以制服對方，雖然暫時占了上風，卻可能在感情上造成更大的裂痕。

9・主動退出

不少夫妻在爭吵過程中，總有一種占上風的心理，就是都要以自己「有理」來壓制對方，結果誰也不服誰，反而越說越有氣。其實，夫妻之間的爭吵，一般沒有什麼原則問題，許多是是非非糾纏在一起，也不易分清，特別是在頭腦發熱、情緒激動時更不易講清。如果爭吵了一定時間和一定程度，發現這樣下去還不能解決問題，那麼有一方就要及時剎車，並

告訴對方應該休戰了。這並不是屈服、投降，而是表示冷靜和理智。比如可以用幽默打破僵局，或者乾脆嚴肅地說：「我們暫停吧！這麼吵也解絕不了問題，大家冷靜點，以後再說。」之後，任憑對方再說什麼，也不再搭腔。

10.「幽」他（她）一「默」

吳剛下班後剛推門走進屋，便看見妻子正在收拾行李，吳剛很詫異地說：「你這是要做什麼？」「我再也待不下去了！」妻子喊道：「一年到頭，整天和鍋碗瓢盆相處，煩死了，我要離開這個家。」吳剛茫然不知所措，望著妻子拖著行李走出門外。生氣，反會使妻子更加堅定地離去；放任，又似乎於事無補，忽然，他靈機一動，衝進房間，從架子上抓起一個皮箱，衝到門外，對妻子喊道：「等一等，親愛的，我也待不下去了，我和你一起走！」故事的結局當然是妻子轉怒為喜。究其原因是由於吳剛的機智反應。面對怒火衝天的妻子，他不是硬碰硬，而是採取了一種順勢而為，借力使力的幽默藝術，使妻子的怒火平息，同時又不得不無奈地返回佳鍾。

俗話說「無慾則剛」。每個人在交際中都有一種慾望滿足的心理需要。因此，只要你能夠滿足他的這些需要，「剛」自然便會「克」去。

有一對新婚夫婦婚後不久因生活小事吵了一架，雙方各不相讓，戰火愈燒愈旺。最後妻子號啕大哭。她邊哭泣邊哽咽著說：「我……我要跟你離婚，我要離開這裡，回娘家去。」丈夫一聽急了。怎麼辦呢？靈機一動，對妻子說：「那太好了。親愛的！這是搭車的錢。」妻子數了數，問道：「那，回來的交通費怎麼辦？」

故事的結果沒寫大家也能猜到。聰明的丈夫因勢利導，在妻子提出要回家的想法時，順水推舟，把車錢都給準備好了。妻子暫時的慾望得以滿足，火氣自然就會減弱。這一切都應該歸功於幽默的力量。

再忍耐兩分鐘

　　學會忍耐不是一件簡單的事，但我們還是得忍耐，因為忍耐能為我們帶來意想不到的收穫。

　　我們常會碰到這樣的事，丈夫出去辦事，儘管他應該先給你打電話，也應該在他回來後誠懇地向你道個歉，但這些他都沒有做，你會在心裡暗暗地怨他。有時因不知丈夫到底去哪了，而心生疑慮，一種不悅的情緒三不五時侵擾著你，自己在心裡發著無名火。於是你感到內心很沉重，壓力自然而然地就產生了。下面的故事就說明了這個問題。

　　聽到鑰匙的開門聲，憤怒的梅真想跳起來把他推出去。滿滿一桌飯菜涼了又熱，熱了又涼，全都是丈夫愛吃的。然而丈夫絲毫沒有意識到梅的滿腔柔情，也早忘了今天是他們結婚 5 週年的紀念日。

　　他的全部思緒都集中在今晚的足球賽上，那精彩的臨門一腳彷彿是他射進的。梅真想在他眉飛色舞的臉上打一拳，然而一個聲音告誡她：「別這樣，親愛的，再忍耐兩分鐘。」

　　兩分鐘以後的梅，怒氣降了許多。「丈夫本來就是那種粗心大意的男人，況且這場球賽又是他盼望已久的。」她不停地安慰自己，起身又把飯菜重新熱了一遍，並斟上兩杯紅葡萄酒。丈夫驚喜地望著豐盛的飯桌：「親愛的，這是為什麼？」「因為今天是我們的結婚紀念日。」

　　愣了片刻的丈夫抱住梅：「寶貝，真對不起，今晚我不該去看球。」梅笑了，她暗自慶幸幾分鐘前自己沒大發雷霆。

　　每個家庭當中，夫妻吵架，都是因為這些枝微末節的小事引起的。仔細想一下，為了家庭的和睦與幸福，是不是要像梅這樣忍耐兩分鐘呢？

妻子「紅杏出牆」的徵兆

妻子「紅杏出牆」，這似乎是一個男人心目中最大的恥辱與悲哀。有的丈夫對妻子已經移情別戀而毫無察覺，甚至一直戴著綠帽子而不自知。其實，身為丈夫，是完全可以從一些細微的變化中察覺妻子的婚外戀情，這些跡象的發生是有階段的，只要丈夫認真觀察，就能發現徵兆。

第一階段：妻子抱怨丈夫對她關心不夠。

有時由於丈夫工作繁忙，疏於同妻子交流感情，使妻子抱怨丈夫對她的關心不夠，雙方時常發生爭執。

第二階段：雙方彌補感情成效甚微，妻子喪失希望。

夫妻之間發生爭執後，雙方會共同致力於彌補裂痕，但由於丈夫還是專注在工作上，使妻子對他失望。

第三階段：丈夫繼續忽視妻子，妻子注意力轉移到新的男人。

由於妻子感到失望，不再與丈夫爭吵，而丈夫以為這是情感度過了危機，於是繼續投入在工作上。而妻子則擴大交友圈，結識新的男性。

第四階段：妻子背著丈夫偷情。

妻子開始與新的男人發生婚外情，多次幽會，甚至發生進一步的關係，她雖有罪惡感，但感到刺激，並認為情感上有了慰藉，但這時丈夫只覺得妻子舉動異常，並沒有懷疑妻子不忠。

第五階段：丈夫開始猜疑，妻子無所適從。

當妻子的婚外情愈演愈烈時，丈夫開始逐漸對妻子產生猜疑，妻子由這種雙重角色所產生的矛盾中逐漸感到無所適從。

第六階段：丈夫掌握證據，妻子竭力解釋。

隨著時間的推移，紙包不住火，妻子婚外情終於被丈夫掌握證據，妻

子由於覺得對不起丈夫，竭力辯解，而丈夫卻因這些辯解，而更加生氣，怒火中燒，兩人情感裂痕加深。

妻子「紅杏出牆」，基本上由這 6 個階段構成，當然也有一些是呈跳躍式的發展的。明智的丈夫，應在這些徵兆最初呈現時即採取有效的方法，加以阻止。越到後面，阻止的難度會越大。至於採取何種具體的方法，我們將在後面加以講述。

丈夫在外「採花」的信號

「妻子是別人的好」，「家花不如野花香」等等，這種觀念似乎都說男人就應該心「活一點」，因此有些男人都有「不採野花，活著白搭」的戲言。其實，很多不幸的婚姻就是由這種心態促成的。所以，及早捕捉丈夫的婚外情信號，對聰明警覺的妻子不啻。如何面對伴侶的外遇，這是人生一大痛苦。多少花前月下的甜言蜜語，多少斬釘截鐵的山盟海誓，到頭來如泡沫般破滅。

如何面對伴侶的外遇

伴侶有了外遇，這是人生一大痛苦。多少花前月下的甜言蜜語，多少斬釘截鐵的山盟海誓，到頭來如肥皂泡般破滅。 倘若對他（她）沒感情就算了，順水推舟好聚好散。倘若夫妻雙方仍有感情，受害者往往容易會在痛苦之中做出一些極不理智的行為，造成令人唏噓的家庭悲劇。

愛情的大廈還有基礎嗎？如果有，那麼就應該馬上採取加固措施。

1 · 保持冷靜

的確，在伴侶出現外遇時要保持冷靜是很困難的，心中的憤怒與痛苦如高溫的岩漿，隨時都想爆發出來。許多因外遇而破裂的家庭，就是因為受害方不冷靜而造成的。這種不冷靜，男方一般表現在「武力」上，找「第三者」算帳，找妻子用拳頭出氣；女方則表現在「一哭二鬧三上吊」上。這些撕破臉的做法，彼此玉石俱焚。

2 · 查找原因

是什麼原因造成對方有外遇？是男的生性好色，女的生性淫蕩？不，恐怕不一定。要試著從自身找原因。是不是自己忽視了他（她）是不是他（她）只是一時糊塗？如果是自身的原因，就要主動改正自己的缺點。

3 · 耐心勸導

用最真摯的感情，最善意的規勸，回憶甜蜜的過去，展望美好的未來。用豁達大度與通情達理去呼喚那隻迷途的羔羊。

如果自己勸導不成，也可找值得信賴的長輩、親戚、朋友，希望他們給你提供意見，但注意一定要找值得信賴的人，不要隨便同三姑六婆似的朋友訴苦，他們在無意之中可能將你家的問題傳播，以至弄得四鄰皆知，不僅不能給你任何幫助，反倒給你增加一層來自社會的壓力。因此，應避免無謂的訴苦或說氣話方式發洩。找可信賴的人共同商議解決問題的辦法，才是良策。

最後，如果一切努力都沒有多大效果，對方執意一意孤行，那麼只能選擇分手。這時，一定要記住好聚好散。也許，美好的人生會在不遠處等待你。

捨得放手

　　一個捲入不倫之戀多年的女子，遲遲不能走出這個其實對她來說已經是苦遠多於甜的關係裡。她說：「我忘不了那些他曾經給過我的浪漫、深刻的愛的感覺。」

　　另一個男朋友感情出軌多次，儘管痛苦卻始終不願分手的女人則說：「和他在一起這麼多年了，要分手，我不甘心！」

　　當愛遠走，無論它是發生在自己或者對方身上，放棄和放手都是唯一的出路。因為無法放棄曾經有過的美好感覺，無法放下曾經擁有的執著，就會讓更多不美好的感覺壓在自己的肩上、心上；讓自己和對方一起痛苦糾結，究竟能否懲罰對方也許還是未知數，但是自己絕對是被懲罰最深的一個，因為你剝奪了自己重新開始享受快樂和幸福的可能。

　　捨得放手讓已無愛的人走，並不是一件很難的事，只不過是周圍的輿論環境，財產的劃分等等，可能拴住了你。但是，這卻是唯一的方法。否則，我們就會處在無解的痛苦、氣憤和沮喪之中。

　　所謂捨得放手的藝術，並不單只在愛情消逝的時候存在。事實上，當愛情還在的時候，就懂得放手的智慧，往往是更積極的治本的方法。

　　從小到大，在每一段關係裡，我們都是在尋找著一方面與人連結，一方面與自己連結的雙向路線。也就是說儘管再親密，我們也需要擁有自己的空間。無論是親子關係、家人關係、朋友關係等都是如此，愛情關係當然也不例外。如果失去了這樣的空間，我們很快就會覺得被束縛、覺得窒息、覺得痛苦。

　　因此，當愛還在的時候，捨得放手，給愛一個空間，就是一件很重要的事情。其實，如果仔細而深入地思考一下，如果我們在愛裡面要求僅僅雙方黏在一起，往往可能是因為害怕、因為缺乏安全感、因為嫉妒、因為

209

要把自己生命的意義和重量交在對方身上等組成的各種原因，而不是因為愛。

捨得放手，給愛以空間，就像紀伯倫在「先知」中所說的：「在你們的密切結合之中保留些空間吧！好讓天堂的風在你們之間舞蹈。彼此相愛，卻不要使愛成為枷鎖，讓它就像在你們靈魂之間自由流動的海水。」

有一個詞叫「全身進退」。大概意思是指人不論在什麼情況下，都能在付出的時候全心全意地投入進去，在離開的時候毫無牽掛地抽身而去。古人都知道，「吾不能學太上之忘情」，這種全身進退的理想狀態，不知道在真正的生活裡，有幾個人能做到？

現實裡的情況是，我們往往在付出的時候不夠徹底，總是有這樣那樣的顧慮，擔心別人的看法，擔心自己的眼光，擔心現實裡的矛盾，甚至是擔心一個無足輕重的細節的完美度。時間一分一秒過去了，百分百的熱情似乎總沒有像內心期待的那樣出現過，它們都被消耗在了各種各樣的顧慮裡。所以到了最後，我們只能矜持地微笑，節制地用情，吝惜地計算。

我們也往往在離開的時候，不能瀟灑地掉頭就走，而是一顧三嘆，餘情未了，在決定離開的第一秒鐘裡就開始痛恨或後悔。甚至是在以為自己早已全身而退的時候，卻在一個似曾相識的地方和時刻裡不可阻擋地想起那個人，而後覺得像被殺傷性武器擊中，弄得淚流滿面，心碎難當。

有人說愛的反面其實不是恨，而是淡漠。這真是一句真理。愛一個人的時候，情感都是激越的。他關心你，你便想以十倍百倍的愛去關心他；他擁抱你，你便想以更多更有力的擁抱去回應他；哪怕是他犯了什麼錯有了什麼失誤，讓你對他恨得咬牙切齒時，想用盡全力去揍他，掐他，打他，但反正無論如何，都絕不是無動於衷地不理他。

除非是愛到殫思竭慮，愛到心灰意冷，愛到徹底絕望，心中已經不再有燦爛的火花，甚至連那些燃燒過後的草木灰也沒有了一點溫度。這種時

候，想不淡漠都難。從此對你形同陌路，對你的一切也不再有任何的回應。沒有餘恨，沒有深情，更沒有心思和氣力再作哪怕多一點的糾纏，所有剩下的，都只是無謂。有一天當發現對於過去的一切你都不再在乎，它們對你都變得無所謂的時候，這段愛肯定也就消失了。

所以，你要知道，恨你，是因為愛你；淡漠你，是因為不再想記起你。

全身進退，意味著在愛的時候，你要用盡百分百的感情對待，哪怕是爭執，哪怕是吵鬧，你也千萬別不理睬。因為不理不睬意味著淡漠，意味著你的心裡不再有對方的位置，意味著你們不再相愛。哪怕這種淡漠是你假裝的呢，在假裝淡漠的時候，你自己的心一定比他的還要痛百倍千倍，那是因為你依然愛他。

全身而退，意味著在不愛他的時候，你一定要毫不猶豫地放下他，千萬別回頭，或是在夜深時分還想著留條簡訊安慰他。你要知道，任何一點不乾脆的情結，都會讓他像一個溺水的人一樣拚命拉住你的衣襟，以為牽住了最後的希望，讓你無法徹底離去，把曾經美好的感情都拖累成厭倦。

有位作家寫過一個寓言，說一個少婦去跳河自殺，被正在河中划船的老船夫救上了船。

船夫問：「你年紀輕輕的，為何尋短？」

少婦哭訴道：「我結婚兩年，丈夫就遺棄了我，接著孩子又不幸病死。你說，我活著還有什麼樂趣？」

船夫又問：「兩年前你是怎麼過的？」

少婦說：「那時候我自由自在，無憂無慮。」

「那時你有丈夫和孩子嗎？」

「沒有。」

「那麼，你不過是被命運之船送回到了兩年前，現在你又自由自在，無憂無慮了。」

少婦聽了船夫的話，心裡頓時敞亮了，便告別船夫，高高興興地上了岸。

佛家對「捨得」的解釋是：有舍才有得。捨得放手，你失去的也許是一棵樹或一朵花，而你面對的，將是一個森林和花園。

友情遍地開花

　　朋友，是每個人人生舞臺上的重要配角。沒有朋友的人，在人生的長河中總是處處遭遇暗礁。既然《魯賓遜漂流記》中的魯賓遜，也要找個取名為「星期五」的「朋友」，教會他說相同的語言，然後結為朋友，何況我們呢。

益者三友，損者三友

朋友是鐵定要交的。但是，要交什麼樣的朋友，卻不可不慎重。孔子曾經說過：「益者三友，損者三友。友直，友諒，友多聞，益矣；友便僻，友善柔，友便佞，損矣。」意思就是說，朋友當中對自己有益的有三種，有害的也有三種。正直的朋友，講信用的朋友，知識淵博的朋友，對自己是有益處的；而善於花言巧語的朋友，當面奉承、背後詆毀的朋友，專講空話、不見行動的朋友，對自己只有害處。

在與人交際時，只有「盡知其害」，才有利於己。如果交的朋友品格不好，久而久之，你也會受到他的影響，從而漸漸地使你們的交往性質產生某種變化。但如果是和一個品格高尚的人相交，你耳濡目染，久受薰陶，自己的身心也就會越發的健康，並使得這種友誼煥發出一種迷人的魅力。這也正如古人所說「與善人居，如入芝蘭之室，久而不聞其香；與惡人居，如入鮑魚之肆，久而不聞其臭」。所以，「匹夫不可以不慎取友。」

那麼，什麼樣的朋友才是可取的呢？學者蘇浚在他的《雞鳴偶記》裡，進一步把朋友分為四個層次：道義相砥，過失相規，畏友也；緩急可共，死生可托，密友也；甘之如飴，遊戲徵逐，暱友也；利則相攘，患者相傾，賊友也。這種對朋友層次的分類，雖然是根據當時社會的現實情況而提出來的，卻在一定程度上次答了什麼是真正的朋友，應該交什麼樣的朋友的問題，值得我們借鑑。只有這樣，才能盡知交友之利。

在這四種友誼中，那種甜言蜜語不絕於耳，吃喝玩樂不絕於行的「暱友」，雖然可以帶來一時歡樂，卻無法做到貧賤相扶，患難相助，只能使人耽於歡樂，消磨意志，也沒有多少結交的價值。值得人們傾注滿腔熱情，以心相交的是能夠「緩急可共，死生可托」的「密友」，是能夠「道義相砥，過失相規」的「畏友」。

巧建「朋友檔案」

「友到用時方恨少」，不知你有沒有這種經驗，如果曾經有過，那麼就要趕緊亡羊補牢，如果沒有過，那麼也要未雨綢繆。

如何亡羊補牢、未雨綢繆呢？那就是建立一個「朋友檔案」。

人一生當中會交很多朋友，這些朋友有的會成為你的至交，有的會持續交往，但有的則會中斷。交朋友固然不必勉強自己和對方交往，但何不採取更有彈性的做法，不投緣的也不必「拒絕往來」，而把他們通通納入你的「朋友檔案」。

「朋友檔案」的建立其實很簡單。

首先，把你在學校的同學資料整理出來，並做成記錄；畢業經過數年後，你的同學會散在各種不同的產業，有的甚至已成為個中佼佼者，當你有需要時，憑著同學的關係，相信他們會給你某種程度的幫忙。這種同學關係，還可從大學向下延伸到高中、初中、小學，如能加以掌握，這將是一筆相當大的資源。當然，要建立起這些同學關係，你非得時常參加同學會，並且隨時注意同學們的動態不可。

其次，把你周圍朋友的資料庫建立起來，對他們的專長也應有詳細的紀錄。他們的住所、工作有變動時，還要在你的資料上修正，以免有必要時找不到人。而要能獲知這些變動的情形，則有賴於你平時經常和他們保持必要的聯繫。

同學和朋友的資料是最不應疏忽的，你還可以記下他們的生日。如果你不嫌麻煩，還可在他們生日時寫上一張生日卡，或請他吃個便飯，以保證你們的關係突飛猛進。這些關係若能妥善維持，就算他們一時幫不上你的忙，他也會介紹他們的朋友來助你一臂之力。

另外，有一種「朋友」也是你不能忽略的，那就是在應酬場合認識，

只交換名片，談不上交情的「朋友」。這種「朋友」在各種產業各種階層都會有，你不應把這些名片丟掉，應該在名片中盡量記下這個人的特徵，以備再見面時能「一眼認出」。但最重要的是，名片帶回家，要依姓氏或專長、產業分類保存下來；你不必刻意去結交他們，但可以藉故在電話裡向他們請教一兩個專業問題，話裡當然要提一下你們認識的場合，或你們共同的朋友，以喚起他對你的印象。有過「請教」，他對你的印象當然也會變得深刻。當然，這種「朋友」不可能幫你什麼大忙，因為你們沒有進一步的交情，但幫小忙，為你解決一些小問題應該不會有太大的問題。

有人用電腦建立朋友檔案，有人用筆記簿，有人則用名片簿，這些方法各有長處，而不管用什麼方法，有幾點是必須記住的：

- ◉ 每個朋友對你都有用處；
- ◉ 每個朋友都不可放棄；
- ◉ 每個朋友都要保持一定的關係。

朋友要分等級

有個「能人」，朋友無數，三教九流都有，他也曾逢人誇耀，說他朋友之多，天下第一。後來有人問他，朋友這麼多，他都能同等對待嗎？

他沉思了一下說：「當然不可以同等對待，要分等級的！」

他說他交朋友都是誠心的，不會利用朋友，也不會欺騙朋友，但別人來和他做朋友卻不一定是誠心的。在他的朋友中，人格清高的朋友固然很多，但想從他身上獲取一點利益，心存二意的朋友當然也不少。

「對方有壞意，不夠誠懇的朋友，我總不能也對他推心置腹吧！」這位「能人」說：「那只會害了我自己。」

　　所以，在不得罪「朋友」的情況下，他把朋友分了「等級」，計有「刎頸之交級」、「推心置腹級」、「可商大事級」、「酒肉朋友級」、「點頭哈哈級」、「保持距離級」等等。

　　他就是根據這些等級來決定和對方來往的密度和自己心窗打開的程度。

　　「我過去就是因為人人都是好朋友，受到了不少傷害，包括物質上的傷害和心靈上的傷害，所以今天我才會把朋友分等級。」他說。

　　把朋友分等級聽來似乎無情，但聽了那位「能人」的話，使我們覺得分等級的確有其必要 —— 為了保護自己免受傷害。

　　要把朋友分等級其實不容易，因為人人都有主觀的好惡，因此有時會把一片赤心的人當成一肚子壞水的人，也會把凶狠的狼看成友善的狗，甚至在旁人提醒時還不能發現自己的錯誤，非得到被「朋友」害了才大夢初醒。所以，要十分客觀地將朋友分等級是十分難的，但面對複雜的人性，你非得勉強自己把朋友分出等級也不可取。心理上有分等級的準備，交朋友就會比較冷靜客觀，可把傷害減到最低。

　　要把朋友分「等級」，對感情豐富的人可能比較難，因為這種人往往在對方尚未把他當朋友時，他早已投入感情；而且把朋友分等級，他也會覺得有罪惡感。

　　不過，任何事情都要經過學習，慢慢培養這種習慣，等到了一定年紀，熱情自然冷卻，不用人提醒，也會把朋友分等級了。

　　分等級，可像前述那位「能人」那樣分，也可簡單地分為「可深交級」及「不可深交級」。

　　可深交的，你可以和他分享你的一切；不可深交的，維持基本的禮貌就可以了。這就好比客人來到你家，真正的客人請進客廳，其他之類的在

門口應付就好了。

另外，也要根據對方的特性，調整和他們交往的方式。但有一個前提必須記住，不管對方能耐多大或多有錢，一定要是個「好人」才可深交，也就是說，對方和你做朋友的動機必須是純正的，不過一般人常被對方的身分和背景所迷惑，結果常把壞人當好人，這是很多人無法避免的錯誤。

如果你目前平平淡淡或失意不得志，那麼不必太急於把朋友分等級，因為你這時的朋友不會太多，還能維持感情的朋友應該也不會太多。但當你有成就了，手上握有權和錢時，那時你的朋友就非分等級不可了，因為這時的朋友有很多是另有所圖的，不是真心的。

朋友試金石之一：打聽

了解朋友，一個比較可靠的辦法是 —— 向各方打聽打聽。

人總是要和其他人交往，同時，本性也會暴露在不相干的第三者面前。也就是說，他不一定認識這第三者，可是第三者卻知道他的存在，並且觀察他的思想和行為。人再怎麼戴面具，在沒有舞臺和對方的時候，假面具總是要拿下來的，所以很多人就看到了他的真面目。而當他和別人交往、合作時，別人也會對他留下各種不同的印象。因此你可向不同的人打聽他的為人、做事、思想。每個人的答案都會有出入，這是因為各人好惡有所不同之故。可以把這些打聽來的資訊蒐集在一起，找出共同點最多的地方和次多的地方，那麼大概就可以了解這個人的真性情；而交集最多的地方，差不多也就是這個人性格的主要特色了 —— 如果十個人中有九個說他「壞」，那麼你就要小心了；如果十個人中有九個說他「好」，那麼和他來往應該不會有問題。

不過聽也要看對象，向他的密友打聽，當然都是說他的好話；向他的

「敵人」打聽，你聽到的當然壞話較多，不過可能「敵人」說的比密友又較接近真相。最好能多問一些人，不一定是他的朋友，同事、同學、鄰居都可以問，重要的是，要把問到的綜合起來，不可光聽某個人的話。

當然，打聽也要技巧，問得太白，會引起對方的戒心，不會告訴你實話，最好用聊天的方式，並且拐彎抹角地問。這種技巧需要磨練，不是三兩天可以學到的。

此外，你也可以看看對方交往的都是哪些人。

人們常說「物以類聚，人以群分」，意思是什麼樣的人就喜歡和什麼樣的人在一起，因為他們價值觀相近，所以才湊得起來。所以，性情耿直的人就和投機取巧的人合不來，喜歡酒色財氣的人絕對不會跟自律甚嚴的人成為好友。所以觀察一個人的交友情況，大概就可以知道這個人的性情了。

除了交友情況，也可以打聽他在家裡的情形，看他對待父母如何，對待兄弟姐妹如何，對待鄰人又如何，如果你得到的是負面的答案，那麼這個人你必須小心，因為對待至親都不好了，他怎可能對你好呢？若對你好，絕對是另有所圖。

如果他已結婚生子，那麼也可看他如何對待妻子兒女。對待妻子兒女若不好，這種人也必須提防。若你觀察的是女子，也可看他對待先生孩子的態度，這些道理都是一樣的。

朋友試金石之二：時間

看朋友是否可靠需要用長期的觀察，而不是在見面之初就對一個人的好壞下結論。因為太快下結論，會因你個人的好惡而產生偏差，影響你們今後的交往。另外，人們為了生存和利益，大部分都會戴著面具，和你見

面的時便把假面具戴上，這也是一種有意識的行為。這些假面具有可能只為你而戴，而演的正是你喜歡的角色。如果你據此判斷一個人的好壞，並進而決定和他交往的程度，那就有可能吃虧上當或氣個半死。用「時間」來看人，就是在初見面後，不管你和他是否「一見如故」還是「話不投機」，都要保留一些空間，而且不摻雜主觀好惡的感情因素，然後冷靜地觀察對方的作為。

一般來說，人再怎麼隱藏本性，終究要露出真面目的，因為戴面具是有意識的行為，久了自己也會覺得累，於是在不知不覺中會將假面具拿下來，就像櫃檯演員，一到後臺便把面具拿下來那般。面具一拿下來，真性情就出現了，可是他絕對不會想到你在一旁觀察。

用「時間」來看人，你的朋友，一個個都會「現出原形」，你不必去揭下他的假面具，他自然自己會揭下來向你呈現出真面目。

所謂「路遙知馬力，日久見人心」，就是指用「時間」來看人，對方不夠朋友的「地方」真是無所循逃。

用「時間」特別容易看出以下幾種人：

- 不誠懇的人。因為他不誠懇，所以會先熱後冷，先密後疏，用「時間」來看，可以看出這種變化；
- 說謊的人。這種人常常要用更大的謊言去圓前面所說的謊，而謊一旦說多或說久了，就會露出首尾不能兼顧的破綻，而「時間」正是檢驗這些謊言的利器；

言行不一的人。這種人說的和做的是兩回事，但觀察的「時間」一久，便可發現他們的言行不一。

事實上，用「時間」可以看出任何類型的人，包括小人和君子，因為這是讓對方不自覺的「檢驗」手段，最為有效。

　　要用多久的時間才能看出一個人的真性情？如果是好幾年，這時間是長了些，但一個月又短了些。那麼到底多長的時間才算「標準」呢？這沒有一定的標準，完全因各人情況而異，也就是說，有的人可能第二天就被你識破，有的人兩三年了卻還在「雲深不知處」，讓你摸不清楚。因此與人交往，千萬別一頭熱，寧可後退幾步，多給自己一些時間來觀察，這是保護自己的方法。

盡量找出別人的優點

　　遇到一個真正值得結交的人，如果想多了解他，往往要下許多功夫，必須相當細心才能進入他的世界。

　　當一切努力都不能破除彼此之間的鴻溝時，那該怎麼辦呢？這時候，我們該靜下來思索，對方為何有如此的反應呢？究竟是什麼因素使對方不容易相處，不容易與旁人維持友好關係？有時需要相當的耐心與體貼人微的心思，才能探測對方的內心深處。

　　長在山頂的老樹，形狀往往千奇百怪，這是因為在高山上的風速極為猛烈，樹枝在狂風暴雨摧殘下，當然會扭曲變形。同樣的道理，許多人的脾氣嚴厲乖張，極難相處，這是因為他們曾經遭受重重打擊，或曾奮鬥掙扎過。如果能了解到這一點，就應該敬愛他們多一些，情況就一定會有所改變。

　　當然，事情也不全然都是如此，有時對一個人的了解愈深，愈會覺得這個人缺乏內涵，沒有吸引力。然而，即使我們不喜歡他們的作為，仍應學習與他們和平共處。

　　想要與一個人交往，便要找出他的最大優點來，不該讓自己抱持功利、自私的想法不變。

莫逆之交有如寶石般稀少

這是一種兄弟般的感情，是男性交往中最親密的形式。已經受了嚴峻的考驗，有著堅實的基礎，如同親密的父子之情和兄弟之情。

有一個關於忠誠朋友的故事，講的是一個男子，他有一個朋友坐了牢。這位朋友既不是行凶搶劫者，也不是強姦犯，更不是縱火犯，不過是因為違法投資，無意中觸犯了法律。這個男子不知道自己的朋友進了監獄，但當他打電話到對方的辦公室得知此事以後，某個星期六清晨，他開車跑了 40 多公里路去探望他。但由於探監的親屬太多而未能謀面。第二個星期六清晨他又去了一次。可是這次監獄方面要求他辦理通行證。第三次又遇一上些困難，但他還是想方設法要見朋友，卻沒想到他的朋友因為感到羞愧而不願見他。他依然滿不在乎，往監獄裡走去，像在咖啡館裡一樣，跟朋友見了面。朋友獲釋後，兩人繼續保持著友好關係。當這位朋友談到自己在監獄的經歷時，他總是靜靜地聽著，不提問，不做任何評價。

你和忠誠的朋友志趣相投，你們也許有不同的政治觀點，但從根本上說你們有同樣的生活觀。一般來說，無論是激動人心的還是意味深長的交談，共同興趣或者是開懷大笑，忠誠的朋友都能使你快樂。

有沒有可以跟古希臘民間傳說中的達蒙和皮提亞斯（Damon and Pythias）之間真誠的友情相比的友情呢？皮提亞斯由於反抗君主被判死刑，達蒙拿生命作抵押使他能回家處理私事並與家人告別。但是，當執行死刑的日子快到時皮提亞斯仍沒有回來。君主說達蒙如何能真正了解人的本性，他應該明白現在皮提亞斯早已逃之夭夭了，世上的朋友在生死面前是不存在友情的。執行死刑的那一天，正當達蒙被押上刑場時，皮提亞斯趕到了。他十分激動地衝上前去，下氣不接下氣地解釋自己遲到的原因。兩個朋友親切地互相問候。做了最後的告別，場面非常動人。君主被他們

的友誼深深感動了，寬恕了皮提亞斯。他帶著羨慕的口吻說：「為獲得這種友情，我甘願獻出我的王國。」

大多數人都沒有那種願為他們貢獻生命的朋友，而且人們也不願讓朋友去承受這種考驗。考驗真誠友情的主要方法僅僅是真誠的問題。

如果你對他並不真誠，此刻不是懲罰自己的時候，而應從中吸取教訓，抓緊時機表達你的真誠友情。

並不是如果你對別人忠誠，你就能隨意找到一位忠誠的朋友。莫逆之交有如寶石般稀少，不是每個朋友都能成為這種「寶石」，有很多的朋友不可能成為「寶石」級的朋友。所以，你的手中一定要有一塊試金石。

好朋友不要有「糊塗帳」

有人問，真正的友誼不是無私的嗎？為什麼朋友之間還要勤算帳呢？

其實，友誼的無私與朋友間的算帳並不矛盾，因為算帳是維護友誼的必要手段。不管人們的關係多麼密切，哪怕是有血緣的兄弟姐妹，各自都有相對獨立的利益而進行交換和互動，即情感與情感的交流、情感與物質的交換及物質和物質的交換。在具體交往中，這三種形式又往往交織在一起，每一次交換的量和質不一定對等，交換過程也未必同步。但是，從一個長遠的角度來看，彼此的互動以及付出，大致上是相對均等的。如果長期出現過度失衡，那麼友誼或者友情就可能受到影響。簡言之，相對均等則友誼興，過度失衡則友誼衰。這樣看來，為尋求交往的平衡，「算帳」就成為必要的了。

1・區別情況，學會「算帳」

友誼與算帳包括不同內容和算法。

第一，親友之間合夥做生意時，要認真算帳，不能馬虎。因為這時的錢物往來是以營利為目的的，而友誼只是一種輔助的因素、合作的形式，絕不能以友誼代替算帳，否則就可能因物質糾紛而破壞友誼。

第二，借用與支援親友財物時也應算帳。為幫助親友解難而借給錢物，一般說是要歸還的，同樣馬虎不得。關鍵是如果對方不還了，就要「算一算」是「還不起」還是「不願還」。還不起就要和到底，這個帳要一筆勾銷；不願還就要記下這筆帳，以後付出要當心，不要傷了更多的情誼。

第三，財物的饋贈與捐贈。這是一種特殊的財物往來形式，它通常以表達心意為宗旨，是以物質形式出現的交換。對這種往來則只需要做大概計算即可。

由於交往中財物與友誼糾纏在一起，從而使「算帳」變得複雜起來。從實際情況看，友誼對財物往來的不平衡有一定的承受能力，但是，如果錢物往來出現過分傾斜，超過了友誼所能承受的極限程度時，友誼就難以包容，矛盾就會到來。所以，為了友誼而算帳就要區別不同情況，弄清錢物及人情帳往來的狀況，求得雙方在「量」上大致平衡，防止過分失衡。

2・掌握時機，適時「算帳」

俗話說：「人要長交，帳要短算」。一般說來，為友誼而算帳，以「短算」為宜。在一段時間內，比如幾個月、半年，把彼此互動情形釐清。如果拖得太久，「欠帳」（包括人情帳）太多，影響到關係時才察覺，那就不好了。

實際上，「短算」是「長交」的手段。從這個意義上說，「短算」是為了「長交」，沒有「短算」就難以「長交」，兩者相輔相成，體現了友誼交往的辯證法。話說回來，說短算也不必「日清月結」。如果算得太勤，親

友之間占不得一點便宜，吃不得一點虧，斤斤計較，那就又走到另一個極端，同樣的損於友誼。

3・肯於虧己，友好「算帳」

我們必須十分清楚，算帳只是手段，其目的是為了友誼。真正的友誼是金錢買不來的。贏得友誼的真諦在於「奉獻」、「付出」，並不是尋找「等價交換」。甚至可以說友誼遵循的恰恰是一種虧己式的「傾斜」，即為友人多做貢獻，而不希望對方回報。這種有意向他人傾斜的心理是換取真正友誼的內在動力，人們的心意、友情雖然本身無價，但在交往中它又可以成為具有特殊價值的砝碼。當人們把情誼投入到交往過程時，它就變得「價值連城」，同樣可以對物質投入有著平衡作用。

因此，為了友誼算帳尋求的是整體平衡，不是絕對平衡。如果追求絕對平等，那麼友誼又會被商品等價交換的性質所取代，使友情被「銅臭味」熏染，這同樣會破壞彼此的友誼。只在拿捏好財物交往與友誼交往的關係，才算學會了「算帳」。

總之，友好「算帳」應掌握這樣的尺度：該清楚時則清楚，該糊塗時當糊塗，這樣才能贏得持久的友誼。

不要跟朋友比較

朋友之間，除了肝膽相照外（做得到最好），有時暗地裡亦會存在一種競爭關係的可能。

讀書時的同學多是很好的朋友，雖說大家一起溫習書本互抄功課，但試卷發了下來，難免會比較誰拿到高分低分。在社會上和學校裡，為了不讓人家超越自己，不願將「筆記」借給「同學」的人，大有人在。

先天也好後天也好，在某種程度上說，人可以說是一種帶有競爭性和侵略性的動物，朋友之間亦不例外。誰人讀著名大學、誰的女朋友漂亮、誰賺錢多、誰最先成為業主、誰最先功成名就……都是比較的項目。

有些長輩常常以為，下一代比較幸福。他們不知道，代代有本難念的經，雖然下一代不必經歷八年抗戰十年浩劫，但社會人口膨脹，功名利祿都是僧多粥少，競爭慘烈。何況這個社會崇拜成功，迷信權威，很多人都不由自主地捲入比較的漩渦。

所以，你漸漸發現，舊同學聚會越來越沒趣，除了說來說去的「母校故人情」外，大家只會東拉西扯地比來比去，再不然就是大談股票樓市，比較誰的謬論最偉大。

如果是真正朋友，就不要互相比較。說時容易做時難，胸襟和氣量，都要學習寬廣的人。所謂經得起考驗的友誼，就是雙方都願意不斷學習、改正，以化解一個又一個暗礁。

要比，就跟自己比，跟自己比智慧，為今天比昨天更成熟而欣慰。

不要貪求相識滿天下

在現代社會立足，人際關係不可少，但所謂人際關係，並不是「相識滿天下」這樣簡單。你可能希望多認識些人，好有利於自己的事業發展，但即使如此，「相識滿天下」仍然是個幌子，盲目追求只會浪費時間。

要長久維持人與人之間的關係，最重要的就是平等。相似的志趣、相似的背景、相似的抱負、相似的生活習慣……

為了向上發展，你會結識各種人物，並希望愈多愈好，當中有些甚至是大人物。可惜，大家的地位並不平等，簡單來說，你是想「高攀」了。

要令地位回復平等，除非你能夠拿出一些對方沒有的本事，或被稱之為「賣點」，令彼此之間「有來有往」，否則，這種「相識」是毫無意義的。

舉個例子，假設一天，你和某大歌星在某個場合交換了名片，算是「相識」了，但如果你沒有適合他的「賣點」，他根本轉頭就會忘記你，你想要一步與對方熟絡。除非你有高超的填詞本領，而恰巧他又需要找人填些「量身訂造」的歌詞，甚至發現原來彼此在音樂方面有所交流，才能繼續「有來有往」。

說到最後，一切關係的維繫都是一種交換而已，朋友如此，伴侶亦如此。層次的高低，在於這個交換過程是否暢快、舒服、共鳴和令大家增值而已。

為名片簿內名片數目而沾沾自喜的人，只是在自製浪漫。

不要問朋友為什麼疏遠自己

一對男女分手，永遠是被迫接受的比主動提出的一方痛苦。同樣，朋友之間疏遠了，被遺忘的一方往往覺得難解、失落。即使你很有誠意地問對方，對方亦說不出所以然來。

你應該了解，人生是否寂寞，跟朋友的多少沒有必然關係。對於漸漸疏遠自己的朋友，其實不必問原因。因為，原因只有一個，對方不再重視你了。這種不重視，可以是有心的或無心的。或許，對方忙於戀愛，重色輕友；或許，對方忙著結婚生子，迎接人生新階段，無暇顧及故人；或許，對方忙著升官，為工作上一個大計畫十晚未眠；或許，對方忙著建立人際關係，認識了比你「更有價值」的人；或許……

好一個「忙」字，友情冷暖在心頭。一天只有二十四小時，人人平等。朋友有自己的打算，當然沒空記得你。你不甘心的，是對方沒有給你

227

一個交代而已。

所謂交代，不一定要用口說出來，行動就是一切。我們要學得聰明一點，領略其中奧妙。畫美人畫出腸，徒令雙方尷尬，難道你就想得到一句明知故問：「不好意思，我這陣子很忙。」

電腦「當機」，最重要是資料仍在，那便重新開機好了，何必問原因？同樣，友情的逝去，有時也是沒有原因的。

這不是無關樂觀的悲觀，而是對世事的洞悉，從而放不下對友情的執著。

警惕踩中交惡地雷

叛逆的世代，老是覺得朋友比家人親，有心事只會跟朋友分享，以為友情大過天，尤其男人之間的友情，應該肝膽相照，一生不變。後來才發現，家人相爭，即使大吵大鬧，通常不會有隔夜仇，最多是一個星期不理不睬。朋友之間一旦產生誤會，如不誠意化解，卻會留下傷痕。

原來朋友之間也有不少地雷陣，一不小心踩中，就有可能隨時鬧翻。為此，越是親密的朋友越是應該注意。

- ◉ 不要跟朋友合資做生意；
- ◉ 不要跟朋友合資買樂透；
- ◉ 不要跟朋友合資買樓；
- ◉ 不要跟朋友在同一所公司工作。

如果朋友不主動說，千萬不要好奇地問他：

- ◉ 月薪多少；
- ◉ 公司是否開始裁員；

- 部門是否負債。

有些事情即使看不過眼，亦不要告訴朋友：

- 他的女友很討人厭；
- 他的肚腩又胖了一圈；
- 他的髮線向上移了；
- 他的兒子並不可愛；
- 他太太煮的東西很難吃。

到朋友家裡做客，不要恃熱賣熱就胡來：

- 不要隨便翻閱書臺上的字條；
- 不要見到什麼都問長問短；
- 不要自行參觀主人房和使用主人的臥房廁所；
- 不要在朋友的床上睡覺，即使你昏昏欲睡；
- 不要過了晚上十時仍賴著不走。

跟朋友約會，亦有幾件事情要注意：

- 不要遲到超過十五分鐘；
- 不要沒有通知對方就帶新朋友出現；
- 不要假設朋友付帳。

朋友始終是兩個沒有血源的個體，生活習慣會有不同，忍讓程度終究有限，友情還得小心呵護。

對假朋友敬而遠之

朋友這個詞語，有點被濫用了。

假作真時真亦假，我們漸漸分不清，誰是真朋友，誰是假朋友？有人

說，非到落難關頭，朋友難分真假。太平盛世時，又如何區分？這就是視乎如何定義朋友了，如果凡是相識的都叫做朋友，那麼樹大有枯枝，出現假貨的機會也很高。只要你搞清楚真朋友的定義，背道而馳的，當然是假朋友了。

例如：

⊙ 朋友要互相支持。那些老是挑剔你，踐踏你自尊的人，就是假朋友。

⊙ 朋友不用常見面，但至少要電話或電郵保持聯絡。那些三年都沒有消息，不回覆你電話和電郵的人，就是假朋友。

⊙ 朋友是我喜歡見到他們的人。聚會時，令你渾身不自在，只想快快回家的人，就是假朋友。

⊙ 朋友是明白我的人。不論你說什麼，他都「牛頭不對馬嘴」的人，就是假朋友。

⊙ 朋友是建立在志同道合的基礎上，而非利益關係上。那些因為業務而往來的人，不是真朋友，而是業務夥伴。

諸如此類，很快你便能列出一個假朋友名單，然後懂得省下自己的熱情，不必再好心應付。

對於假朋友，我們不必如讀小學時那樣用紅色圓珠筆寫「絕交信」。高明的策略是「敬而遠之」，真的避無可避，就點下頭算了。

我演技差，要對著一個討厭的人言笑晏晏，會「穿幫」的。再者，我絕不要花費寶貴的時間和精力在不重要的人身上。

不要以為同事等同好友

很多人踏足社會工作初期，常常因為原本談得來的同事跳槽後互不往

來而耿耿於懷，為友情變質而嘆息。後來，才恍然大悟，察覺到問題的根本，就是同事不一定等同好朋友。

同事是一起工作的夥伴，朝九晚五見面，有點像同學。如果能夠放下利益關係，合作愉快，言笑風聲甚至一起吃喝玩樂，這已經很難得，也可算是由同事而成為朋友。只不過，關係的基礎始終是工作。一方跳槽了，彼此之間再無工作牽連，維持關係的需要和動力就受到考驗。論工作，舊同事需要的是接替你的新同事，而不是你。論朋友，如果舊同事需要情感交流，你也未必是他的首選。

你空有滿腔熱情願意傾出，但人家正在忙著，未必需要哩！分久而合，往往是因為業務上的牽連，很少是純粹的掛念對方。

由此而提出的結論就是，我們對於那些「由同事而成朋友」的舊同事要求不能太高，最好是沒有要求。說到底，大家不過是在某段時間曾經共事一場而已。

遺憾的是，上班已占據現代人大部分時間，尤其經濟不景氣，加班更是平常，根本沒有空間去結交新朋友。友情的來源，往往始於辦公室。

接受同事不一定等同好朋友這樣一種事實，就能腳踏實地，好好地處理朋友關係。

小事糊塗一點

一個人如果太苛求於別人，處處挑剔別人的缺點，那他也就很難有幾個朋友。因為金無足赤，人無完人，每個人都是有缺點的，只要不是原則性的問題，就應該以寬容的態度去對待別人，在小事上糊塗一些。正像劉安在《淮南子》中講的，「人有厚德，無問其小節；人有大譽，無疵其小過。」孔子身為教育家，弟子三千，對這方面也頗有體會，他認為：人的

德行，大處不可踰越界限，小處可以有一些出入。朱熹對此解釋說，這是強調人要先立大節，大節立住了，小的方面或許有些未盡合理，也無多大妨礙。所以，為人處世也應多看大節。

南宋時南陽人宋愨，是個很有才能的人，好武術，且重感情，講義氣，但鄉里人有些並不理解他。其中有個叫庾業的人，家中很富有，常邀請別人吃飯，而且飯菜都很豐盛。一次，他請人吃飯，宋愨也在客人之列，但庾業刻意給他準備了粗茶淡飯，還對客人們說：「宋愨是個習武之人，他可以吃這些粗食。」這在一般人看來，可能近乎侮辱，但宋愨並不介意，大飽後就離開了。後來宋愨做了豫州刺史，庾業卻只是他手下一個長史。如果記著當年的羞辱，這是報復的好機會。但宋愨卻對庾業很好，一點都不將過去的事放在心上。由於有這樣的氣度，宋愨後來又被提拔為振武將軍。

能容人，是一種氣量，善於看到別人的優點，更是一種智慧。伯樂相馬，是婦孺皆知的故事，他之所以能從很多馬中挑出千里馬，是因為他能忽略各種次要因素，而抓住最主要的因素。伯樂年紀大了以後，秦穆公對他說：「你的年紀大了，你的兒孫中有可以代替你去找千里馬的嗎？」伯樂回答：「一般的好馬，可以從牠的形貌和筋骨去觀察，但真正的千里馬，從外表上難以看清。我的子孫是才能低下的人，可以識別一般的好馬，但不能識別千里馬。」他向秦穆公舉薦了一個一起挑過柴的朋友，叫九方皋，希望秦穆公能用此人。

秦穆公召見了九方皋，派他去找千里馬，三個月以後，九方皋回來報告，說已經找到了千里馬，就在沙丘那裡，是一匹黃色的母馬。穆公派人把馬牽來，卻是一匹黑色的公馬。秦穆公很生氣，召見伯樂，說你舉薦的人連馬的顏色和公母都分不清，怎麼能識馬呢？伯樂長嘆一聲，說：「他竟然達到這樣的地步嗎？這就是他勝我千萬倍的關鍵呵！他觀察到的，是

馬的內在素養，抓住了關鍵，而忽略了無關緊要的地方；看到內中，而忽略了外表。他只去看他所要看的，不看他所不需要看的；只觀察他所應觀察的，不觀察他所不需要觀察的。像九方皋這樣相馬的方法，具有比相馬更重要的價值呀！」果然，九方皋所找到的是天下最好的千里馬。

對馬的觀察是這樣，對人的認知更是這樣，只有抓住根本，看到本質，才能在小的細節不斤斤計較，才能真正與人相好。那種以貌取人，拘泥於小節、糾結於表面而不能看到別人真正價值的人，是很難找到有益的真朋友和發現真人才的。

杜絕輕率態度

有的人對友誼持一種極其輕率的態度，動不動就要與朋友絕交。友誼是應該珍惜的，不應該棄之如敝屣。輕率的絕交，本身就是擇友的輕率。得來的太容易了，失去的也就容易。

隨便拾起一塊石頭，必然也會毫不顧惜地隨意把它扔掉。人們總是加倍珍惜來之不易的東西，沙裡淘金，千挑萬選，所以人們特別珍視黃金。如果遇到人就當成朋友，又怎麼能不隨時拋棄朋友呢？實際上，黃金的可貴，除了稀少、難尋外，根本還在於它本身的價值。

正如黃金一樣，友誼的本身也是極其可貴的，應該像愛護自己的眼睛一樣愛護友誼。友誼同健康一樣，當人們失去了它的時候，才會更感覺到它的可貴。身為一個健康的人，對自己健全的肌體並不感覺到怎麼樣，並沒有驕傲和自豪之感。可是，他一旦失去了健康，便會深深地體驗到，健康是多麼的寶貴，健康人是多麼值得驕傲和自豪！

友誼也正是如此。與朋友朝夕相處，並不覺得怎麼樣，一旦失去了友誼，就會備感失去的東西可貴，特別是當你遇到困難、挫折，遭到諷刺、

打擊的時候？你也就失去了往日朋友的理解、安慰和鼓勵，你會感覺到孤立無援的悲哀。當你身處友誼溫泉的時候，珍惜它吧！固然，我們並不一概反對絕交。在必要的情況下當機立斷，遷就姑息，猶豫不決，反而錯了。例如，朋友成了敵人，就必須與之一刀兩斷。

勿結交勢利朋友

友誼，是一個充滿著人情味的閃光字眼，真正的友誼會使錢在它面前黯淡，它是沒有一點銅臭味的。因為，友誼總是比錢財高尚。而所謂的貪財者，卻把錢財看得比友誼更重！他們不懂得「友誼」的真正含義，他們之所以要交朋友，也是為了錢財。

有這樣一個故事：兩人進山尋寶，滿載而歸。過河時河水猛漲，其中一人見情勢不妙，把身上帶的一袋金子扔在河中，自己逃命而歸；另一人則怕水沖走金子，把口袋緊緊抱在懷裡，結果行動不便，被洪水沖走了。

從此例我們可以發現，貪財者視財如命，為了得到錢財不惜丟掉生命，命都不珍惜的人，很難說會珍惜友誼和朋友。一旦朋友成為他獲得錢財的障礙，或者說朋友可以用來換錢財，這種錢財的奴隸會對朋友不顧一切的，即使是交往多年的朋友也不例外！

所以我們一旦碰到貪財者，最好繞道而行，設法讓自己不去靠近他，也不要讓他靠近你。這一點在交朋友時千萬記住。

不義之徒把友誼看得非常淡，他對朋友總是懷著功利的眼光去打量。一旦發現朋友有利可圖，就立即把友誼、朋友等字眼拋向一邊置之不理，想盡一切辦法去獲取「利」，這種人愛用花言巧語誘騙人。與不義之徒交朋友，多半不但會讓你吃大虧，而且又得不到真正的朋友。

一位工人，工作 15 年，存了一筆錢。事有不幸，他患了腎臟疾病，

又是單身，沒人照顧，整日處於孤獨中，此時，有個人經常過來陪他聊天，兩個人成為了朋友。一日，病人聽說他能買到摩托車，就拿出錢托他買一輛。不久，病人的腎炎突然惡化病危，而那人卻不露面，做著私吞錢財的美夢。不料，病人經搶救脫險，出院後催他還錢，他裝聾作啞，矢口否認曾經拿過錢，結果被人告上法庭。

諸葛亮於《論文》中說：「勢利之交，難以久遠。」這句話是很有道理的。「勢利眼」者兩眼只向權勢、利益看，並以權勢、利益作為自己的交友準則。他們最善於也最喜歡趨炎附勢。不管你發跡也好，還是你有權勢也好，總之只要在你身上他們感到有利可圖，有勢可攀，他們就趕緊跑到你身邊圍著你團團轉，討好你，與你交朋友。某天在你身上的權勢的光環消失了，他們便不勸自退，轉向別的有勢利的人了。

看來與「勢利眼」者交朋友確實是有害無益。春秋末年，晉國的中行文子逃亡，從一個縣城經過。隨從說：「這個地方有個鄉官，是您的老相識、老朋友，為什麼不在這裡歇歇腳，等等後面的車子？」文子說：「我曾經喜好音樂，這個人就送給我鳴琴，又聽說我喜歡玉珮，他就贈給我玉環。他這是助長我的過錯，以討好我，現在恐怕他要把我出賣去討好別人了。」於是很快離開了這個縣城。果然這個鄉官扣留了文子後面的兩輛車，獻給了自己的國君。

勢利的人最難成為同舟共濟的依靠，與他們交朋友，尤其與他們一起共事時，會讓你感覺很難捉摸，沒有任何規律可循。本來你們共同制定好了計畫，決定在哪些時間完成哪些事情，而由於他的「漂移性」，計畫十之八九不能實現。「漂移性」過強的人像一股亂刮的風，一下子刮到你身邊，一下子又刮到別處，與這種人，怎能深交呢？

漂移性大的人有這樣的特點：他今天來找你，急切地與你合夥做生意，明天又去找別人，把你丟在一邊；今天說某某主管作風正派，明天又

指責他營私舞弊；今天跟你斬釘截鐵地說想離職了，要你跟他一起走，但等你遞交離職書後，他又向主管表示一定要在這裡安心工作。他做這些事情不是想欺騙你，而是觀點和行為經常變化，「此一時也，彼一時也」。

我們在廣交朋友時一定要知道選擇，尤其是想交到真正的朋友時，更應該將圈子縮小一些，魯迅講過：「人生得一知己足矣。」我們不要無所選擇地將人人都要交成知己！

如何對待成了情敵的朋友

現實生活中常常有這樣的巧事：某一天你突然發現，你的鐵哥們、小姐們，或者同事、朋友，正在追逐你的戀人，成了你的情敵。這大概是最使人難堪和惱火的事情。面對這種情形，你將作何選擇？正確的處理方法應該是：

1・保持冷靜、理智的頭腦

在現代社會，青年男女之間在建立戀愛關係的同時，與多個朋友交往似乎是較為普遍的事情，年輕人應正確了解這種現象。每個人都有追求美的權力。青年在結婚之前，每個人與其他異性來往都是正常的，也是無可指責的事情。進而言之，在戀愛關係中出現第三者，問題很複雜，絕不能簡單地歸罪於某一方面。這中間可能是你的戀人的問題，也可能是你自己的問題，或者是第三者的問題。如果一出現這類問題，你就完全歸罪於第三者，那就可能有失公允。一般地說，情敵的存在首先是因為你的戀人對你三心二意造成的。當你的戀人並沒有把你當成唯一的愛戀對象，或者你的魅力還不足以使對方定下決心時，是最容易出現第三者介入的。

所以，不論從哪個角度來說，你都沒有理由要求戀人只與你一個人來

往，也沒有理由指責戀人對自己不忠，更沒有理由把矛頭指向情敵，與人家勢不兩立。如果說你有氣的話，就應該對你自己有氣，怪你自己缺乏足夠的實力和魅力，未拴住戀人的心，戀人才對你不夠鍾情。如果這樣了解問題，你就可能變得清醒一些，理智一些，而不會過於衝動，採取不當的方式處置了。

2‧把情敵當成平等的競爭對手

當朋友成為情敵時，彼此之間大可不必反目成仇，而把他當愛情的平等競爭對手也許更合適一些。面對愛情的競爭對手，好的選擇莫過於展示你的力量，你的才能，才會贏得戀人的心。當你透過自己的優勢使戀人把愛心傾向於你的時候，你就成功了，對手會甘拜下風。這種做法與結局，比起那種因嫉妒而大打出手，顯得更文明、更得體、更瀟灑。

有一對戀人，關係正在發展的時候，不幸有第三者介入，第三者恰巧又是自己的朋友。這位朋友有很多優勢，大學畢業，家世背景、職業都比較優越。他感到了威脅。可是他沒有因此而喪志，沒有責怪女孩對自己不忠，也沒有把朋友當成敵人對待，而是把朋友當成情場對手與之展開競爭，他暗下決心要贏過對方。透過努力，他考上頂尖的大學。畢業後，他拿到了大學文憑。在一次應徵中，他憑著自己的實力進入一家外商公司，職業好，薪資高。而那位原來比他優秀的青年，因為事事靠家裡之支援，自己終未成大事。最後，在這場心照不宣的愛情較量中，他占了上風，成為愛情的贏家。對方自動退出，而且他們之間的友誼依舊，未因此受損。

這位青年的做法是正確的。俗話說，形勢逼人強。在存在競爭的情況下，反而會給自己一種上進的動力。在愛情的問題上也是如此。

3・要把友情和戀情分開處理

有時候，情敵就是自己的朋友、同事，甚至可能是自己的上級、同級或下級，大家在一個單位工作，彼此之間感到難堪是可以理解的。在這種情況下，要保持冷靜，切莫把個人之間的恩怨涉及工作上，影響了工作。這就不單是個人的之間的問題，矛盾的性質就會轉化。在愛情競爭中應把感情上的恩怨與工作上的合作分開。工作是工作，感情是感情。這樣處理不但能表現出自己的成熟和大度，而且有助於贏得戀人的好感，可以在競爭中得分。

別把友情當愛情

有些人一旦有了朋友，就希望與朋友之間的關係是親密無間的。往往容不得朋友與其他的人有親密的互動，一經發現，就認為是對方與自己疏遠了關係，甚至認為是對友誼不忠，欺騙自己。這種做法，有如戀人之間的「吃醋」實在可笑。

「我再也受不了了，他希望我只剩他一個朋友。」張鋒已不止一次地這樣抱怨朋友黎世泊了，因為有預感他們之間的友誼會很快結束。

張鋒敘述了他們的交友過程：

「我是在圖書館認識黎世泊的，一來一往互動之下我們就成為了朋友。」

「起初，我非常高興，我們一聊就是大半天，包含各自的家世背景、經歷。可是不久，我們幾乎沒什麼可聊的了，每次他約我，我要是不去，他都會親自登門來找我。」

「一次，我們在書店門口遇到了我以前認識的朋友，兩人因工作的關

係兩年多沒見面，偶然遇到特別熱絡，於是我對黎世泊說，我們三個人一起吃頓飯，黎世泊很不高興地拒絕了。」

「那次以後，我發現了黎世泊有個問題，一旦看見我和其他朋友交談和約會，他就不斷追問，甚至惡語中傷我的朋友，說他們不會和我有真誠的友誼，只有我們兩個才堪稱知心的好友。」

「我不止一次地解釋，我有很多的好朋友，他們雖然有缺點，但心地和善，關鍵時刻能盡朋友的情誼，我還表示希望黎世泊也和他們成為朋友，朋友多了有益無害嘛。」

但是黎世泊狠狠地拒絕了，他說，「希望我們來共同珍惜現在的友誼。別人的加入會破壞這種親密的關係，最後他希望我斷絕和其他朋友的來往。」

黎世泊和張鋒果然不久就疏遠了，雖然張鋒還是常去探望黎世泊，雖然黎世泊的態度十分冷漠。

張鋒說，黎世泊到現在還沒有交到朋友。

友誼不是愛情，希望你的朋友像妻子一樣對你忠貞不二是不可能的，愛越專一就越甜蜜，友誼則不一樣，我們生活不是一條狹窄的胡同，友誼本來就是很多人的事，朋友多了苦惱會少，朋友少了苦惱會多。你應該看到這一點：你是這樣，你的朋友也是這樣。

友誼要有「度」

好朋友見面和交往的機會當然比其他人要多，可是任何事都必須有個「度」，超越這個界線你得到的就是相反的結果。

小雷與吳瑞是同住宿舍的好友，也是因為住在一起才成為朋友的，他

們戲稱宿舍是他們的家庭，所有的東西都沒有「標籤」，甚至薪水也混在一起，兩人為這種關係而驕傲，別人的眼裡流露的也是羨慕的目光。

不久，吳瑞有了女友，經常出去逛逛商場、吃飯，於是兩人的經濟關係出現了危機。起初，吳瑞覺得沒什麼，小雷也不在乎，後來吳瑞提出實行 AA 制，小雷考慮之後同意了。

但後來，還是因為不習慣而放棄了。事有碰巧，一天小雷的母親病了，當小雷回宿舍拿錢時，面對的都是空空的抽屜，小雷於是問吳瑞，「錢怎麼不見了，剛發薪水才第三天。」吳瑞說：「為女友買了條項鏈。」小雷無言地離開了。他和別人借錢為母親看病，兩人的友誼出現裂痕，有一天，兩人提及此事，大吵了一架，於是絕交了。

假如兩人的 AA 制，不因感情的衝擊而放棄，那麼他們的友誼也不致破裂。交往過密還表現在另一個很重要的方面，占用朋友的時間過長，把朋友捆得緊緊的，使朋友心裡不能輕鬆、愉快。

林穎把王怡看成比一日三餐還重要的朋友，兩人一起在合資公司做公關小姐，由於工作紀律非常嚴格，互動機會很少。但她們總能找到空閒時間聊幾句。

下班回到家，林穎的第一個任務就是打電話給王怡，一聊起來能飯不吃、覺不睡，兩家的父母都表示反對。

星期天，林穎總是有理由把王怡叫出來，陪她去買菜、購物、逛公園。王怡只能勉強同意。林穎不在乎，每次都興高采烈，沒玩一整天是不回家的。

王怡是個有心機的女孩，她想在事業上有所發展，就私下利用業餘時間學習電腦。星期天，王怡剛背起書包要出門，林穎打來電話要她陪自己去做衣服，王怡解釋了大半天，林穎才同意王怡去上電腦課。可是王怡趕

到培訓班，已遲到 15 分鐘，王怡心裡很不舒服。

　　第二個星期天，林穎說有人為她介紹了一個男朋友，逼王怡陪她一起去看看，王怡說：「不行，我必須去上電腦課。」林穎怕王怡偷偷溜走，一大早就趕到王怡家死纏爛打，王怡沒辦法出門上課，林穎最後也沒認識男朋友。王怡鄭重聲明，以後星期天要上課，不再參加林穎的各種活動。

朋友也應有距離

　　「距離產生美」的道理同樣適用於朋友之間的交往。為了躲避朋友傑西克，希爾與妻子躲進了旅館，他知道今晚再也見不到那張熟悉的面孔了。

　　希爾說：「我和傑西克的友誼是公司所有人都知道的，我們白天在一起工作，討傑西克是個重友情的人，一開始，我們經常下班後去吃晚飯，順便談一些輕鬆的話題，後來我厭倦了，開始推託要提早回家。

　　傑西克婚姻上遇到麻煩，妻子離開了他，去了邁阿密投入了情人的環抱。傑西克像所有離婚的男子一樣，有點喪失理智，借酒澆愁，每天一下班就纏著我去酒吧，妻子為此常常抱怨我。

　　可怕的是，在我藉故離開後，他追到了我的家裡，他不再喝酒，只是沒完沒了地向我傾訴他的想法，並經常說：『我們是世界上最好的朋友，勝過夫妻和所有的同事』，我不得不點頭。

　　天哪！這種事竟然持續了 4 個月，我和妻子的忍受力像加壓的玻璃瓶馬上就會爆炸，於是我在家裡對傑西克的談話內容置之不理，但這無法阻止他的談話，並增加了他的抱怨，他說，不管怎麼樣希望我不要拋棄他。

　　我和妻子商量了很久，決定在不能去歐洲旅行之前，只好先住進旅

館，等到傑西克恢復正常再說，其實，我心裡十分清楚，他根本就沒有什麼不正常。只是希望我們的友情勝過一切，但他從來就沒有發現我妻子憤怒的眼神。」

有很多人遇到過這種情況，朋友的過分親密讓你害怕甚至恐懼。《友誼自天而降》一書中說：「朋友之間各自的家庭、工作和其他社會環境，都不盡相同。身為朋友，如果不考慮實際狀況，以自我為中心，強求朋友經常在一起形影不離，勢必會給他帶來困難。」

此外，人與人之間的差異是必然存在的，交往的次數越是頻繁，這種差異就越是明顯，經常形影不離會使這種差異在友誼上起不到應有的作用。

胡傑早就知道好友大偉有粗心大意、不拘小節的問題，一直認為這是男子漢粗獷豪放的體現，甚至因此埋怨自己翻是錙銖必較，對自己過於苛刻。

因為照顧得病的父親，胡傑透過大偉調到了他們的部門，兩個好朋友形影不離，聊天、旅遊、喝酒，出則成雙，入則成對，大偉也經常幫助胡傑照顧父親。

不久，胡傑厭倦了這種生活，並開始討厭大偉粗獷豪放的性格，每次吃飯，大偉都會點了滿滿的一桌菜，有時吃完飯，嘴巴一擦起身就走，留下胡傑「買單」。一向節儉的胡傑勸了大偉很多次，大偉也不願意改進。有一次吃飯，這種情況再次發生，這次胡傑非常火大，付完錢告訴大偉，他有父親需要照顧，以後吃飯不要再叫他了，大偉吃了一驚，也非常生氣，多年的老朋友何必如此呢？

難以想像的衝突使一對令人羨慕的朋友之間出現了裂痕，真讓人感到遺憾。

因此，交友不要過往甚密，一則影響著雙方的工作、學習和家庭，再則會影響感情的持久。交友應重在以心相交，來往有節。

如何避免誤解

日常交往中，經常有自己的話被朋友誤解的時候。

有個人要請七位朋友喝酒，等了半天只到了六位，主人自言自語地說：「該來的不來！」其中兩位客人心想：「我們可能是不該來的。」悄悄溜走了。為什麼客人溜走了呢，這就是主人的話引起了客人的誤解所致。

使自己的話不容易被人誤解：要注意以下幾點：

◉ 盡量少用話中有話的句子。如上例中主人說的話就是話中有話。「該來的不來」，使人想到「不該來的來了」。所以，我們在需要表達自己的意思時，話一定要說得明確、具體，千萬不要模棱兩可，以免引起誤解。

◉ 不要隨意省略主詞。在一些特殊的語境中，可以省略主詞，但這必須在交談雙方都能理解的基礎上，否則可能引起誤解。

比如，一位男士挑帽子，售貨員拿了一頂給他，他試了試說：「大，大。」售貨員一連給他換了四五種型號的帽子，他都嚷著：「大，大。」售貨員生氣了，說：「分明是中，你為什麼還說大？」這人結結巴巴地說：「頭、頭，我說的是頭大！」造成這種狼狽結局的原因就是他省略了主詞。

◉ 注意同音詞的使用。同音詞就是語音相同而意義不同的詞。同音詞用得不當，就很容易產生誤解。如「期終考試」就容易誤解為「期中考試」，如把「期終」改為「期末」就不會誤解了。

◉ 說話要注意停頓。如「中國隊戰敗日本隊獲得冠軍」，既可理解為「中國隊戰敗，日本隊獲得冠軍」，又可誤解為「中國隊戰敗日本

隊，獲得冠軍」，如不注意語句的停頓，就容易造成誤解。

朋友之間忌送重禮

你可見過山間泉水？潺潺流動叮咚作響，有節制有理智的交往，才是涓涓細水源源流長。

朋友之間物質上的交往是不可避免的，很多人害怕朋友送禮時的笑臉，尤其是重禮，因為那將意味著同情或者是深厚友情的暗示。

如果禮物帶給朋友的是自卑、壓抑或無法回報的沉重，那麼友誼是否可以採取「君子之交淡如水」的態度呢！

旁人看來譚光耀實屬幸運，在一連串的打擊中，他得到了好友謝波充分地幫助，使他得以走出「災禍」的沼澤。

譚光耀的生活在驚濤駭浪之後，逐漸平靜下來，憑藉自己的努力讓生活出現了曙光。但他心裡的沉重感一點也沒有減輕，好友謝波為自己付出得太多，簡直讓他無以回報。

嚴重不平衡的交往仍在維持，謝波提出請譚光耀夫婦搬進自己的舊居，一是住房面積大，二是臨街又處於鬧市可以做點生意。譚光耀知道那個房子是謝波前兩天才特意與租戶解除租約的，心裡不想接受，但盛情難卻，譚光耀還是在好友的堅持下搬進了那間房子。

之後，謝波還是常常來訪，出手相當闊綽，譚光耀一再聲明自己的生活可以維持，表面和心裡都不願意接受。

每逢謝波來訪，譚光耀心中猶如針炙一樣痛，他甚至害怕看到那些錢和物，自卑感折磨著他。

直到有一天，譚光耀開始躲避謝波，友誼成了譚光耀心頭的包袱。

朋友之間物質上的交往一定要掌握準「度」，茶濃則苦，應如溪水清而淡之。

不要試圖控制和依賴朋友

朋友之間也存在著某種意義的控制者或依賴者，這些不屬於友誼的範疇，只不過是習慣罷了。但它卻影響著你與朋友的關係。如果你擺出控制者或依賴者的架勢，你就不可能體會友誼的真正含義，你也不是一位真正的朋友。

健全的和不健全的友誼之間有一條細微的幾乎模糊不清的界限。有些人與朋友的關係惡化，令人失望或極其令人不滿，他們往往無法區分健全的和非健全的友誼。

所謂不健全，是指雙方的關係不平衡，一方總是依賴於另一方，唯他（她）是從，一方總想控制另一方，一切以自己的意願做事。

車莉莉坐在客廳裡，緊握著拳頭氣憤地說：「我永遠也改不了，我一錯再錯！」

車莉莉指的是她多次地聽從朋友嘉莉給她的建議。這次，她聽了嘉莉的意見，把她的廚房貼上一層最新式的紅白條壁紙。「我們一起去商店選了這款壁紙，因為嘉莉喜歡，說這種壁紙能使整個房間看起來比較鮮明。我聽了她的話。而現在，我在這個蠟燭條式的牢房裡做飯。我討厭它！我怎麼也無法習慣。」她感到如此既浪費錢，又無法改變結果。

車莉莉意識到自己不僅是對選壁紙一事憤怒，而且氣自己又任由嘉莉的擺布。同樣也是嘉莉，說黛博位的兒子太胖了，勸她叫兒子節食。她還說她的房子太小，使她為此又花了一筆錢。

車莉莉的問題在於必須先學會尊重自己的想法。過去她的想法總要先經過嘉莉的審視或者某個類似嘉莉的人物的檢視。後來她有了進步，儘管嘉莉說某雙鞋的跟「太高，價格太貴」，她還是買了那雙高跟鞋。車莉莉回憶說：「我差點又被她說服了。但我還是買了，因為我喜歡，你可以想像當時嘉莉的臉色多難看！」最有趣的是，最後嘉莉自己也買了一雙同樣的鞋，因為鞋子款式很時髦。

車莉莉所做的調整只是與另一個女人建立界限。她仍然把嘉莉當做好朋友。中斷友情或逃避現實都不能解決她的問題。她還需要經過幾個階段的努力，才能完全擺脫嘉莉式的控制，她們才能成為平等的摯友。

並不是每個人都有類似的朋友，在特殊情況下，有的人願意受朋友的控制，是因為他缺乏主見，產生了對朋友的依賴，而過分的依賴會讓朋友產生反感。

蘇珊是位年輕婦女，她願讓一位朋友擺布她的生活。與黛博拉不同的是，蘇珊卻是主動要求受控制。她的家電出問題時，她打電話給好朋友瑪莎詢問意見，問她怎麼辦。訂閱的雜誌期滿後，她也去問瑪莎是否要再繼續訂。有時她不知晚飯該吃什麼時，也打電話給瑪莎問她的意見。瑪莎一直像個稱職的母親一樣，直到有一天出了狀況。那天，瑪莎的不小心摔了一跤，衣服袖口被劃了一個破洞，需要修補。蘇珊又打電話問問題了，由於非常疲倦，瑪莎嚴厲地說道：「天哪！看在朋友的分上，蘇珊，您就不能自己想辦法？就這一次！」說完就掛了電話。

蘇珊對瑪莎的拒絕使她感到困惑不解，她說：「我還以為瑪莎是我的朋友呢。」

過分的依賴會損害你和朋友的關係，而且是雙方的，朋友並非父母，他們沒有責任指導和保護你，他們能給你支持，但不可能包辦代替，你必須清楚，他只不過是朋友而已。 『你自己不能做決定，缺乏主見，就會

使你受到朋友正確或錯誤的意見的影響，為此，你應該立刻決定擺脫對朋友的依賴。

有的朋友剛好相反，他們盛氣凌人，在與朋友的交往中，總喜歡指手畫腳，不管朋友的想法如何都要求按照自己的意思去做。這種做法無異為友誼埋下了不祥之筆。

李莉，一位有孩子的年輕母親，她有一個女「主人」式的朋友。剛搬到這個社區，李莉急於找朋友。這時小芹進入了她的生活圈，像隻母雞把李莉藏在翅膀下。不久後，李莉發現，小芹不僅是隻母雞，還是隻蜂王，她是社會團體的獨裁者，整個團體是由她的朋友和她們的丈夫們組成的。

「起初我還滿喜歡她，」李莉說，「我是她親密的好友，她要我做什麼，我就做什麼。有時感受到她的強勢，但我不知該怎麼辦，因為我真的很喜歡她，希望與她保持朋友關係。但我逐漸不喜歡只是順從她了。」

李莉意識到，如果她真想與小芹或任何人交朋友的話，她應該學會與朋友平等相處，有往有來，互相幫助。也就是說要自己想清楚，並付諸實施。

如果你想對朋友說，「你應該」、「你不應該」、「你最好」、「你必須」，那麼你無疑是想控制朋友的生活，這種做法，會使朋友感到很不愉快。

如果你是被控制的，不要認為有人為你操心一切是再好不過的了。控制你的朋友不是知心的朋友。一旦你把自己從他的「統治」下解放出來，就會出現奇蹟，你和朋友就會變得平等。

同樣，依賴朋友會逐漸使你喪失積極生活的能力。你要學會逐漸建立自己的自信心。

沒有完美的朋友

精明善察,是一個人的優點。生活在這個世界上擁有精銳的洞察力,能了解世事百態、面子人情,甚至能儘快地、全面地了解一個人,是一種財富,怎麼利用它,主要在於洞察百態之後的反應。假如能針對不同的人,採取不同的交友方法,那麼這筆財富算是用在刀口上;倘若過度苛責朋友,雞蛋裡挑骨頭,發現他這也不好,那也不對,那麼再好的洞察力都交不到好友。

《菜根譚》上說:「人有頑固,要善化為海,如忿而疾之,是以頑濟頑。」對於別人的頑固行為,應善加開導,而不是忿而疾之,試想,兩塊頑石相撞,怎麼會撞出友情?

至察其實並不錯,錯在於至察之後,不懂怎樣待友。人們往往能夠將別人的缺點看得一清二楚,卻忽視自己的缺點。看清朋友的缺點並不是壞事,若能分別對待,有益無害。「不責小人過,不揭人隱私,不念人舊惡。三者可以養德,亦可以遠害。」

1‧不責人小過

不要責難別人的輕微的過錯,人不可能無過,不是原則問題不妨大而化之。「攻人之惡毋太嚴,要思其堪受。」意思批評朋友不可太嚴厲,一定要考慮到對方能否承受。

在現實中,有的人責備朋友的過失唯恐不全,抓住別人的缺點便當把柄,處理起來不講方法,只圖洩一時之憤。幾個朋友同室而居,其中一個常常不打掃衛生,常常不提水,另一個朋友就常在別人面前說那人的壞處,牢騷滿腹,久之,傳人那人的耳朵中,室內的氣氛越變越壞,兩個開始冷戰,一屋子都不得安寧。這就是因小失大。

2 · 不揭人隱私

不要隨便揭發個人生活中的隱私。揭發朋友的隱私，是沒有修養的行為。人都有自己不願為人所知的東西，總愛探求別人的隱私，關心別人的祕密，不僅庸俗，而且讓人討厭，這種行為本身就是對朋友人格的不尊重，也可能給別人惹來意外的災禍。

朋友與朋友之間，不能太過親密，親密易生侮謾之心，對於別人的隱私，他放在心裡不願與你分享，你就該放下好奇心。何況自己一定也有隱私，「己所不欲，勿施於人」。假如朋友告訴你他心之所思，你更該為其保密，他既然這麼相信你，那麼你一定要學會珍惜這份友情，對於朋友的祕密，三緘其口並非難事，就像朋友的東西寄放在你那裡，你不可以將它視為你的，想用就用。

3 · 不念人舊惡

就是說不要對朋友過去的壞處耿耿於懷。人際間的矛盾，總會因時因地而轉移，事過境遷，總把思路放在過去的恩怨上並不是明智之舉。記仇的朋友是可怕的，他不一定會在什麼時候，記起你對他犯下的錯誤，也不定在什麼時候，他會報復你一下，以求得心理上的平衡。所以，與朋友交往，學會忘記，忘記在一起的不快和口角之爭，下次見面還是好朋友。

還有，就是對於朋友生活、工作中的習慣，給予尊重。如果說，在朋友做人中所出現的失誤，你尚可以埋怨一二，但是，對於生活中的個人習慣，你再挑三揀四就不是可原諒的了。每個人都有不同的特點，不可能與你相同，尊重朋友的習慣是最起碼的要求，一人可以至察，但至察後要有更多的「徒」，而不是無「徒」，孔子弟子三千，不盡相同，孔子能因材施教，就是至察的結果。

《菜根譚》中說：「地之穢者多生物，水至清者常無魚，故君子當存含

垢納汙之量，不可持好潔獨行之操。」

一塊堆滿腐草和糞便的土地，才能長出許多茂盛的植物，一條清澈見底的小河。常常不會有魚來繁殖。君子應該有容忍世俗的氣度，以及寬恕他人的雅量，絕對不可自命清高，不與任何人來往而陷於孤獨。

人往往缺乏容忍朋友缺點的雅量，其實世間並無絕對的真理，而且正邪善惡交錯，沒有什麼是絕對的。所以交朋友須有清濁並容的思想，一個人若想在人生的舞臺上玩轉自如，必須有恢宏的氣度，能容天下人才能為天下人所容。

維護朋友的形象

維護朋友形象是你和朋友都應該做到的，這種方式猶如給你們的親密關係罩上一層保護膜，讓友情在那裡滋潤成長。

令朋友在公共場合難堪，會讓你後悔終生，友情破裂。《紳士》雜誌1976 年 4 月曾記敘了這樣一個故事：

兩個英國人為了做好一筆生意，事先訂下了一個自認為絕妙的計策，一個人先出面談價錢，訂的價格高出好幾倍，談到進入僵局以後，另一個再出面調停。並指責第一個人的貪婪和無知，藉機獲取顧客良好的印象，然後做成買賣。事情正像他們估計的一樣發展，談判很快地進入了僵局，對方無可奈何地搖搖頭，向第一個人說：「不，先生，您的開價讓我難以置信，如果您不是開玩笑的話。」第二個英國人馬上出場了，他大聲指責他的同伴愚蠢無知，還不如鄉下的一頭驢子，只知道貪婪地張著沒有牙齒的嘴。他的大聲喊叫引起了周圍許多人的注意，這時他的同伴忘記了在演戲，憤怒地站起來給了他一拳，並說：「你難道不知道我以後還要在這裡約會嗎？」聰明的顧客看出端倪。計策宣告失敗。

文章評論說：「朋友的形象是你們共同的旗幟，不論關係多麼親密，請你不要砍伐它。」

而現實生活中，牢記這一點的人並不多，以密友相稱的人為了證明一切，把當眾指責、揭露看做一種證明的手段，往往導致友人的不滿。

親密的友誼，不應該是粗魯的、庸俗的。在理解和讚揚聲中，友誼才會不斷成長。

識英雄於微時

識英雄於微時，就是要在英雄還沒有發跡時去欣賞他、幫助他。如果在他已成為英雄後去奉承他，那麼他會因你的趨炎附勢而討厭你。

隋末，有位叫楊素的大臣，終日和成群歌妓宴飲享樂，不理國務。一日，一位岸然雄偉的年輕人求見楊素，因沒有特殊之處，被楊素打發走了。但站在楊素後面的手拿紅拂的女子，覺得這個年輕人不凡，於是便連夜投奔年輕人，幫助他。後來，這位叫李靖的女子幫助李世民建立唐朝而成就了自己的偉業。這就是有名的「紅拂夜奔」的故事。

這種慧眼識英雄的投資，好比現在人們投資於地產的股票一樣。現代人，在沒有人注意的時候，大量收購荒地，然後在附近修公路，蓋上娛樂中心、購物場所等建設，於是，原來的荒地便因附近環境的改變而身價倍增。這種獨具慧眼的投資，比起那種「賤買貴賣」的投資，真是如同天壤之別。「雪中送炭」絕不同於「錦上添花」，我們只有在困難時幫助人、關心人，才會達到「雪中送炭」的效果，但如果在人得意、發跡時去關心他，卻不免有拍馬屁之嫌了，慧眼識英雄於微時，只有在「微時」才能很好地判別其是否是英雄的料子；也只有在「微時」識「英雄」才能發揮出最佳的激勵和鼓動作用，使其走出逆境、戰勝困難，成為名副其實的

英雄。

　　劉邦，原是一個草莽英雄，只因他有進取學習的精神和被人賞識的機會，才成為漢朝的開國皇帝。

　　劉邦那個富有的岳父呂公，是第一個欣賞他的人，呂公因逃避仇人來到沛地，遇上了有義氣、很豪放的劉邦，覺得他是可造就的人才，於是，便不顧太太的極力反對，將自己的女兒呂稚嫁給劉邦。事實證明，呂公的眼光很準確。

　　另一個改造劉邦的人，便是有識之士蕭何。當劉邦還是草莽英雄時，蕭何便發覺他獨特的氣質，內心仁厚，慷慨好施，這是天生領袖人才所具有的。蕭何不顧劉邦不學無術、口出狂言、羞辱別人的缺點，安排他當亭長，發揮他的長處，幫助他，改造他。當劉邦因沒把犯人押解到指定地方而遇到困難時，蕭何便提供一切軍團糧食來接濟他。而且，蕭何還編造了許多有利於劉邦的神話，將平凡的劉邦宣傳成一個順應上天而當天子的人。

　　在另一方面，蕭何又幫劉邦廣攬天下英才。如棄暗投明的韓信，由誤會到深得劉邦信賴重用，完全是蕭何全力保舉的，正是因為這樣，劉邦才能輕易得到天下。

　　蕭何之所以特別欣賞劉邦，除了他有著領袖的條件和胸襟外，還有其他的許多優點，如他有自主精神，不因娶了一千金小姐而投靠岳父；當他落難山林，也不擾亂平民，具有極強的忍耐；在他不得志時，受盡兄嫂白眼而委曲求全；在得到蕭何幫助後，能改過自新，追求上進，而且還能知人善任。

　　以上的故事，說明蕭何由於具有偉大目光，既幫助別人成功了，也成就了自己的事業，所以，如果要想獲得巨大的利益，應該懂得人力的投資。

處理事情手到擒來

從定義而言，這個世界上的一切「好東西」，如財富、地位、榮譽等與「幸福」有關的東西，似乎都是給懂得處理事情的人預備的。而那些做事能力較差的人，他們工作沒少做，力沒少費，汗沒少流，有時卻事與願違，得不償失，縱使他們獲得了足夠的成功機會，可能最後也因為「不會處理事情」而失之交臂，功敗垂成。

抓住對方的興奮點

《孫子兵法‧九地篇》中說：「為兵之事，在佯順敵意。」這句話的意思是說，指揮打仗，在於假裝順從敵人的意圖。

「佯順敵意」處理事情的目的在於爭取主動，致敵而不至於敵，順水推舟，就坡下驢，投其所好，目的都是要調動敵人就我所範。

社會心理學的研究證明，人的情感引導行動。積極的情感，比如喜歡、愉快、興奮，往往產生理解、接納、合作的行為效果，而消極的情感，如討厭、憎惡、氣憤等，則帶來排斥和拒絕。要使人對你的態度從排斥、拒絕、漠然處之到對你產生興趣並予以關注，就需要最大限度地引導、激發對方的積極情感，「佯順敵意」，投其所好，就得善於尋找對方的「興奮點」。

戰國時期，晉國大夫苟息以屈地的良馬和垂棘的玉璧為禮品賄賂虞公，借道伐虢，並最後滅虞。苟息準確地掌握了虞公貪財好利的心理，以甜言蜜語稱頌他，使虞公只知與晉為同宗，而不知晉的野心，執迷不悟，不聽宮之奇忠告，結果國家破滅，自己也被抓住當了晉獻公女兒的陪嫁人。這是利用「佯順敵意」心理戰術的典範。

佯順敵意並不一定要借助物質手段，有時讚美他人，從心理上使其滿足，也能達到良好的效果。

清代著名畫家鄭板橋名氣很大，脾氣怪異，不肯向權貴富豪低頭折腰，也不願賣字畫給他們，假如因各式各樣的原因不得不賣，就把題上款省略掉。如果題有上款，稱為某兄某弟，那就是鄭板橋對那人頗有微詞了。

揚州有一個鹽商叫王德仁，字昌義，家財萬貫，卻苦於得不到鄭板橋的一幅正版字畫，就算輾轉迂迴地弄到幾幅，也不會有上款，這件事一直

讓他耿耿於懷。

王德仁長期謀劃，想到一個計策。

人都有弱點，鄭板橋愛吃狗肉。如果有人做一鍋香噴噴的狗肉送給他，他會寫一小幅字畫回報，而且不用錢。

鄭板橋喜歡出遊，常常流連山水，樂而忘返。一天，他來到一個地方，時已過午，有點餓了。忽然聽到悠揚的琴聲從遠處飄來，他依聲尋去，發現前面有一片竹林，竹林中有兩三間茅屋。剛走近茅屋，一股肉香又撲鼻而來，茅屋裡面有一位老者，鬚眉皆白，道貌岸然，正襟危坐彈琴，旁邊有一個小童正在用紅泥火爐燉狗肉。鄭板橋不由得垂涎三尺，對老者說：「老先生也喜歡吃狗肉？」老者說：「世間百味唯狗肉最佳，看來你也是一個知味者。」鄭板橋深深一揖：「不敢，不敢，口之於味，有同嗜焉。」老人說：「那太好了，我正愁一人無伴，負此風光。」於是便叫小童盛肉斟酒，邀鄭板橋對坐豪飲。

鄭板橋高興極了，肉飽酒酣之餘，想用字畫作為回報。見老者四壁潔白如紙，但卻空無一物，便問：「老先生四壁空空，為何不掛些字畫？」老者說：「書畫雅事，方今粗俗者多，聽說城內有個鄭板橋，人品不俗，書畫也好，不知名實相符否？」鄭板橋說：「在下就是鄭板橋，為先生寫幾幅如何？」老者大喜，趕忙拿出預先準備好的紙筆。於是鄭板橋當場揮毫，立成數幅，最後老者說：「賤字『昌義』，請足下落個上款，也不枉你我今天一面之緣。」鄭板橋聽了不由一愣，說道：「『昌義』是鹽商王德仁的字，老先生怎麼與他同號了？」老者說：「我取名字的時候他還沒有生呢，是他與我同字，不是我與他同字，而且天下同名同姓的人太多了，清者清，濁者濁，這有什麼關係呢！」

鄭板橋見他說得在理，而且談吐不凡，於是為他落了上款，然後道謝告別而去。

第二天鄭板橋一早起來，想起昨天吃狗肉的事，總覺得有點不對勁，於是叫一個僕人到鹽商王德仁家去打聽情況。僕人回來說，王德仁將鄭板橋送的字畫懸掛中堂，正在發束請客，準備舉行盛大的慶祝宴會呢。

原來，王德仁早就調查清楚了鄭板橋的飲食起居，習性愛好，以及他經常去的地方，並以重金聘請了一位老秀才，花了幾個月的時間等待，才抓到了這個機會，讓鄭板橋上了當。

像鄭板橋這樣清廉正直的人，卻被一頓狗肉引上了「鉤」，可見「投其所好」這一方法，只要運用得當，則可以辦成許多難辦的事。

瞻前顧後

有的人處理事情只圖一時痛快，而對產生的後果考慮得不仔細，因而悔之莫及。聰明人恰好相反，當需要對一件事做出決策時，他們總是左思右想，瞻前顧後，直到對行為的利弊得失形成清楚認知，再做決策。也正因此，他們後悔的事情比較少，生活比較順利。下面二則故事，就說明了這一道理。

宋太宗的朝代，李繼遷來騷擾西部邊疆。保安軍向皇上報告說，捉到了李繼遷的母親。宋太宗想要殺掉李繼遷的母親，因此，單獨召見擔任樞密官的寇準，商量處置辦法。商量完，寇準退出，走到宰相府門口時，呂端問寇準道：「能向我透點消息嗎？」寇準道：「可以。」呂端說：「準備怎麼處理呢？」寇準說：「打算在保安軍北門外斬首，以此警告那些反叛之輩。」呂端說：「這可不是一個好辦法。」

說完，他馬上啟奏宋太宗說：「過去項羽打算油烹劉邦的父親，劉邦告訴項羽：『如果油炸了我的父親，希望把他的肉湯分一杯給我喝。』一般說來，成就大事業的人是不會顧戀親人的，更何況李繼遷這個不講仁義的

反叛之徒呢！陛下您今天把他母親殺了，明天就能捉到李繼遷嗎？如果捉不到，白白結下怨仇，只能越來越堅定他反叛的決心。」太宗問：「既然這樣，那怎麼辦好呢？」呂端說：「以我的愚見，應該把他的母親流放到西邊疆的延州，好好地對待她，這樣可以誘降李繼遷。即使他不能馬上投降，也可以拴住他的心啊！而他母親的生死大權卻時時握在我們的手裡』！」太宗聽後，拍著腿叫好，說道：「若不是你，幾乎誤了我的大事！」

後來，李繼遷的母親在延州逝世，不久李繼遷也死了，他的兒子投降了朝廷。

馮益是皇帝的醫生，也是一名有權勢的官吏，大臣們都很恨他。一天，山東泗州的知州啟奏皇上說：「外面傳聞馮益派人收買飛鴿，還有許多非法的事。」大臣張浚奏請皇上，要殺了馮益。趙鼎卻表示反對，他說：「馮益的事曖昧不清，但似乎有關國家威望，不是一件小事。如果朝廷不懲罰他，那麼，人們會以為他做的那些壞事都是皇上派遣的，這有損皇上的威望。但事情不太清楚，處以死刑，又太重了，不如暫時解除他的職務，流放外地，解除他人的迷惑。」

皇上表示同意，把馮益流放到了浙東。張浚很生氣，以為趙鼎和自己過不去。趙鼎解釋道：「自古以來，要排除小人，急了；小人們抱團聚堆，一致對外，禍害反而更大；慢了，他們就自相排擠，彼此火拚。馮益的罪過，就是把他殺了也不足以告慰天下。但這樣做，那些宦官們必然害怕皇上殺順了手，挨到自己頭上。肯定爭相為之辯駁，減輕罪過。不如使之遭貶，流放外地。這樣，他們見罪過不重，就不會全力營救，這就是說，馮益再也休想返還！反過來，如果我們處死馮益，這些人視吾輩為寇仇，其勾結越加密切，很難打破啊！」

聽了這些，張浚嘆服不已。

瞻前顧後絕非懦夫之舉，亦非畏前怕後。它是智慧者決策前的周密思

257

考，是處以進退之間而欲進取不敗的重要手段。不瞻前顧後，魯莽行事必遭挫折、失敗。蜜蜂飛入花苞中盡情地採蜜，當傍晚將至，花苞欲合，牠還戀戀不捨，採蜜不止，不欲離去，而當花苞閉合，牠再也飛不出來，只能死於花苞中。這也許就是不瞻前顧後的悲劇。《說苑‧建本》曰：「不慎其前，而悔其後，雖悔何及。」可謂至理名言。

扮豬吃老虎

　　古時有「扮豬吃老虎」的計謀，以此計施於強勁的敵手，在其面前盡量把自己的鋒芒斂蔽，「若愚」到像豬一樣，表面上百依百順，裝出一副卑恭屈膝的樣子，使對方不起疑心，一旦時機成熟，就如閃電般地把對手消滅了。這就是韜晦的心術，人們常常藉此自我保全。

　　商朝時，紂王因為通宵飲酒，弄不清已是幾月幾日，問左右的人都說不知道。

　　紂王又問箕子，箕子對自己弟子悄悄說：「坐天下之主而使一國都沒有時間的概念，那天下就危險了。一國人都不知時日，只有我知道，我也就危險了。」

　　於是，箕子借酒醉為由，推說不知道今天的時日。

　　如果說箕子「扮豬」是為了不被「虎」吃掉的話，那麼明成祖朱棣「扮豬」是為了「吃虎」。

　　明成祖朱棣精明幹練，是太祖朱元璋的第四子，朱元璋在世時他被封為燕王，鎮守北平。朱元璋死後，由於長子早死，便立長孫朱允炆為帝，即惠帝。

　　惠帝知道朱棣對沒有當上皇帝心懷不滿，暗中派人監視朱棣的舉動，

不久，朱棣的護衛官倪諒到南京向惠帝告密，說朱棣的手下於諒和周鋒等人謀反。惠帝下令將兩人抓到南京斬首，並下詔書責怪朱棣。

朱棣知道這事後開始裝瘋，經常在鬧市中大叫奔跑，搶別人的酒食，口中胡言亂語，有時睡在地上整天不醒。監視他的人去看他，他在大熱天圍著火爐打抖說：「冷極了！」他在宮廷中到處遊逛，見到他的人都以為他真瘋了。

長史葛誠是惠帝的心腹，他向監視朱棣的張昺、謝貴告密說：「燕王根本沒有病，你們千萬別懈怠。」當朱棣派人去朝廷辦事時，兵部尚書齊泰逮捕了使者，使者供出了朱棣準備發動政變的消息。

齊泰馬上下令逮捕朱棣手下的官員，讓謝貴等人伺機殺掉朱棣，要葛誠等人作為內應，並密令一直受朱棣信任的張信將朱棣活捉。

張信得到命令後，再三猶豫，最後決定挽救朱棣，於是去他的住所講明真情。開始時，朱棣假裝中風不能說話，後來知道事情真相，才覺得非同小可，立刻向張信下拜說：「是您救了我一家人啊！」

朱棣立即著手準備起兵，這時，削奪朱棣爵位、逮捕官員的命令傳到，謝貴、張昺派兵包圍了燕王府，準備進宅抓人。

第二天，朱棣宣布病癒，讓官員們前來朝賀，他設下伏兵，派人去請謝貴、張昺。等到所有人都到齊了，朱棣以擲瓜為信號，伏兵衝出來逮捕了謝貴、張昺等人，朱棣站起來說：「我哪裡有病，全是你們這幫奸臣逼出來的！」他下令將謝貴等人斬首。

接著，朱棣舉兵攻占了北平城，安撫軍民，並上書以征討齊泰等人為名，直奔南京討伐惠帝。惠帝下落不明，朱棣登上王位，成了明成祖。

朱棣不愧是一個出色的演員，他成功地扮演了「豬」，最後終於把「虎」吃掉了。可見不露才華，不顯能幹，才能為日後的大業積攢後勁。

跳出兩難選擇

形而上學的人生活在絕對的兩極思考模式中，或者是甲，或者是非甲（乙），或者這樣，或者那樣，沒有其他的選擇。複雜的社會生活以無數的事實證明這種思考模式方式是錯誤的。生活中常有這樣的事情發生：既不是甲，也不是非甲（乙），而是丙，換一句話說，就一個問題的解決方案而言，正方案不行，反方案不行，只有正反方案之外的方案，即第三條方案才是最佳解。

宋朝的蔡京在洛陽的時候，遇到一則有趣的訴訟案件。有一位婦女生過一個兒子之後改嫁了，再婚後又生了一個兒子。後來，兩個兒子長大成人，都做了官。他們爭著奉養母親，相持不下，以至於打上了官司。斷案的人沒有辦法裁決，向蔡京求救。蔡京聽後說：「這有什麼困難？問問他們的母親，願意到誰家就去誰家，不就解決了麼？」就這樣，蔡京一言斷了一案。

以這個例子可以看出，斷案人之所以陷入困境，是他的注意力只在對立的兩個方案中打轉，是這個兒子的要求對，還是那個兒子的要求對？他就沒想到跳出這個圈圈，另外想個辦法。蔡京的高明之處，就在於發現了第三條路。

能力不佳的人在處理事情時，往往是一葉障目，不知泰山之大，在非常狹小的空間內打轉，不能以宏觀的思考模式和開闊的視野去尋求解決問題的方法。擅長處理事情的人能見人所未見，知人所未知，原因何在？其實很簡單，就是眼光敏銳，站得高，看得遠，能在別人思考的範圍之外思考，從而發現別人難以發現的東西。我們想要增強處理事情的能力，也應該善於在常規範圍之外尋找解決問題的方法！我們應該仔細玩味這句話的道理：

山窮水盡疑無路，

柳暗花明又一村！

每臨大事有靜氣

面對一件危急的事，出於本能，許多人都會做出驚惶失措的反應。然而，仔細想想，驚惶失措非但於事無補，反而會增加許多亂子。試想，如果是兩方相爭的時候，第三方就會乘危而攻，那豈不是雪上加霜嗎？

所以，在緊急時刻臨危不亂，處變不驚，以高度的鎮定，冷靜地分析形勢，那才是明智之舉。

唐代憲宗時期，有個中書令叫裴度。有一天，下人慌慌張張地跑來向他報告說，他的大印不見了。為官的丟了大印，真是一件非同小可的事。可是裴度聽了報告之後一點也不驚慌，只是點頭表示知道了。然後，他告誡左右的人千萬不要張揚這件事。

左右之人看裴中書並不是他們想像一般驚惶失措，都感到疑惑不解，猜不透裴度心中是怎樣想的。而更使周圍的人吃驚的是，裴度就像完全忘掉了丟印的事，竟然當晚在府中大宴賓客，和眾人飲酒取樂，十分逍遙自在。

就在酒至半酣時，有人發現大印又被放回原處了。左右手下又迫不及待地向裴度報告這一喜訊。裴度依然滿不在乎，好像根本沒有發生過丟印之事一般。那天晚上，宴飲十分暢快，直到盡興方才罷宴，然後各自安然歇息。

而左右始終不能揣測裴中書為什麼能如此成竹在胸，事後好久，裴度才向大家提到丟印當時的處置情況。他教手下說：「丟印的原由想必是管

印的官吏私自拿去用了,恰巧又被你們發現了。這時如果嚷嚷開來,偷印的人擔心出事,驚慌之中必定會想到毀滅證據。如果他真的把印偷偷毀了,印又從何而找呢?如今我們處之以緩,不表露出驚慌,這樣也不會讓偷印者感到驚慌,他就會在用過之後悄悄去放回原處,而大印也能失而復得。」

從人的心理上講,遇到突然事件,每個人都難免產生一種驚慌的情緒。問題是怎樣想辦法控制。

楚漢相爭的時候,有一次,劉邦和項羽在兩軍陣前對話,劉邦歷數項羽的罪過。項羽大怒,命令暗中潛伏的幾千弓弩手一齊向劉邦放箭,一支箭正好射中劉邦的胸口,傷勢嚴重,痛得他伏下身。主將受傷,必將群龍無首,若楚軍乘人心浮動發起進攻,漢軍必然全軍潰敗。猛然間,劉邦突然鎮靜起來,他巧施妙計:在馬上用手按住自己的腳,大聲喊道:「碰巧被你們射中了!幸好傷在腳趾,沒有重傷。」軍士們聽了,頓時穩定下來,終於抵住了楚軍的進攻。

西晉時,河間王司馬顒、成都王司馬穎起兵討伐洛陽的齊王司馬同。司馬同看到二王的兵馬從東西兩面夾攻京城,驚慌異常,趕緊召集文武群臣商議對策。

尚書令王戎說:「現在二王大軍有百萬之眾,來勢凶猛,恐怕難以抵擋,不如暫時讓出大權,以王的身分回到封地去,這是保全之計。」王戎的話剛說完,齊王的一個心腹怒氣衝衝地吼道:「身為尚書,理當共同誅伐,怎能讓大王回到封地去呢?從漢魏以來,王侯返國,有幾個能保全性命的?持這種主張的人就應該殺頭!」

王戎一看大禍臨頭,突然說:「老臣剛才服了點寒食散,現在藥性發作,要上廁所。」說罷便急匆匆走到廁所,故意一腳跌了下去,弄得滿身屎尿,臭不可聞。齊王和眾臣看後都捂住鼻子大笑不止。王戎便藉機溜

掉，免去了一場大禍。

王戎因此而免於一死。此事無疑給後人啟示：遇事要沉著冷靜，靜中生計，以求萬全。

不屈不撓，以勢取勝

我們辦任何事都希望成功，然而成功卻是汗水澆出來的花，只有那些善於把握時機的人，在對待挫折的態度上始終秉著一種不屈不撓的精神，才能最終達到目的。

一本美國小說裡有這麼一個小故事，小說中的主角大衛有個叔叔，是個農莊的莊主，擁有不少的黑奴。有一天下午，大衛和叔叔在磨坊裡磨麥子，正當他們忙得不可開交的時候，磨坊的門靜靜地被打開了，一個黑奴的孩子走了進來。叔叔回頭看了看，語氣惡劣地問她：「什麼事？」

那女孩開朗地回答：「媽媽讓我向您要五塊錢。」

「不行！你這個黑奴孩子，窮鬼，你回去！」

「是。」女孩率直地回應著，可是一點也沒有要離開的意思。

叔叔只專心埋頭工作，根本沒察覺她還站在那裡，好不容易再度抬起了頭，才看到女孩靜靜地等在門口，他生氣了，大聲趕她：

「我叫你回去，你聽不懂啊！再不走，我會讓你好看的！」

女孩依舊應了聲：「是。」但卻仍然動不也動地站在那裡。

這下子把叔叔惹得火冒三丈，重重放下手頭的一袋麥子，順手抓了身邊一跟掃帚，氣憤難當地往門口走去。大衛看到叔叔那難看的臉色，心想這小女孩肯定大禍臨頭了。

然而，那個女孩毫無懼色，不等叔叔走去，反先向著叔叔踏前一步，

263

正氣凜然的眼神眨也不眨地仰視著凶殘的主人，斬釘截鐵地說道：

「媽媽說無論如何都要拿到五塊錢！」

局勢一下子變了，叔叔整個愣住了，細細地端詳女孩的臉，緩緩地放下了掃帚，從口袋裡掏出五塊錢給了女孩。

女孩一邊拿錢，一邊直直地瞪著打敗了的對手，泰然地一步步往門口退去。等她完全走出磨坊，叔叔垂頭喪氣一屁股坐在木椅上，好長一段時間默默不語地望著窗外，思索著事情發生的前因後果。

面對一個暴躁、粗俗、無知、甚至是不講理的對手時，千萬別因此就被對方影響，這時候更需要冷靜、沉著，因為你如果被對方的氣勢所嚇倒，往往就會在恐懼中訂了城下之盟。

黑人小女孩面對凶殘的主人，不被他的氣勢所逼，而是沉著應付，這種神奇力量的發揮，完完全全地挫敗了主人那不可抗拒的銳氣。徹底制服了一個有權有勢的白人，使得他在萬分憤怒的情形之下綿羊般溫馴下來，這其中不難看出，小女孩獲勝的法寶其實就是她的沉著、大膽以及不屈不撓。所以說沉著、鎮靜以及不屈不撓是我們處理好事情的利劍。

審時度勢，善於變通

敏銳的眼光和判斷力是事業成功的必備素養。俗話說，一葉知秋。任何事情在局勢明朗之前，肯定都會有其前兆。具有慧眼的人會根據這些細微之處正確，判斷出事態的發展而採取相應的行動。要想獲得成功就必須把自己培養成能判斷形勢的高手，從而把行動的主動權牢牢掌握在自己手中。

未雨綢繆，它通常是在採取重大變動前一種很理智的做法。人生每逢

重大變動可能都生死未卜，因此，未雨綢繆就顯得特別重要，特別是對那些成功之人，「打江山本身就不易」。不要使對方產生憎恨，這種內心的憎恨看起來好像無所謂，但是，心有所想就會有所表現，一旦憎恨和怒火被對方察覺，求助的希望就會徹底破滅了。所以，無論何時、何地，都要向對方傳達你對他的理解，這是最迅速、簡捷的做法，「我知道你的感覺」或「我很理解你的心情」，請把這些話記在心裡，時刻運用吧！

同時，生活紛繁複雜，永遠有許多無法預測到的問題會發生。世界變化如此之快，唯一辦法就是保持應變能力。你要準備隨時改變方向、改變過去的思考模式，適應對手的變化……這是積極的做法。

「機動靈活是高手的基本素養之一。窮則變，變則通，通則久。許多不能辦成的事，如果能夠採取變通的方法處理事情，就有可能取得成功。」

戰國時，莊公把母親姜氏放逐到城穎，臨行他發誓道：「我們不到地底下，別想見面！」

後來他又後悔了，穎考叔擔任穎谷封人的官職，聽說這件事，就親自進貢禮物給莊公。莊公宴請他，他吃的時候單獨挑出肉來放在一邊。莊公問他為什麼，他回答道：「小臣有老母親，我想帶些肉給她嘗嘗。」

莊公說：「你有母親可以送食物，唉，我卻沒有！」穎考叔說：「請問這是什麼意思？」莊公把發誓的事告訴他，並且說後悔不已。穎考叔說：「您擔心什麼呢！要是挖個地道，然後您和姜夫人透過地道來見面，誰會說您違背了誓言呢？」

莊公照他的話去辦。莊公走進地道時朗誦了兩句詩：「走進地道裡，快樂真無比！」姜氏走出地道時也朗誦了兩句詩：「走出地道門，高興難形容！」從此，母子兩人就和好了。

有時候，人人都可能說些看起來沒有退路的絕情話，過後又常常後悔，但話已不能收回。此時，你不妨將說過的那些話從字面上圓通一下，在詞義上作點文章，這樣既可以收回原話，又可以為自己挽回點面子。這就是善於變通的技巧。

巧妙提出協助請求

任何人都有獲得別人尊重的慾望，誰要是讓人遭到言辭上的「非禮」，那事就會難辦。所以在向別人提出要求時，我們要特別注意使用禮貌語言手段，維護對方的面子，照顧人家的意願，巧妙提出自己的要求，講究分寸，讓對方在不經意中向你敞開心扉。

下面透過一些實例，教你一些具體用法。

1‧間接請求

透過間接的表達方式（例如使用能願動詞、疑問句等），以商量的口氣把有關請求提出來，講得比較婉轉一些，令人比較容易接受。

「你能否盡快替我把這事辦一下？」

（比較：趕快給我把這事辦一下！）

透過比較，我們不難看出，間接的表達方式要比直接的表達方式禮貌得多，因而更容易得到對方的幫助或認可。

2‧藉機請求

借用語助詞、附加問句、動作副詞、狀聲詞及相關句型等來減輕話語的壓力，避免唐突，充分維護對方的面子。

「不知道你可不可以把這封信帶給他？」

（比較：把這封信帶給他！）

我們可以發現，語言中有很多婉轉語氣，只要使用得當，就會大大緩和說話的語氣。

3・激將請求

透過流露不太相信能成功的想法，把請求、建議表達出來，給對方和自己留下充分考慮的餘地。

「你可能不願意去，不過我還是想麻煩你去一趟。」

你請別人幫忙或者向別人提出建議時，如果在話語中表示人家可能不具備有關條件或意願就不應強人所難，自己也顯得很有分寸。

4・縮小請求

盡量把自己的要求說得很小：以便對方順利接受，滿足自己的願望和要求。

「你幫我解決這一步已使我感激不盡了，其餘的我將自己想辦法解決。」

我們確實經常發現，人們在提出某些請求時，往往會把大事說小，這並不是變著法兒使喚人，而是適當減輕給別人帶來的心理壓力，同時也使自己便於啟齒。

5・謙虛請求

透過抬高對方、貶低自己的方法把有關請求等表達出來，顯得彬彬有禮、十分恭敬。

「您老就不要推辭了，弟子們都在恭候呢！」

請求別人幫助，最傳統有效的做法是盡量表示虔敬，使人感到備受尊

重，樂於從命。

6‧自責請求

首先講明自己知道不該提出某個請求，然後說明為實情所迫不得不講出來，令人感到實出無奈。

「真不該在這個時候打擾您，但是實在沒有辦法，只好麻煩您一下。」

在人際交往中，要知道在有的時候、有些場合打擾別人是不適合的，不禮貌的，但這時又不得不麻煩人家，這就應該表示知道不妥，求得人家諒解，以免顯得冒失。

7‧體諒請求

首先說明自己了解 並體諒對方的心情，再把自己的要求或想法表達出來。

「我知道你手頭也不寬裕，不過實在沒辦法，只好向你借一借。」

求人的重要原則就是充分體諒別人，這不僅要在行動中體現出來，而且要在言語當中表示出來。

8‧遲疑請求

首先講明自己本不願意打擾對方，然後再把有關要求等講出來，以緩和講話語氣。

「這件事我實在不想多提，但形勢所迫，不得不求助於您了。」

在提出要求時，如果在話語中表示自己本不願意說，這樣就會顯得自己比較有涵養。

9 · 述因請求

在提出請求時把具體原因講出來，使對方感到很有道理，應該給予幫助。

「隔行如隔山，我不懂人家的規矩。你是內行人，就請幫幫忙吧！」

在提出請求時，如果把有關理由講清楚，就會顯得合乎情理，令人欣然接受。

10. 乞諒請求

首先表示請求對方諒解，然後再把自己的願望或請求等表達出來，以免過於唐突。

「恕我冒昧，這次又來麻煩你了。」

請求別人原諒，這是透過禮貌語言進行交際的最有效方法，人們常常使用這種方式來進行互動，顯得比較友好、和諧。

逢人短歲，遇貨添錢

俗話有這樣兩句：「逢人短歲，遇貨添錢。」假如你遇到一個人，你問他多大年齡了？他答：「今年50歲了。」你說：「看你的面貌只像30歲的人，最多不過40歲罷了。」他聽了一定開心，這就是所謂的「逢人短歲」。又如走到朋友家中，看見一張桌子……問他花多少錢買的，他答道：「花了500元。」你說：「這張桌子一般價值1,000元，再便宜，也要700元，你真是會買。」他聽了一定很高興。這就是所謂的「遇貨添錢」。人們的習性就是這樣，所以自然而然地就生出這種道理。

利用這道理，對人不妨多說好話，保你有賺無賠。

美國芝加哥電力公司曾有一個叫大衛的推銷員，他到農村去推銷用

電。走到一戶有錢的人家，戶主是個上了年紀的老婦人，一看見是電力公司推銷的業務，就把大門緊閉了。大衛一看事情不妙，便說：「很抱歉，打擾了您，也知道您對用電不感興趣。所以，我這次來不是做生意的而是來買雞蛋的。」老人消除了些疑慮，便把門打開一點，探出頭來半信半疑地望著大衛。大衛又繼續說道：「我看見您餵的多明尼克種雞很漂亮，想買一打新鮮的雞蛋回城。」

聽到他這麼說，老人家把門開得更大一些，並問道：「你為什麼跑到這裡來買雞蛋？」大衛充滿誠意地說，「因為我的雞下的蛋是白色的，做蛋糕不合適，我的太太就要我來買些棕色殼的蛋。」

這時候，老婦人走出門口，態度很溫和地跟大衛聊起了雞蛋的事。但大衛這時便指著院子裡的牛棚說：「老太太，我敢打賭，你丈夫養的牛趕不上您養雞賺錢多。」

老婦人被逗樂了。是的，多少年來，她丈夫總不承認這個事實。於是她將大衛視為知己，帶他到雞舍參觀。大衛和她邊看邊聊，說的話句句入耳。他說，如果能用電燈照射，產的蛋會更多，老婦人好像忘記了剛才的事，反而問大衛用電是否划算。當然，她得到了完滿的解答。兩個星期後，大衛在公司收到了老太太寄來的用電申請書。

試想，假如大衛一開口就推銷業務，老婦人肯定不會接受。而推銷員大衛採取了婉轉的表達方式，用買雞蛋的託辭打開老婦人的心扉，然後以話家常的方式，說一些恭維的話，很自然地扯到了用電的問題，說明用電燈照射產的蛋會更多，博得了老婦人的信任，自動遞上用電申請書。

口渴以後再送水

雪中送炭是施恩的一大前提，別人有難處才需要幫忙，這是最起碼的

常識。

三國爭霸之前周瑜並不得志，他曾在軍閥袁術部下為官，當過一個小小的居巢長，相當於一個小縣的縣令罷了。

這時候，地方上發生了饑荒，糧食問題日漸嚴峻起來。居巢的百姓沒有糧食吃，就吃樹皮、草根，活活餓死了不少人，軍隊也餓得失去了戰鬥力。周瑜身為父母官，看到這悲慘情形急得心慌意亂，不知如何是好。

有人獻計，說附近有個樂善好施的財主魯肅，他家素來富裕，想必囤積了不少糧食，不如去向他借。

周瑜帶上人馬登門拜訪魯肅，剛剛寒暄完，周瑜就直接說：「不瞞老兄，小弟此次造訪，是想借點糧食。」

魯肅一看周瑜豐神俊郎，顯而易見是個才子，日後必成大器，他根本不在乎周瑜現在只是個小小的居巢長，哈哈大笑說：「此乃區區小事，我答應就是。」

魯肅親自帶周瑜去查看糧倉，這時魯家存有兩倉糧食，魯肅痛快地說：「也別提什麼借不借的，我把其中一倉送與你好了。」周瑜及其手下一聽他如此慷慨大方，都愣住了，要知道，在饑饉之年，糧食就是生命啊！周瑜被魯肅的言行深深感動了，兩人當下就交上了朋友。

後來周瑜有成就了，當上了將軍，他牢記魯肅的恩德，將他推薦給孫權，魯肅終於得到了拚事業的機會。

人對雪中送炭之人總是懷有特殊的好感。某位女士如此說：「我有一位朋友，我每次需要幫助的時候，他一定出現。例如：我有急事需要用車或上班遲到時需要用車，只要我打個電話，他一定到，可以說每求必應。事情一過去，我們又各忙各的。到過年過節的時候，我總是忘不了給他寄一張賀卡，打電話給他拜個年。」

對身處困境中的人僅僅有同情之心是不夠的，應給予具體的幫助，使其度過難關，這種雪中送炭、分憂解勞的行為最易引起對方的感激之情，進而形成友情。比如，一個農民做生意賠了本，他向幾位朋友借錢都遭回絕，後來他向一位平時互動不多的鄉民伸出求援之手，在他說明情況之後，對方毫不猶豫地借錢給他，幫他度過難關，他發自內心感激對方。後來，他有成就了，依然不忘這借錢的交情，常常特別關照對方。

使用這種方法，有幾點技巧需要注意。

(1) 飲足井水者，往往離井而去，所以你應該適度地控制，讓他總是有點渴，以便使其對你產生依賴感。而一旦他對你失去依賴心理，或許就不再對你畢恭畢敬了。

(2) 上司刺激下屬享受的慾望又不去全部滿足，而是一次一點點，以使其保持熱情，繼續為你效力。

(3) 對人的恩情過重，會使對方自卑乃至討厭你，因為他一來無法報答，二來感到自己的低能。

激將法

激將法就是根據人的心理特點，使對方在某種情緒衝動和鼓動之下做出某種毅然的舉止，從而達到替自己處理事情的目的。

俗話說：「請將不如激將」，巧言激將，一定要根據不同的交談對象，採用不同的激將方法，才能收到滿意效果。激將法一般有以下幾種形式。

1・直激法

就是面對面直出直人地貶低對方，刺激他，羞辱他，激怒他，以達到使他「跳起來」的目的。

例如，某工廠變更人事制度，決定招募中層主管。公告貼出後，大家都看著能力技術俱佳的技術員小譚。然而，由於某種原因，小譚正在猶豫。一位老工人找到小譚，直言相激：「小譚，你不是大學的高材生嗎？大家都對你有所期待呢！沒想到，你連個工廠主任的位子都不敢接，你真是個膽小鬼！」

「我是膽小鬼？」話音未落，小譚就跳了起來，說「我非做一番大事不可！」他當場自薦擔任了工廠主任。

再如，晚餐的聯誼舞會上，一位女賓邀請某中年男經理跳舞，對方以「我不會跳」或「跳不好」來推託。於是女賓就說：「哪是不會跳，您八成是『妻管嚴』，怕跳舞回家，被太太知道不好交代吧？……」對方被貶受激，仰頭大笑，終於邁出了舞步。

2・暗激法

暗激法就是有意識地褒揚第三者，暗中刺激對方，激發他勝過第三者的決心。

如三國時，諸葛亮為了抗曹來到江東，他知道孫權是不甘居人之下的人，於是，大談曹軍兵多勢大，說：「曹軍騎兵、步兵、水兵加在一起有一百多萬吶！」

孫權大吃一驚，追問：「這其中有詐嗎？」

諸葛亮一筆一筆算，最後，算出曹軍擁有一百五十多萬。他說：「我只講100萬，是怕嚇倒了江東的人呀！」這句話的刺激性可謂不小，使孫權急忙問道：「那我是戰，還是不戰？」

諸葛亮見火候已到，說：「如果東吳人力、物力能與曹操抗衡，那就戰；如果您認為敵不過，那就降！」

孫權不服，反問：「像您這樣說，那劉豫州為什麼不降呢？」

273

此話正中諸葛亮下懷，他進一步使用激將法說：「田橫不過是齊國一個壯士罷了，尚且能堅守氣節，何況我們劉豫州是皇室後人，蓋世英才，怎麼能甘心投降，任人擺布呢？」

孫權的火立刻被激了起來，決心與曹軍決一死戰。

暗激法的巧妙，就在於它是透過「言外之意」、「旁敲側擊」的說法，委婉地傳遞刺激訊息。人們都希望別人尊重自己，而有人在自己面前有意誇耀第三者，或者貶低與自己親近的人，顯然會對他造成一種暗示的刺激，從而迫使他在維護自尊的同時，為我們做事。

3・導激法

激言有時不是簡單的否定、貶低，而是「激中有導」，用明確的或誘導性語言，把對方的熱情激起來。

例如，某校一個調皮學生，學習成績很差。一次，他打了一位同學，還自誇是拳擊高手。老師叫住他說：「打架算什麼英雄？有本事你跟他比成績。你期末考試如果趕上人家，那才是真正的英雄呢！」一句話激得這個調皮學生發憤學習，後來，他果然有了明顯進步。

導激式還有一種方法，是以一種推己及人，將心比心的心理效應，激發對方作角色對換，設身處地同意他人的意見。例如：

一位女公關人員負責陪同一位公司女經理在市區參觀遊覽，上司提醒這位女公關人員，要設法款待一次女經理。結果，在參觀遊覽市區時，經過兩家飯店，這位公關小姐向女經理詢問兩次：「經理，您餓嗎？」

女經理客氣地搖搖頭，兩次詢問都未成功。後來，兩人路過「老飯店」，公關小姐眼看女經理就要搭車回旅館用餐了，於是她換了一種說法：「經理，早上出來，怕您等我，我來不及吃早飯，只吃了兩三塊餅乾就來接您了，現在我餓了，請您陪我吃點東西好嗎？」

女經理聽了，欣然點頭。兩人步入「老飯店」……

這位公關小姐的成功就在於使用導激式手法，產生了由己及彼，再由彼及己的有效反應。

使用「激將法」的好處在於，只是運用自己的一點口舌，既達到了目的，又不使自己損失什麼。這種方法實在是高明。

軟硬兼施法

這種方法能以消極的形式爭取積極的效果，可以表現出自己不達目的不罷休的決心和毅力，給對方施加壓力，以自己頑強的態度、思想、感情，達到影響對方態度和改變對方態度的目的。

1·功到自然成

許多事情是靠人「磨」出來的。有些情況下，只有多磨才能辦成想辦的事。

某建築工地急需 60 噸瀝青。採購人員到物資部門請領，但負責此事的處長推說工作忙，要等兩個月才能提貨。採購人員非常著急，他怎麼能等兩個月呢？當他了解 到倉庫裡有現貨，只是因為自己沒「進貢」，對方才拖延時，更是怒不可遏，真恨不得馬上找對方好好「理論理論」。

但他竭力控制自己的情緒，思索解決問題的辦法。他手頭一無錢、二無物，給人家「進貢」是不可能的了。他決心和那位處長大人軟硬兼施。

從第二天起，他天天到處長辦公室來，耐心地向處長懇求訴說，處長感到厭煩，不理睬他。處長不理，他就坐在一邊等，一有機會就張口，面帶微笑，彬彬有禮，不吵不鬧，心平氣和地懇求訴說。處長急不得，火不得，推不起，趕不跑。「泡」到第五天，處長就坐不住了，他長嘆一聲：

「唉，我算服了你了。照顧你這一次，提前批給你吧！」

不過磨也要講究策略，應該像這位採購人員一樣彬彬有禮，笑容滿面，論事實講道理。

磨，能顯示真誠，能引起人們的注意，能感動人。磨，是積極主動地向對方解釋，與對方溝通，不間斷地軟化對方的過程。因此必須是全身心投入，必須有百折不撓的精神。

磨，不是要無賴，是一種靜靜的禮貌的等待，等待對方儘快給予答覆。不要讓對方感到你是故意找麻煩，故意影響他的工作和休息。要盡量通情達理，盡量減少對對方的干擾，這樣，才能磨成功。

有些主管喜歡讓人磨，不願輕易同意任何事情。你磨他，使他的精神上得到一種滿足，即權力慾得到滿足。在這種情況下必須去磨，若怕麻煩，存有虛榮心反會被對方見笑，他會說：「本來他再來一次我就同意了，可是他沒來。」所以，磨是一個有效的辦法，但卻是一個「萬不得已」的辦法。

2．「泡」出對方的同情

有人形容求人之難，簡直是「跑斷腿，磨破嘴。」對於這一點，恐怕保險業務員的體會最深了。他們推銷險種時，很可能遭到客戶的拒絕，但過了一段時間之後，他又毫不氣餒地再次嘗試。這時假若客戶絕情地說：「我們並沒有購買的意思，你再來幾次也是枉然，因此，我勸你不必再浪費口舌、白費氣力了。」然而業務員卻不在乎，仍面帶笑容回答說：「請不必為我擔心，說話跑腿，是我的工作職責，只要你能給我一點時間，聽我說明，我就心滿意足了。」客戶看到他汗水淋淋，卻還滿臉笑容，就覺得再不買也過意不去了，於是就買了一點。

推銷員的工作也一樣，下雨下雪是推銷員上門的好日子。外面下著

雨，別人都躲在家裡，而推銷員站在門口，你產生同情心，因而難於拒絕。雖然我們都清楚地知道，這是推銷員所採取的一種策略，但畢竟他這樣做了，對此你能無動於衷嗎？

這種推銷方法就是巧妙地利用了人類的感情。客戶看到這位推銷員如此殷勤，心裡會這樣想：「這位推銷員若是多跑幾處地方，也許他的產品早就推銷完了，但是他卻老來這裡，他花了不少寶貴時間，再不買他的產品，就有點對不起人了。」這就是加重人們心理負擔的一種推銷方法。

新聞記者從事採訪工作與求人毫無二致，為達到採訪目的，他們有時需要在晚間和早晨行動。譬如：在發生某種重大事件時，新聞記者就事先打聽到與此相關的人，等下班後、或者上班前去進行採訪。因為這種時候，一般人都在休息，而新聞記者還在工作，就會使對方產生心理負擔，不接受採訪，心裡就會過意不去。

在日常生活中，如能將這種方法加以運用，以達到目的的機會將會更多。

讓親戚幫你

每個人都有三親六故，替親戚處理事情的狀況很多。當人們遇到困難的時候，大概首先想到的就是找親戚幫忙。俗話說，不是一家人，不進一家門。作為親戚，對方通常會很熱情地向你伸出援助之手。

「親不親，一家人」、「一家人不說兩家話」，這都是說明請親戚幫忙的便利性。

1.主動沾親

在任何社會，親情永遠是最寶貴的。需要具備鍥而不捨的精神，不怕

吃苦，勇於發掘親戚關係。

2・利用親情

利用親戚關係，動之以情。也就是要善用親情去說服對方，感動對方。

在求親戚幫助的時候，一樣需要用真誠打動對方，使親情得到發揮，切不可虛假用情。

利用親戚關係並不是無限制的濫用，不但會給對方增加麻煩，使對方加以拒絕，自己也會因此而受到道德良心上的譴責。

3・利用親戚關係處理事情，要平等互惠

親戚之間需要經常走動，增進了解，互助互利，想辦法多幫忙對方，這樣才能增進親戚之間的感情，否則親戚之情會越來越淡。

親戚之間的關係應以「情」字為主，而不要「利」字當頭。現實生活中的許多人是非常勢利的，親戚若得勢，他就與之交往；親戚若落魄，他就不理不問，這種人通常是受人鄙視的。

在傳統的親戚交往中往往存在著誤解，那就是：親戚關係是一種血緣、親情關係，彼此都是一家人，幫忙處理事情都是分內之事，都是應該之事，沒必要像其他關係那樣客套、講禮。其實，有這種想法就是大錯而特錯了。血緣的關係雖說是「割斷了骨頭連著筋」，但親情的維護與保持就在於彼此之間的相互幫助與知恩圖報上。

現實生活中，我們都有過這樣的體驗，親戚之間的甲方若是一味地照顧、幫助乙方，而乙方則回報以不冷不熱、不知感恩的態度，時間久了，甲方必定會生氣，認為乙方是不懂人情、不值得關心的冷血動物。若乙方依然故我，認為甲方幫助他是應該的，那甲方必然會終止與乙方的交往。

相反，若乙方知恩圖報，雖然沒有什麼物質回報，但經常以自己的勞力幫甲方做家事，跑跑腿等，以此作為感謝，甲方心理平衡，兩家之間的關係也會很好地維持下去。

事實上，不論是一般關係還是親朋好友，甚至是父母，都願意聽到一句別人對他們的感謝，雖然他們的付出有多有寡，但感激的話語，無疑對他們是一種心理補償。

對熱情相助的人在物質上給以回報，也是一種不失禮節的方式。物質回報雖然不是親戚間交往的主要方式，但它畢竟存在於現實生活之中。所以親戚間也應注意這方面。

有時，適量的物質回報是培養良好的人際關係的特殊需要。比如某人曾多次無私地幫助過你，某一天當他生病住院的時候，你拎上禮物去探望，無疑對他是一種莫大的慰藉。總之，物質回報要遵循適度的原則，適量地「往重於來」。

讓有成就的朋友幫你

朋友相交之初，總會有「苟富貴，勿相忘」的誓言，但事實上並非如此。有些朋友在自己有所成就之後就忘了對方，逐漸與原先那些狀況並未有多大改變的老朋友疏遠了，甚至忘掉了老朋友，躲著老朋友。

老朋友疏遠的原因很多，有可能是有成就的一方人格上產生了偏差，恥於與無權無勢的舊交為伍；有可能是他心情雖然沒變，但整天沉浸在繁雜的事務之中難以自拔，而無暇顧及他人；也有可能是沒有長進的一方妄自菲薄，因自卑而羞於交往。無論如何，兩者的交情越來越淡薄了。

在這裡我們所要討論的問題是，在這樣的關係下，處在低層次的朋友如何向高層次的朋友開口請求幫忙處理事情。當然，這肯定是被逼無奈非

求不可的事了。因為求老朋友必然要比求陌生人要好得多，至少雙方曾經有過很深的交情。再者，跟老朋友說話總比跟陌生人好開口得多，就是送禮還能找著門口呢。在這種情況下不妨採用以下四種方法。

1・帶見面禮

因多年不見，就算是老交情，帶點禮物上門也是非常理所當然的，更是情感的體現。禮物不在多少，它能有把這多年沒有交往的空缺一下子填補之功效。

這禮物最好是對方舊有的嗜好，也可以是土特產，也可以是菸、酒及錢。

當然，禮物不同，見面時的說法也不同。若是舊友的嗜好之物，就說是「特意給老朋友的，我知道你最喜歡這些東西」；若是土特產，就說是「帶給大嫂和孩子嘗嘗的」；若是錢，那就得說是「給大侄子大侄女的，買一件合適的衣服或買書」之類。走進了門，便有了開口求老朋友幫忙的機會了。總之，得帶點什麼才行。

2・喚起回憶

這是登門拜訪的最重要的基礎，因為回憶過去就喚起了對方沉睡多年的交情，這交情才是對方肯為你處理事情的前提。

明朝初年，朱元璋當了皇帝。一天，家鄉的一個舊友從鄉下來找朱元璋要官做。這位朋友在皇宮大門外面，哀求門官去啟奏，說：「有家鄉的朋友求見。」朱元璋傳他進來，他就進去了，見面的時候，他說：「我主萬歲！當年微臣隨駕掃蕩蘆州府，打破罐州城，湯元帥在逃，拿住將軍，紅孩兒當關，多虧菜將軍。」

朱元璋聽了這番話，回想起當年大家飢寒交迫、有福同享、有難同當

的情景，又見他口齒伶俐，心裡很高興，就立刻讓他做了御林軍總管。

當然，回憶過去，閒聊往事，也有個當與不當的問題。其實朱元璋坐了皇帝以後，先後有兩個少時舊友來找他求官職，一個說話太直，談論他出身的尷尬，被砍了頭；而上述這位朋友話說得委婉動聽，被朱元璋委以高官。

與朋友及家人閒聊過去，如果是當著他的孩子和老婆，也要盡量少去提及對方讓孩子老婆成為笑料的「樂事」及尷尬事，這樣可能會傷害對方在家庭中的權威，引起對你的反感，而達不到目的。

3・以言相激

「無事不登三寶殿」。長時間的沒有來往，此次突然來訪，對方心知肚明你有事要求於他。他若不願幫忙，一進門就會顯得非常冷漠，當你把事提出來的時候，他便會現出含含糊糊的拒絕態度。這可能是在你的意料之中，這時，你就得把「死馬當成活馬醫了」。「以言相激」不失為一種扭轉對方態度、繼續深入的好方法。

比如，你可以說：

「你是不是覺得，我這事給你找的麻煩太多？」

「我知道只有你能幫我，所以我才來找你的，否則，我何必大老遠的跑到你這裡來。」

「我想你有能力幫我，再說這也不是什麼違背原則的事。」

「我來之前，跟親友都保證過了，說到你這裡一定能處理好這件事情，難道你真得要讓我回家沒臉見人？」

以言相激也必須掌握分寸，若是對方真的無能力處理此事，我們也不能太苛求人家，讓人家為難，更不能說出絕情絕義的話，傷害對方。只有

你了解對方確實有「多一事不如少一事」的心態時，才可以以言相激，逼他去做。

如果他真的幫你去處理事情，不管辦成沒辦成，事後，你都應該說個道謝的話，這樣會顯得你有情有義。

4·以利益驅動

如果你了解到處理事情的難度大，或者對方是一個見錢眼開的人，即使他幫你處理好，也會欠下一個天大的人情，你不妨乾脆以利益驅動。

如果你把實情道出，說這是我自己的事，事成之後，我給你多少好處，對方可能會礙於老朋友的面子不好接受。這時你可以撒一個小謊，說事情是別人托你處理的，對方就會很坦然地接受，你也可以顯得不卑不亢，事後也避免留下還不完的人情債。其實，這種方法也是當今社會很普遍的做事手段，運用這種手段，成功率往往很高。

讓同鄉幫你

出門在外，備感世態炎涼，舉步維艱。所以，一見到同鄉就特別親切，幫忙處理事情更是特別乾脆。

同鄉之間或許沒有什麼較深的感情交流，主要憑的就是鄉情，如果一起在異鄉謀生，遇見同鄉時，會勾起對方一種親密的感覺，這樣，對方很容易答應你拜託他處理的事。

請同鄉處理事情，利用名產也是一條較好的途徑。名產也許並不很貴，但是那是故鄉的特產，外地買不到，名產中包含了濃濃的情意，在這種感情支配下，同鄉會答應你拜託他處理的事。

人們在離開家鄉很長時間之後，常常會因為生活、事業上的挫折，生

活習慣的不同，勾起他思念家鄉的感情。每個人都與自己的家鄉有一份濃濃的剪不斷的牽掛之情，這份感情是每一個在外遊子的精神支柱。

在每一個離鄉背井的人的記憶深處，都有關於家鄉的溫馨的回憶，一般人不輕易流露這種感情，但若勾起了他的這種感情，則一發不可收拾。

要拜託同鄉處理事情，最主要是用鄉情感動他，勾起他對家鄉的思念，使他想到要為家鄉做些什麼，這樣他會毫不猶豫地幫助你的。

讓同學幫你

幾乎每個人都有近十年或更多年的學習經歷，從小學、中學到大學，與我們同班同校的，可稱為同窗情義的人何止幾百。這些人與我們有著共同的記憶，共同的經歷，共同的成長環境，這一點決定了同學之間是最能相互幫助、相互合作的。有人說，同窗之情，情如手足，在某種程度上猶勝於手足之情。

同學之間幫忙最實在，也最得力。

同學關係是非常單純的，有可能發展為長久、牢固的友誼。因為在學生時代，對人生、對未來充滿浪漫的理想，而這種理想往往是同學們共同追求的目標。曾幾何時，彼此在一起熱烈地爭論和探討，每個人的內心世界都袒露在別人面前。同學之間朝夕相處，彼此間對對方的性格、脾氣、愛好、興趣等等能夠深入了解。

即使你在學生時期不太引人注目，交往的範圍也很有限度，你也大可不必受限於昔日的經驗而使想法變得消極。因為，每個人踏入社會後，所接受的磨練均是不同的，絕大多數的人會受到洗禮，從而變得相當注意人際關係的重要性。因此，即使與完全陌生的人來往，通常也能相處得很好。由於這種緣故，再加上曾經擁有的同學關係，你可以重新展開人際

關係。換言之，不要拘泥於學生時期的自己，而要以目前的身分來展開交往。

誰都牽掛昔日的同窗，說不定你的笑容還存留在他們的記憶中，千萬不要把這種寶貴的人際關係資源白白浪費掉。從現在開始，要努力地去開發、建設和使用這種關係。

那麼我們該如何利用同學關係呢？

1·加深關係，讓同學主動幫忙

同學之情的作用非常巨大，同學之間如能建立親密的聯繫，並逐漸加深關係，那麼你遇到難題時，同學就會調動自己的關係盡力幫忙。有些聰明人很巧妙地運用了這個技巧，在一些無關緊要的場合中，自己吃些小虧，作些讓步，送個人情給同學，使他人一輩子記住這份人情，最後還有可能因此而獲得極大的成功。

2·經常聚會，以求關鍵時候幫忙

要知道，人海茫茫，既為同學，緣分不淺。雖然相處時間不長，但這段關係值得珍惜並持續下去。當你與同學分開後，還能保持互動聯繫、維持愈久彌堅的關係，那對你的一生，或者說對將來希望達到的目的與理想是很有幫助的，這其中的益處，也許是你所從未想到的。

同學關係有時往往會在很關鍵的時刻起作用。但是值得注意的是，平時一定要注意和同學培養、聯絡感情，只有平時經常聯絡，同學之情才不至於疏遠，同學才會甘心情願地幫助你。如果你與同學分開之後從來沒有聯絡過，你去請求幫忙時，一些比較攸關他個人利益的事情，他就不會幫你。

3‧經常參加同學間的活動，需要幫忙時才會得到照顧

當今社會，人們看重物質。許多人目光短淺，與老同學往來時、聚會時不甚熱情，分開後不相往來，遇到事情時再來找老同學，誰會給他幫助呢？

但是，當今的社會也是人際關係的社會，人際交往廣泛與否，是一個人能否在事業上成功的關鍵因素。而在這種關係中，同學關係應該是比較重要的一類關係。因為當年身為同學之時，大家都比較單純，而分開之後只要還彼此保持著聯絡，就會十分懷念那份純真的友誼。因此，分開後的同學常常會借這樣那樣的活動彼此聯繫，只有參加這樣的活動，加深同學之間的感情，在你請同學幫忙時，同學才會爽快地答應，積極地去處理。

讓鄰居幫你

鄰里之間，經常碰面，孩子串門玩耍，鄰里之間關係會很親密，家裡發生什麼事，有時候可以托鄰居照應一下，這樣你來我往，遇到什麼解不開的疙瘩可以敞開心扉跟鄰居說，鄰里之間一定會盡力而為的。

1‧找鄰居解決家務事

有一個好鄰居，可以互相照顧。好鄰居會為和諧的鄰里關係而努力，當別人家有了不愉快的事，會全力幫助解決，因此，當家裡有事時，找鄰居幫忙解決是很好的一個途徑。

2‧給鄰居暗示，請鄰居幫忙

首先讓鄰居知道自己的困難。

根據鄰居的性格，決定求助他幫忙的方式。如果鄰居是一個熱心的

人，會毫不猶豫地答應你向他的直接求助。但一般來說，卻宜採用間接方式，讓鄰居主動幫自己的忙。

你可以在聊天時告訴鄰居，現在自己正處於困境之中，面對的困難是自己所無法解決的，需要有人幫助。

其次，暗示鄰居若能幫助解決這個困難，是最好不過的了。鄰居會認為這點事對自己來說不算什麼，就容易主動幫忙。

3．訴說難處讓鄰居幫忙

人們在做事時，難免會遇到各種各樣的困難，例如，資金周轉不靈，聯繫客戶不夠，或是自己缺乏信心，缺少經驗等等。如果自己求助於鄰居，也許會發現鄰居給予自己許多有價值的建議。

求助鄰居幫忙，應該在鄰居有能力幫忙的情況下，合理地去請求幫助，不要因鄰居不幫忙而心生怨恨。一般來說，鄰居之間是十分樂於互相幫助的，只有當自己實在力所不及時，才會拒絕幫忙。

4．鄰居幫忙，要心存感激

鄰居幫了你的忙，你一定要心存感激，當面向他致謝，或送點東西到他家裡，總之，向他表示你的友好之情就行了。如果鄰居沒有幫你處理好事情，也應該感謝鄰居，因為他畢竟為你出力了，可能是因為事情太難或其他原因沒有處理好，即使這樣，你也應十分感謝，以後鄰居若求你幫忙，你也應該盡力幫他。這樣，鄰里之間的關係才越來越密切。

讓同事幫你

同事之間儘管在工作中會產生一些分歧和一些小磨擦，但若誰需要幫

忙時，彼此通常都會熱情的伸出援助之手。而坐壁上觀看熱鬧的，相信只是極少數。只要你的人緣不是臭到極點，同事間幫忙處理事情通常都是比較爽快的。

同事關係是最直接且方便尋求協助的關係。

每一個人在公司都有表現自己的慾望，幫助同事就等於為他提供了一次表現個人能力的機會，即使遇到困難也得辦，即使有時擔心主管不滿也得辦，以此在同事中表現自己的古道熱腸。因此，找同事幫忙不必存在有任何顧慮，該張嘴時就張嘴。只是，怎麼輕鬆張嘴也是有講究的。

那麼，我們該如何利用同事關係辦好事呢？

1‧托同事幫忙時態度要誠懇

托同事幫忙時態度要誠懇，需將事情的前因後果、利害關係說清楚，說明為什麼自己無法處理請他幫忙。總之，由於同事對你了解得十分徹底，因此托同事幫忙態度越誠懇越好。態度越誠懇，同事也就越不可能拒絕你。

2‧托同事幫忙要懂禮節

同事關係不像朋友關係那樣親近，同事之間關係一般不會太過深交，因此，托同事幫忙時一定要注意禮節。在提出托同事幫忙時，說話語氣應誠懇、客氣，詢問對方是否可以幫助自己。對方如果同意了，則務必要說些客氣話感謝對方。過程中，同事需要什麼資料應備妥，以備不時之需。事情辦成之後，要誠摯地向同事表示感謝，並根據同事的喜好，或者請同事一起吃飯聯絡感情，或者給同事送點薄禮。

3 · 托同事幫忙目的要明確

托同事辦的事，一般應該有一個明確的目標，不要托同事處理一些目的不明確、籠統的事，應該托同事處理一些難度不大、目標明確、效果顯著的事，也有利於你向他致謝。

4 · 不適合托同事處理的事

自己力所能及的事不要托同事處理，因為如果你要求同事幫你處理這種事，同事很容易認為你是在擺架子使喚他，這會影響你跟同事的關係。再則，這樣的事同事通常也不會幫你處理，即使處理了，也會損害你們之間的關係。

同事必須再去請求他人的事盡量不要托同事處理。同事託人會欠下人情，你托同事又欠下人情，這樣的人情債不太好還，費的周折過多，還不如自己再想別的辦法。

涉及同事之間利害關係的事不能托同事處理。如果涉及其他同事或主管的利益，會影響到同事之間或與主管之間的關係，因此一般不宜托同事去處理。

讓主管幫你

煩瑣的生活，家家都有一本難念的經，大事小事接連不斷，如婚喪嫁娶、買房搬家、妻子兒女調動工作，以及借貸、買賣、調解各類糾紛、法律官司等等，這些林林總總的私人大小事，有時身為平民百姓的我們自己處理起來力不從心，在無奈的情況下，需要找公司的主管出面幫忙辦理和解決。

按理說，主管是公司的主管，是工作上的主管，而屬下的私事是他權

轄之外的事情，從道理上可以不管、不幫忙，但在情上因是上下級關係，也可以過問、幫忙。在這兩者之間，如何能使主管心甘情願或礙於情面為我們解決燃眉之急，確實是我們應該研究的問題。

既然我們是主管的屬下，是公司的職員，那麼，我們就可以從這個最基本的立足點出發，從情理上做文章，求得主管給我們幫助。

平時與主管處理好關係是最基本的前提條件。沒有關係辦不了事已經在公司文化中形成了共識。關係是一種感情的凝聚和利益的融通，有了關係也就有了路，有了利益，有了各種隨時可以兌現的希望。所以，不但尋常百姓重關係，達官顯貴也重關係；不但下級重關係，上級也同樣重關係。一旦哪一個環節的關係沒打通，出了問題，便很可能會影響到他的切身利益，甚至仕途前程。

與某些重要人物或關鍵人物關係親密，或所謂「關係鐵」的人，都是「神通廣大」的人，他們能把與自己或朋友利益有關的事處理得非常圓滿，甚至能把一般人認為無法處理好的事情合理合法地解決。

所以，要想處理好事情必須要注重關係，特別是下屬找上司幫忙，必要時更需要靠關係。

別人托你幫忙時怎麼辦

每個人在工作和生活上，難免都會有託人幫忙的時候，同樣的，別人也會托你幫忙。高明的人會誠懇地把自己融入別人的生活，給予別人善意與幫助，同時也使自己快樂和充實。自私的人卻無視這一點，只知道拚命而冷漠地從別人那裡為自己索取和爭奪什麼。事實上，沒有比幫別人處理事情更能表現一個人寬廣的胸懷和慷慨的氣度了。對一個失意的人說一句鼓勵的話，扶起一個跌倒的人，給予一個沮喪的人一份真摯的祝福，你一

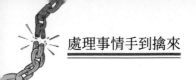

點損失也沒有，但對一個需要幫助的人來說，卻是莫大的慷慨。

對於一個身陷困境的窮人，一點點錢便可以使他不餓肚子；對於一個執迷不悟的浪子，一次誠懇的交心便可能會使他建立起做人的尊嚴與自信……

所以不要吝於幫助他人。

1‧不吝伸出援手

當你正在潛心於某項工作，或正全心投入一份你所熱衷的事業，或沉浸於你所賴以生存的一份工作時，卻受到了來自朋友、親戚、同學或同事的求助等份外事情的干擾，需要你分出時間、精力去解決它。

如果你答應這些分外之事，勢必影響你正在進行的工作，你也許會因此而感到不愉快、不甘心。但是如果拒絕了，你也會感到心理不安，還可能遇到意外的麻煩，譬如遭到別人對你的誤解，受到無謂的攻擊，受到周圍人的冷漠對待，你同樣會過得不舒服、不愉快。這時該怎麼辦呢？

同事、朋友求助等份外之事，也許只是暫時占去了你的時間，從長遠看，實際上可能並不會對你造成任何損失。你在幫助別人時，你能夠感覺到助人的快樂，因此其實對你沒有什麼划不來的；反倒是由於你幫助了別人，方便了別人，因而獲得了良好的人際關係，這種美好的效應或許你一時無法明顯地感覺到，但是如果你經常給人方便，常替別人分擔解愁，幫助別人，日積月累，你將會結了許多善緣，這將與你當初因幫助別人而損失的一點時間完全無法相比。

2‧不要急著討人情

生活中經常會見到這樣的人，幫了別人一點忙，就覺得自己有恩於人，於是心懷優越感，高高在上，不可一世，這種態度是很危險的，常常

會引發負面的效應。也就是幫了別人的忙,卻無法增加自己人情帳戶的收入,就是因為這種驕傲得意的態度,把這筆帳給抵消了。

所以,幫別人忙時應該注意下列事項:第一,不要使對方覺得接受你的幫助是一種負擔;第二,要順其自然,也許在當時對方或許無法強烈的感受到,但是日子越久越體會出你對他的關心,能夠做到這一步是最理想的;第三,幫別人忙時高高興興的,不可以心不甘、情不願的。

幫人處理事情別硬撐

當一些交情不錯的朋友托我們處理事情時,我們為了保全自己的面子,或為給對方一個臺階,往往對對方提出的一些要求會不加分析地全盤接受。但有許多事情並不是你想做就能辦到的,有時會受限於條件、能力的制約而心有餘力不足。因此,當朋友提出請你幫忙的要求時,你首先應考慮,這件事你是否有能力處理好,如果不然,你就應該老實地承認「我不行。」隨意誇下海口或礙於情面都是於事無補的。

當然,拒絕別人的要求也的確是件不容易的事。因為每一個人都有自尊心,希望得到別人的重視,同時我們也不希望別人不愉快,因此,也就難以說出拒絕對方的話了。

對方請託你幫忙,你的答覆是怎樣呢?許多人都會採取拖的手法。「讓我想想看,好嗎?」這種話常常可以聽見。

但有時候,許多人會做出不自覺的承諾,所謂「不自覺的承諾」,就是自己本來並未答允,但在別人看來你卻承諾了。這種狀況,起因於每一個人都有怕「難為情」的心理,拒絕是有些難為情的。

拿破崙說:「我從不輕易承諾,因為承諾往往會變成不能自拔的錯誤。」大家都喜歡「言出必行」的人,很少有人會用寬宏的態度去諒解你

無法履行某一件事。

專家建議我們：「拒絕只需要在聆聽別人陳述和請求完畢之後，輕輕搖搖頭，態度無須激烈。」輕輕搖搖頭，代表了否定，別人一看見你搖頭，知道你已拒絕，接著你可以從容說出拒絕的理由，使別人接受你不能「遵辦」的苦衷，自然也就不會對你懷恨在心了。

有許多事情常常是看來應該做，但做起來卻有困難。例如你有一位好友從事人壽保險業務的工作，他來向你說了一大堆買人壽保險的好處，然後他請你向他購買一筆數目不小的保險。你也明知保險具有益處，但是後來當你仔細一想，如果照他的要求，你每月要付出的保險費以你目前收支狀況根本無法負擔，所以你還是應該直言拒絕對方。

有些人喜歡拖，不直接告訴對方自己無法幫忙，反而要對方跑好幾次來聽他的最後答覆，這樣不好。如此，你在別人眼裡就成了一個偽君子。有時出於難為情，對於別人提出的請求不好意思一口回絕。在這種情況下，可用以下三種方法。

一對把握不大的事採用彈性的說法，如果你對情況掌握不足，就應把話說得有彈性一點，例如，使用「盡力而為」、「盡最大努力」、「盡可能」等字眼。如此能給自己留下餘地。

二對時間採取延緩的說法。有些事情由於時間久了，情況發生變化，所以把時間說長一點，能夠給自己留下餘地。

三對不是自己所能獨立解決的問題應採取保守的說法。換言之，如果你所作的承諾不能自己單獨完成，還要尋求別人的幫助時，承諾時就應說清楚。

為人處事，應該講究言而有信，行而有果，因此，不可隨意承諾。聰明人會事先充分地衡量客觀條件，盡可能不做那些沒有把握的承諾。

　　須知，承諾了就必須努力做到，千萬不可因一時事急，亂開「空頭支票」，愚弄對方。因為你一旦食言，對方一定會十分惱火。

　　萬一因情況有變而無法實現自己原來的承諾，也應向對方照實說明原委，並誠懇地道歉，以求得對方的原諒和理解。

　　對於自己根本沒有能力辦到或不想辦的事情，最好及時地回答。拒絕並不是簡單地說一句：「辦不到。」就行了，而是要很藝術的：如果能拒絕對方的不適當要求，又不致傷害對方的自尊，也不損害彼此的關係，這才是最高明的。

解開束縛，找回幸福
苦命社畜、戀愛苦手、備胎工具，看穿人際小動作，打造理想新生活

編　　著：謝偉哲，惟言

發 行 人：黃振庭

出 版 者：崧燁文化事業有限公司

發 行 者：崧燁文化事業有限公司

E-mail：sonbookservice@gmail.com

粉 絲 頁：https://www.facebook.com/
　　　　　sonbookss/

網　　址：https://sonbook.net/

地　　址：台北市中正區重慶南路一段六十一號八
　　　　　樓 815 室

Rm. 815, 8F., No.61, Sec. 1, Chongqing S. Rd.,
Zhongzheng Dist., Taipei City 100, Taiwan

電　　話：(02)2370-3310

傳　　真：(02)2388-1990

印　　刷：京峯彩色印刷有限公司（京峰數位）

法律顧問：廣華律師事務所　張佩琦律師

國家圖書館出版品預行編目資料

解開束縛，找回幸福：苦命社畜、
戀愛苦手、備胎工具，看穿人際小
動作，打造理想新生活 / 謝偉哲，
惟言 編著 . -- 第一版 . -- 臺北市：
崧燁文化事業有限公司 , 2022.11
　面；　公分
POD 版
ISBN 978-626-332-838-9(平裝)
1.CST: 人生哲學 2.CST: 自我實現
191.9　　111016650

定　　價：375 元

發行日期：2022 年 11 月第一版

◎本書以 POD 印製

官網

臉書